# 小学语文课程
# 与教学设计研究

☐ 唐珊 著

郑州大学出版社

图书在版编目(CIP)数据

小学语文课程与教学设计研究 / 唐珊著 . -- 郑州 : 郑州大学出版社,
2024.6
ISBN 978-7-5773-0334-5

Ⅰ. ①小… Ⅱ. ①唐… Ⅲ. ①小学语文课 - 教学研究
Ⅳ. ①G623.202

中国国家版本馆 CIP 数据核字(2024)第 089924 号

小学语文课程与教学设计研究
XIAOXUE YUWEN KECHENG YU JIAOXUE SHEJI YANJIU

| | | | | |
|---|---|---|---|---|
| 策划编辑 | 郜　毅 | | 封面设计 | 王　微 |
| 责任编辑 | 吴　静 | | 版式设计 | 苏永生 |
| 责任校对 | 张若冰 | | 责任监制 | 李瑞卿 |

| | | | | |
|---|---|---|---|---|
| 出版发行 | 郑州大学出版社 | | 地　　址 | 郑州市大学路40号(450052) |
| 出版人 | 孙保营 | | 网　　址 | http://www.zzup.cn |
| 经　销 | 全国新华书店 | | 发行电话 | 0371-66966070 |
| 印　刷 | 郑州宁昌印务有限公司 | | | |
| 开　本 | 710 mm×1 010 mm　1 / 16 | | | |
| 印　张 | 17.25 | | 字　　数 | 266 千字 |
| 版　次 | 2024 年 6 月第 1 版 | | 印　　次 | 2024 年 6 月第 1 次印刷 |

| | | | | |
|---|---|---|---|---|
| 书　　号 | ISBN 978-7-5773-0334-5 | | 定　价 | 68.00 元 |

　　小学语文课程是基础教育课程体系的根基,小学语文课程构建与教学质量的优劣,很大程度上决定了基础教育能否为小学生提供一个良好的学习起点。小学语文教师如果不具备小学语文课程构建与教学设计的相关理论知识与专业修养,就难以适应当今基础教育发展新形势下的客观要求。学习、研究、思考小学语文课程与教学工作,探寻提高小学语文教学质量的有效路径,是小学语文课程教学设计多维研究关注的焦点与自身的学科使命。

　　本书主要研究小学语文课程与教学设计,从小学语文课程与教学工作常规介绍入手,针对小学语文学习、小学语文课程资源的开发与利用进行了分析研究;对小学语文教学目标、重难点设计与突破、小学语文教学过程的设计与实施,以及小学语文教学方法、评价的设计与实施做了一定的阐述;对小学语文识字、写字和口语交际课程的教学设计、小学语文阅读与写作课程的教学设计、小学语文表达与交流教学设计提出了一些建议。本书旨在摸索一条适合现代小学语文课程与教学设计工作创新的科学道路,帮助相关工作者在应用中少走弯路,运用科学方法,提高效率。

　　在本书撰写的过程中,作者得到了很多宝贵的建议,谨在此表示感谢。同时参阅了大量的相关研究资料,在参考文献中未能一一列出,在此向相关研究资料的作者表示诚挚的感谢和敬意,同时也请对撰写工作中的不周之处予以谅解。由于作者水平有限,编写时间仓促,书中难免会有疏漏不妥之处,恳请专家、同行批评指正。

著 者

2024 年 3 月

# 目录

# 第一章

## 小学语文课程与教学工作常规

# 第一节  小学语文课程概述

## 一、小学语文课程的性质

### (一)语文课程

1. 语文的含义

"语文"这一概念的含义,不同的人有不同的理解,有人理解为"语言文字",有人理解为"语言文章",还有人理解为"语言文学",甚至"语言文化",可谓众说纷纭,莫衷一是。表面上看,这种种解释在"语言"这一点上是有着共识的,其分歧主要在对"文"的理解上,看似只是一字之差,但实际上与语文的本质相去甚远。

要正确理解这一概念,得追溯"语文"始用之时。这一名称最早见于1949年的中小学课本。著名教育家叶圣陶先生在1962年的一次讲话中明确指出:"什么叫语文? 平常说的话叫口头语言,写到纸面上叫书面语言。'语'就是口头语言,'文'就是书面语言。把口头语言和书面语言连在一起说,就叫语文。"简明扼要地揭示了"语文"的本质含义。

2. 课程的含义

在中国,"课程"一词始见于唐。唐代大儒孔颖达在《五经正义》里对

《诗经·小雅》的注释是:"教护课程,必君子监之,乃依法制"。此处"课程"的意思即以一定程序来授事。宋代理学家朱熹在《朱子全书·论学》中也多次使用"课程"一词,如"宽著期限,紧著课程",又说"小立课程,大作工夫",这里的"课程"已有课业、进程的意思。

在国外,"课程"一词是由拉丁语"currere"一词派生出来的,意为"跑马道",指赛马场上的跑道,后转义为"学习过程"。1861 年,英国教育家斯宾塞在他的《教育论》中最早使用"课程"一词,他把教育内容的系统组织统称为"课程"。课,指课业,即教育内容;程,指程度、进程。课程,就是学生所应学习的学科总和及其进程和安排。

当前,国内对课程普遍认同的定义为:课程是为了实现学校教育目标而规定的教育内容的总和。

3. 小学语文课程的结构

小学语文课程的结构由三大部分组成:一是学校的课程表内开设的语文学科的各项课程,它包括识字与写字、阅读、写话与习作、口语交际、综合性学习等;二是学校计划并实施的课外活动,如结合语文课的学习,可以组织参观访问、办报、演课本剧、开故事会等活动,还可以根据学生的兴趣爱好,组织朗读、书法等课外兴趣小组等;三是学校的隐性课程,如优美的校园环境、良好的校规校风以及融洽的人际关系等对学生的影响。

**(二)小学语文课程的基本性质**

课程的性质是某课程区别于其他课程的本质属性。只有正确地认识课程的性质,才能在教学中正确地把握方向,落实课程的教学任务,采取相应的教学方法。因此,正确地认识语文课程的性质是语文教学的首要问题。语文课程的基本性质是工具性和人文性的统一。

1. 工具性

(1)语文是交际和交流思想的工具。人与人之间进行的多方面的交际,如面谈、打电话、写信、发表文章等,种种交际方式都离不开"语文"这个最重要的交际工具。学习语文,可以逐步提高听说读写能力,逐渐养成良好的语言习惯,使日常交际更顺畅、更有效地进行。

(2)语文是拓展思维和开发智力的工具。思维主要依凭语言进行,思维力是智力的核心,智力的高低在很大程度上取决于思维力的强弱,思维的发展势必促进智力的开发,而思维的发展又必须借助语言的训练。正如美国物理学家爱因斯坦所言:"一个人的智力发展和他形成概念的方法,在很大程度上是取决于语言的。"在学校语文教育中,对学生进行有效的语言训练,也就是进行思维训练,其结果必然促进学生智力的开发,因此,教学语文,就是帮助学生通过语言学习掌握进行思维和开发智力的工具。

(3)语文是传递文化的工具。早在文字尚未出现之前,古人就是以口口相传的方式,讲述部族的历史并传授生活经验。文字出现后,书面语言与口头语言共同承担着传承人类文明、传播优秀文化、传达社会价值观念的重要任务,从而为维系社会的正常运作,为人类文明的繁荣与发展,做出了不可磨灭的贡献。由此看来,无论是过去、现在还是将来,语文都是传承文化的重要工具。

(4)语文是学习知识和增长才干的工具。语文是学习其他学科的基础和前提。各门课程的学习,都要以语言文字为媒介,通过听、说、读、写开展教学活动。如果学生缺乏识字、释词、阅读、概括等能力,就不能很好地理解课本中的知识。如果说中小学开设的各门课程都是基础课程的话,那么,语文课程便是基础的基础。学生学习语文,不仅可以增强听、说、读、写能力,而且可以提高分析问题和解决问题的能力,增长才干。

2. 人文性

语文是工具,不过它和锄头、刨子等其他工具又有不同,它是人们表情达意的工具。人们为了抒发某种情意,或仰天呼叫,或低头自语,或吟诗作赋,或书写日记,这种种表情达意的方式都是以语言为工具进行的。这种凭借语言文字表情达意的能力,正是语文课程所要达成的目标之一。语文,既是文化的载体,也是人类文化的重要组成部分。

人文指人类社会的各种文化现象。语文课程的人文性,可从以下几方面来理解:

(1)语文教材蕴含着丰富的人文因素。语文融合了中华五千年光辉灿烂的精神文明和世界其他国家的先进文化,包含着主体意识、创造思想、责任感、独立人格和审美精神等诸多方面的内容。仅就小学语文课文蕴含的人文精神而言,大致有几个方面:①讴歌维护人的尊严、探索人生意义,追求人生价值、热爱平凡生活的精神;②肯定人的理想、才能、智慧、体魄、力量,反映的是乐观向上、积极进取的精神;③赞美善良、诚实、纯朴,有责任感、舍己为人、无私奉献等高尚品格;④表现人与人之间充满爱,赞扬关心他人,同情弱小、乐于助人的博爱精神。

(2)语文课程肩负着培养学生人文素养的使命。

《义务教育语文课程标准(2022年版)》(以下简称《语文课程标准(2022年版)》)在其"总目标"中指出:

1)在语文学习过程中,培养爱国主义、集体主义、社会主义思想道德,逐步形成正确的世界观、人生观、价值观。

2)热爱国家通用语言文字,感受语言文字及作品的独特价值,认识中华文化的丰厚博大,汲取智慧,弘扬社会主义先进文化、革命文化、中华优秀传统文化,建立文化自信。

3)关心社会文化生活,积极参与和组织校园、社区等文化活动,发展交流、合作、探究等实践能力,增强社会责任意识。感受多样文化,吸收人类优秀文化的精华。

…………

7)乐于探索,勤于思考,初步掌握比较、分析、概括、推理等思维方法,辩证地思考问题,有理有据、负责任地表达自己的观点,养成实事求是、崇尚真知的态度。

…………

9)能借助不同媒介表达自己的见闻和感受,学习发现美、表现美和创造美,形成健康的审美情趣。

这些内容,主要是从情感态度和价值观方面规定学生应达到的语文素养目标,实质上也是指学生应达到的人文素养目标。

(3)语文教学过程中充满人文情怀。语文课程的人文性还体现在语文教学过程中应充满浓郁的人文情怀,体现在师生之间融洽、和谐的关系中。教师在教学过程中要始终做到"以人为本",尊重学生、关心学生、服务学生,引导学生热爱生活、关爱生命,培养学生的健全人格。

人文情怀对学生精神领域的影响是深广的,同时又是潜移默化的。学习语言的过程,也是人的生命、心灵、精神律动的过程,是人实现自我成长的过程,是激发人的创造力与生命力的过程。语文教育绝不仅仅是概念的分析,也不仅仅是工具的掌握,更重要的是一种精神的熏陶和人格的养成,所以其人文价值是不言而喻的。

3. 工具性与人文性的统一

《语文课程标准(2022年版)》明确提出,工具性和人文性的统一,是语文课程的基本特点。语文的工具性和人文性不是相互对立的,也不是"工具"与"人文"的简单相加,而是相互渗透、融为一体的。"工具"是就其形式而言,"人文"是就其内容而言;工具性是躯壳,人文性是灵魂。没有语言这个工具,人文内涵无以依托;舍弃人文,语言也失去了存在的价值。在语文教育教学过程中,既要培养学生理解和运用语言文字的能力,又要引导学生从语言文字表达的思想内容中受到感染,得到启迪,让学生在润物细无声的渗透、熏陶和渐进的学习过程中,形成并发展语文素养,由此构筑学生一生发展的文化基础。

总之,语文应是这样一门课程:发展语言,发展思维,传承文化,培养人格,促进人的社会化,提高人的审美能力和文化品位。

## 二、小学语文课程的理念

### (一)语文课程标准

《语文课程标准(2022年版)》也称为"语文教学大纲""语文课程纲要",是教育部制定的语文教学的指导性文件。它是根据国家教育行政部门颁布的课程计划(也称教学计划)制定的,体现了国家对语文教材和教学的基本要求。《语文课程标准(2022年版)》的功能主要有以下三方面。

1. 编写教材的依据

语文教材是实施《语文课程标准(2022年版)》的一个重要载体,《语文课程标准(2022年版)》对教材编写提出九条建议,涵盖了教材编写的指导思想、教材的内容和教材的形式等,集中体现了教材编写的新理念、新要求。

2. 教师教学的准则

《语文课程标准(2022年版)》对教师的教学提出若干条建议,既有总的教学建议,又有具体教学实施方法建议,涵盖了语文课程的所有教学内容,体现了教师教学的新理念、新要求。

3. 检查教学效果的重要标尺

《语文课程标准(2022年版)》从语文学科的角度规定了人才培养的具体规格和质量要求,有总目标也有阶段目标。这既是教师"教"和学生"学"的标准,同时也是考核教师"教"的效果和学生"学"的效果的标准,其具有很强的甄别鉴定功能。

**(二)小学语文课程的基本理念**

"理念"属于外来词,通常指思想,相当于汉语中的"观念"一词。"基本理念"的大意是"基本思想",而《语文课程标准(2022年版)》提出的基本理念,还蕴含"原则性要求"之意味,它包括四个方面的内容。

1. 全面提高学生的语文素养

《语文课程标准(2022年版)》指出,九年义务教育阶段的语文课程,必须面向全体学生,使学生获得基本的语文素养。语文课程应激发和培育学生热爱祖国语文的思想感情,引导学生丰富语言积累,培养语感,发展思维,初步掌握学习语文的基本方法,养成良好的学习习惯,具有适应实际生活需要的识字写字能力、阅读能力、写作能力、口语交际能力,正确运用语言文字。语文课程还应通过优秀文化的熏陶感染,促进学生和谐发展,提高思想道德修养和审美情趣,形成良好的个性和健全的人格。在理解这一基本理念时,必须把握以下三点。

(1)语文教学对象的全体性。九年义务教育阶段的语文课程是为全体学生设计的,不是为少数尖子学生设计的。例如,热爱语文的思想情感是每个公民应该具备的基本品质。因此,在语文教学中,应该把培育学生热爱语文的思想情感作为首要目标,使爱国主义教育在语文教学中得到具体落实。

(2)语文素养培育的全面性。语文素养的内涵十分丰富,它以促进学生德、智、体、美和谐发展为根本目的,以培养学生语文综合实践能力为核心,是语文能力和语文知识、思想情感、语言积累、语感、思维品质、品德修养、审美情趣、个性品格、学习方向、学习习惯的有机整合。语文素养不仅表现出较强的识字写字能力、阅读能力、写作能力、口语交际能力,而且表现出较强的在生活中综合运用语文的能力,以及不断更新知识的能力。

(3)处理好语文素养培育的基础性与学科性的关系。要正确把握语文素养的内涵,必须厘清语文素养构成要素之间有什么联系。根据语文课程标准确定的语文素养的要素,可以把语文素养分为学科素养和基础素养两个部分:"学科素养"是指体现语文学科特性的素养,如有关语文学科的知识、能力、方法、习惯、态度等;"基础素养"是指各门学科都需要培养的共性素养,如有关思维品质、品德修养、审美情趣、个性与人格培养等。

语文素养的培育绝不是这两种素养的简单相加。基础素养的培育是在学科素养培育的一体化过程中完成的。学科素养的培育是显性的,基础素养的培育是隐性的。因此,在培育学生的语文学科素养时,要有目的地渗透基础素养的培育。学生的基础素养提高了,反过来又可以促进学生学科素养的提高,从而使语文素养的培育步入一个良性循环的轨道。

**2. 正确把握语文教育的特点**

《语文课程标准(2022 年版)》把语文教育的特点概括为三个方面:一是语文课的人文性和学生对语文材料反应的多元性,这是从课程内容的价值取向与学生之间相互关系的角度提出来的;二是强调语文课程的实践性,应着重培养学生的语文实践能力,这是从课程的实施角度提出来的;三是强调遵循汉字、汉语的自身规律,重视培养学生良好的语感和整体把握语言的能力,这是从汉语言文字的特点与学生学习的角度提出来的。要正确把握语文教育的特点,在语文教学中必须体现"三性"。

(1)凸显人文性。语文课程的人文内涵十分丰富,它对一个人精神领域的影响是深远的、广泛的。它不同于数学、物理、化学、生物等自然科学,具有更多的人文属性——情感性、主观性、不确定性。因此,语文课程应重视以下几点:

1)语文的熏陶感染作用。要通过优秀作品的浸染,怡人性情,提升人格。

2)要注意教学内容的价值取向。具有丰富人文内涵的语文课程对人们精神领域的作用,特别是对学生的情感、态度、价值观的影响是广泛而深刻的。俗话说,"开卷有益",但实际,开卷可能是有益的,也可能是有害的。为了让学生在语文学习中多多受益,提高效率,必须重视对于语文教学内容的认真选择。

3)要尊重学生的独特体验。学生的多元反应是正常的,也是非常珍贵的。尊重学生在语文学习过程中的独特体验,是对学生的尊重和鼓励,也是对真理的尊重。这是语文特点决定的,不要将学生的体验变成"一千位读者只有一个哈姆雷特"。

(2)加强实践性。语文是实践性很强的课程。语文教学要注重培养学生的语文实践能力,这种能力培养的主要途径是语文实践。也就是说,从阅读中学会阅读,从写作中学会写作,从口语交际中学会口语交际,把听、说、读、写的主动权还给学生。

长期以来,语文教学存在着这样的认识误区:认为学生语文能力的形成要靠系统地讲授语文知识,要靠系统完整的语文训练,而忽视了母语教学有基础、有语境、有丰富的资源这一基本事实。学生绝不是先掌握了语法知识和修辞知识之后再进行听、说、读、写的实践活动的,而是在大量的听、说、读、写的实践活动中逐步领悟有关语法和修辞知识的。因此,提高学生语文实践的能力:一要采取多种多样的形式,给学生创造尽可能多的实践机会,这不仅包括学生在课堂上的听、说、读、写实践,学生的吟诵品位,而且包括课外的各种语文实践活动;二要不断开发和利用无处不在、无时不有的语文教育资源,增强学生在各种场合学语文、用语文的意识,使学生凭借丰富的资源和大量的实践,在学语文、用语文中逐步领悟和习得学习语文的规律,不断提高学生的语文实践能力。

(3)体现规律性。汉字、汉语有其自身的规律,正确把握这些规律,有利于大幅度提高语文教学的效率。例如,利用汉字形声、象形、会意等特点帮助学生识字,利用笔画、笔顺、偏旁部首、间架结构等规则指导学生写字,利用汉语言综合性、模糊性、多义性和感情色彩强烈的特点,培养学生良好的语感。

在把握汉语言特点的基础上,教师要充分利用汉语言文化沉淀丰厚的优势,丰富学生的语言积累,提高他们的文化储备,为学生的未来发展奠定坚实的基础。

3.积极倡导自主、合作、探究的学习方式

人类的学习方式主要有三种:接受式学习、体验式学习和发现式学习。接受式学习的最大价值在于,学生不必从零开始学习活动,他们可以通过接受他人的认识成果而加速自身的认识发展过程,从而使有限的生命个体能更从容地面对无限的知识海洋与大千世界。接受式学习不仅是人类基本的学习方式,也是学校教育的基本形式。然而,过去的中小学教育过于强调接受式学习,体现在语文教学中就是无效提问多,字、词、句、段机械训练多,学生死记硬背,疲于应付,缺乏创新意识与活力。为此《基础教育课程改革纲要(试行)》指出:"改变课程实施过于强调接受学习、死记硬背、机械训练的现状,倡导学生主动参与、乐于探究、勤于动手,培养学生收集和处理信息的能力、获取新知识的能力、分析和解决问题的能力以及交流与合作的能力。"根据该纲要之精神,《语文课程标准(2022年版)》提出了"积极倡导自主、合作、探究的学习方式"的教学理念。其基本特征如下:

(1)自主学习的特征。所谓"自主学习",是与"被动学习""机械学习""他主学习"相对而言的。自主学习具有以下特征:

1)学习者参与确定对自己有意义的学习目标,自己掌控学习进度,参与设计评价指标。

2)学习者积极发展各种思考策略和学习策略,在解决问题中学习。

3)学习者在学习过程中有情感的投入,有内在动力的支持,能从学习中获得积极的情感体验。

4)学习者在学习过程中对认知活动能够进行自我监控,并做出相应的调适。

(2)合作学习的特征。所谓"合作学习"是与"个体学习"相对而言的,是为了完成共同的任务,学生在小组或团队中有明确责任分工的互助性学习。合作学习具有以下特征:

1)相互支持、配合,特别是面对面的促进性的互动。

2)积极承担在完成共同任务中个人的责任。

3)期望所有学生能进行有效的沟通,建立并维护小组成员之间的相互信任,有效地解决组内冲突;对于各人完成的任务进行小组加工。

4)对共同活动的成效进行评估,寻求提高有效性的途径。

(3)探究学习的特征。所谓"探究学习",就是从学科领域或现实生活中选择和确定主题,在教学中创设类似于学术(或学科)研究的情境。探究学习具有以下特征。

1)学生自主独立地发现问题、实验、操作、调查、搜集与处理信息,表达与交流等探索活动,获得知识、技能、情感与态度的发展,特别是探索精神和创新能力的发展。

2)和接受式学习相比,探究学习具有更强的问题性、实践性、参与性和开放性。经历探究过程以获得理智发展和有层次的情感体验,建构知识,掌握解决问题的方法,是探究学习要达到的三个目标。

实施自主、合作、探究的学习方式,关键在于教师要转变观念,建立民主、平等、和谐的师生关系;要树立"以学生为主体"的教学观念,致力于启发学生的主动精神,运用多种方法激发学生的学习动机与学习兴趣,将"老师要学生学"变成"学生自己主动学";要改变过去"讲得太多、太细""题海战术"等倾向,坚持"精讲精练",老师的"讲"与学生的"练"都应力求取得"举一反三"的效果;要鼓励学生质疑问难,引导学生去发现问题、探究问题,引导学生寻求并逐步掌握解决问题、习得知识的方法。

4. 努力建设开放而有活力的语文课程

(1)语文课程要有大视野。所谓"大视野",就是指语文教学要立足现实,面向世界,面向未来。观念的确立、内容的选择、方法的运用,都要适应时代发展的需要。这样的语文课程,才能培养和造就21世纪所需要的人才。

(2)语文课程要开放而有活力。首先,从课程结构来看,要尽可能地满足不同地区、不同学校、不同学生的需求,并能根据社会的需要不断自我调节,更新发展;其次,要拓宽语文学习和运用的领域,注重跨学科的学习,建立语文课程通向其他学科课程、通向社会生活的"互联网",使学生在不同内容和方法的相互交叉、渗透和整合中开阔视野;此外,从课程管理的角度来看,开放而有活力的语文课程必须体现在民主管理上,做到国家、地方、学校、教师、学生、家长共同参与课程的决策与管理。

（3）要树立大语文教育观。从课程目标上来看,大语文教育观包括语文知识和能力、语文学习的态度和情感、语文学习的过程和方法等层面的内容,且不仅仅局限于系统和完整的语文知识的传授。从课程内容上来看,大语文教育观强调,不仅语文教科书增加选学、选读、选做的内容,教科书给地方、学校留有补充本地教材的空间,而且积极鼓励教师开发和利用取之不尽的语文教育资源;从课程实施上来看,大语文教育观强调师生与课程文本的互动,强调师生对语文课程的构建,教师要注重现代科技手段的运用,密切关注当代社会信息化进程,推动语文课程的变革和发展,从而提高学生的学习效率,使他们初步获得现代社会所需要的语文实践能力。

# 第二节　备课与上课

## 一、备课

### （一）备课的含义

"凡事预则立,不预则废。"备好课是上好课的前提,是提高课堂教学质量关键性的一环。备课,通常指教师课前的准备工作。它有广义与狭义之分:从广义而言,备课并非仅指一堂课教案的具体编写,教师平时的读写探求、艺术品位、情感交流、教学思考等活动都可以看作广义的备课;而狭义的备课是指教师充分地学习课程标准、钻研教材、开发课程资源和了解学生,弄懂弄通为什么教、教什么、学生怎么学、教师怎么教,并在此基础上创造性地设计出目的明确、方法适当的教学方案。

### （二）新课标对教师备好课的要求

1.体现发展之本,尊重学生差异

《义务教育课程方案和课程标准（2022年版）》（以下简称"新课标"）教

学的根本目的是促进学生的发展,教学过程中最重要的任务是发展学生的主体性,因此备课的重点应转移到学生的发展上来。教师不仅要考虑课堂上让学生学什么、怎样学,更应考虑这样的学习对学生的发展有什么作用。教师要从学生实际情况出发,根据不同情况,有的放矢地备课,有针对性地设计适合不同类型学生的学习活动,使学生都能得到不同层次、不同程度的发展。此外,教师要用动态的发展的眼光看待学生,充分调动学生的能动性,激发学生"我能行"的自信。

2. 体现课标要求,注重"三维"整合

新课标下的教师备课要以课程标准为依据。传统备课中的目标确定是一种知识的预设,注重知识的传授与获取。新课标的特征具有开放性,目标设计上既强调教师教学行为的结果,又注重学生行为的结果,做到保底目标和开放目标并重。新课标下教师既要注意看得见的知识与技能等显性目标,更要关注看不见的方法、情感、态度、价值观等隐性目标;既要注意本课和本单元知识、技能等短期目标的落实,更要着力于学生勤于思考、善于探索、长于合作、追求真理等长期目标的实现,只有在这种动态目标的导引下,才能承载课程标准中倡导的"三维目标"的有机落实。

3. 体现教学统一,注重学习方式转变

教学是"教"与"学"的统一。备课要注意体现教学方式与学习方式转变的理念,要改变原有的单纯接受式的学习方式,建立和形成旨在充分调动、发挥学生主体性的学习方式。学习方式不仅包括相对应的学习方法,而且涉及学习习惯、学习意识、学习态度、学习品质等心理因素和心灵力量。改变学生学习方式,使学生由被动地接受学习转变为主动地探究学习,注重培养学生的批判意识和怀疑意识,鼓励学生对书本质疑和对教师超越,赞赏学生独特性和富有个性化的理解和表达。教师不仅要"放",更要"导",使学生的学习成为教师指导下的有效学习。

4. 凸显教学过程,体现预设与生成

教学是教师与学生交往、互动的过程,在这里师生分享彼此的思考、经验和知识,交流彼此的情感、体验与观念,丰富教学内容,求得新的发展。这一切具有不可预定性,所以备课的本质特征是生成性。随着教学的不断展开,新的目标不断生成,新的主题不断生成,认识和体验不断加深,创造的火花不断迸发,这一切需要教师在备课过程中不断调整,不断生成。不能让学生围绕呆板的教案转,要在调整中获得新的发展,在超越预定目标中获得创新,所以备课不能是定案,只能是预案。教案的设计不是为了限制其生成性,而是为了使其生成性发挥得更具有方向感,更富有成效。

5.尊重编写意图,解读并超越教材

教学的过程是教师"用教科书教"的过程,而不是"教教科书"的过程。教师是教材的理解者、参与者、实践者。首先,教师要理解教材的编写意图,并力图在备课时实现编写意图;其次,教师要跳出教材,超越教材。教材并非教学的全部,教师要摒弃那种唯教材是用的本本主义,灵活变通教材中与学生的口味不相符或滞后于学生发展的内容,及时关注时代发展的新动向,吸收生活中鲜活的素材,并及时整理、融合到自己的教学中。

总之,教师在备课时,既要钻进教材之中仰视解读,又要高居教材之上审视并超越教材。只有把自己变成教材的主人,教师才能充分发挥教材的功能,使学生得到充分的发展。

**（三）备课的有效策略**

备课是所有课堂教学前的准备工作,是教师把握教材,与文本对话的重要方式,是教师在整合教材、学生以及各种教学资源的基础上确定教学思路,对课堂进行预设的一个重要手段,直接关系教学效果好坏及教学质量的高低。教师必须做好每一节课前的教学准备,扎扎实实地备好每节课,使备课发挥实效。

1.备教材——把握知识结构是有效备课的前提

（1）学习《语文课程标准（2022年版）》,通读小学语文教材。学习《语文课程标准（2022年版）》,理解课程性质与地位、基本理念以及设计思路,明确小学阶段的培养目标以及各年级的具体要求,领会实施建议,有助于加深认识小学语文学科在义务教育中的地位和作用,从而加强做好小学语文教学工作的责任感和改革小学语文教学的紧迫感。

教材是新课标的具体化,是教师和学生进行教学行动的凭借材料,是信息沟通的主要中介媒体。通读小学语文教材,可以全面了解教材,明确教材的思想内容、知识范围、训练要求、编写特点以及各年级教学内容之间的联系。这样,教师能够清楚地了解每册课本在全套教材中的地位、各自承担的教学任务,做到胸有成竹,从而更加科学有序地进行教学工作。

(2)熟悉全册教材,钻研一组(单元)教材。关于某一册教材的编写意图、特点和要求,在一般情况下,编者会通过教学参考书或其他方式进行介绍。教师可以用它作为钻研该册教材的线索,从而具体了解全册教材的教学要求、内容和结构体例。如人教版的教材有一个非常突出的特征,那就是按"主题"组织教学内容。一个"主题单元"一般由导读、主体课文、语文园地等内容组成,构成一个具有共同特色且目标明确、重点突出的相对完整的教学单位。因此,以组为单元综合研究教材,有利于组织学生开展集中性、拓展性、综合性语文实践活动,培养和保持学生的语文学习兴趣,全面提高学生的语文综合素养。在此基础上,进一步研究某一篇课文,才能更准确地把握每篇课文的教学要求。

(3)深入钻研每一篇课文

1)钻研一篇课文的要素、内容。一般而言,研究一篇课文需要注意五个方面:①课文的思想内容和语言文字的特点;②课文的重点和难点;③课文包含哪些语文基础知识,结合学生实际,应当教学哪些基础知识;④结合课文,应进行哪些语文基本功训练;⑤课文具有哪些发展学生智力的因素。以上五个方面的内容互相联系,统一在课文之中。下功夫把课文钻研透彻,就比较容易确定重点和难点。基础知识、基本技能和智力因素,虽然要结合学生实际来确定,但也必须在钻研课文的基础上提炼出来。

2)钻研一篇课文的角度、方法。①以"文学研究者"的身份去读。拿到一篇课文,教师凭借自己的认知结构、生活经历和阅读经验去研读文本,弄清课文究竟写了什么,是怎么写的,为什么这样写,写得怎么样,从主题、结构和语言层面上了解作者构思之精妙,运笔之匠心。②以"学生"的身份去读。按照学生的认知结构、生活经历和阅读经验去进行阅读,预料学生在与文本对话的过程中可能遭遇的各种问题,以确定课堂教学的重点与难点,提出解决问题的具体对策,设计切实可行的教学方案。琢磨学生的读写能力与文章的语言水平哪些地方基本一致,哪些地方存在差异;文章传递的信息哪些是学生熟悉的,哪些学生只是了解,哪些还较陌生;文章的情节、语言的特色、编排和印刷的形式等,与学生的认知积累、生活体验存在哪些相符与差异之处。③以教育者的身份去读。利用教学参考书和其他教学参考资料,研究作者创作的背景,探究文本产生的时代意义,设计教学语言、教学环节与语言训练等。

2. 备学生——了解教学对象是有效备课的关键

"一切为了学生的发展"是新课标的核心理念,也是高效教学追求的目标。备学生是教师有效备课的一个关键。备学生要备什么呢? 不是简单地了解,而是应掌握不同学段学生的知识基础和生活背景。比如,城市和农村的学生共同学习《金色的草地》(人教版三年级上)一课,教学设计肯定是不同的,城市中逐渐增高变多的高楼大厦,不同于农村广阔的草地、茂密的森林,学生们的体验也一定是不同的,所以了解学生的生活背景、生活经验是备课的关键。另外还应多了解学生的学习兴趣,预见学生学习的困难和障碍,了解学习层次与学习方法,还应考虑对于一篇文章来说,学生应该知道什么,学生想要知道什么。

3. 备目标——把握教学方向是有效备课的保证

(1)确定教学目标的意义和要求。制定教学目标是顺利完成教学任务所要达到的要求和标准,是教学活动的出发点和归宿。教学目标对教学活动的诸要素具有较强的控制作用,它既控制着教学活动的方向,也控制着教学活动的大致进程、内容和程序,以及教学活动中主客体之间的动态关系。恰当的教学目标既要符合小学语文课程与教学的性质和任务,又要反映小学语文的三个维度的目标体系,还要尽可能具体化,使其具有可行性和可测性,做到全面、具体、突出重点。

1)全面。从全面提高学生语文素养的目的出发,提出教学要求。一般地说,教学要求应当包含这几项:①语言文字训练方面。包括丰富语言积累,培养语感,提高听说读写能力等。②人文素养教育方面。要使学生理解哪些思想内容,从哪些方面受到启发、感染。③学习方法方面。学习并逐步掌握哪些最基本的学习语文的方法。④智力因素方面。结合教学,发展观察、记忆、思维、想象等能力,激发学生创造的潜能。

2)具体。厘清教学的具体要求,不能笼统地只提"学习本课生字、新词,理解课文思想内容"等。对于教学要求达到什么程度,也要提出明确的、切实可行的要求。

3)突出重点。教学要求必须有重点,不宜分散,包罗万象。什么都想抓,结果什么也抓不好、抓不牢。教学重点,既要是学生理解的重点、难点,又要符合学年段要求和教材安排的训练重点。

(2)确定教学目标的依据

1)《语文课程标准(2022年版)》。教师要认真钻研课程标准,准确理解和把握教学目标,努力使所确定的教学目标符合课程标准的精神,并使之具体化。

2)教材。教师要认真钻研教材,分析并掌握教学内容,抓住重点,吃透难点,努力保证所确定的教学目标能具体体现教学内容。

3)学生。教师要认真研究、分析学生的心理、生理特点和已有的知识、能力,努力保证所确定的教学目标既符合新课标,又能使多数学生经过努力之后都能达到。

4.备教法——为学生设计自主的学习方式

教学方法是在教学过程中,教师和学生为完成教学目标、教学任务而采取的教与学相互作用的活动方式的总称。选择教学方法,其实质就是为学生设计自主的学习方式。教师要从教学目的、教学内容和学生的实际情况出发,采取多种多样的能充分体现学生自主学习、自主实践的形式,如上网、读课外书、咨询、讨论;在课前、课后收集资料,组织新闻发布会、故事会、朗诵会、讨论会;演课本剧、办手抄报、编习作集等。让学生在丰富多彩、生动活泼的语文实践中学习语文,在讲述、讨论、交流、品评、操作等活动中不断发展,形成扎实的语文能力,并且体验语文学习的乐趣。

教师在课堂设计时要为学生创设多角度、多方式的思维空间。学生自己能学懂的,相信学生,引导学生学;学生不能一下子理解的,引导探究,自主探究学;学生独立学习有困难的,小组合作,互相帮助学。各种有效的教学方法应当综合考虑,交替使用,避免呆板单调。教法既要提倡灵活多样,又要避免流于形式。教学是一门科学,也是一门艺术,在教学方法上不必强求一律。

5.编写教学计划——确保教学全程的有效性

编写教学计划,是加强教学的针对性、计划性的重要环节。因此,教师应在学习《语文课程标准(2022年版)》、钻研教材和了解学生之后,制定切合本班实际的教学计划。教学计划包括学期教学计划和课堂教学计划。

(1)学期教学计划。学期教学计划应当根据课标规定的本学年教学要求和本学期全册教材的编写意图,结合本班学生的实际来制定,主要内容有:①对学生语文学习情况的分析,包括学生组成情况,语文学习兴趣、习惯、水平等;②本学期的教学目标;③各组(单元)教材语文基本功训练的内容、要求和安排;④教学进度和课时安排;⑤作业(包括作文)内容、次数及其安排;⑥课外语文实践活动的内容、形式及其安排;⑦教学改革的目标与措施。

一个好的学期教学计划应该符合的基本要求:①教学要求明确、具体,又留有余地,在确定教学要求的时候,处理好教材和学生实际的关系,处理好语文基本功训练的重点和非重点的关系;②学期教学计划的各项内容互相配合,构成一个有机的整体。

(2)课堂教学计划。课堂教学计划又称教案,是教师在上课前,根据课本要求、学生具体情况及所处年级段特点而设定的既明确又有一定层次性、指向性的教学方案。教案的质量,直接影响每一节语文课的教学效果,必须认真对待。教案一般包括以下几个方面的内容。

1)课题。课题名称要准确、规范,把课题研究的问题、研究对象等交代清楚。

2)教学目标。教学目标要定得全面、具体、重点突出。语言文字训练和思想教育、情感熏陶是教学要求的两个主要方面,但是又不可局限于此;有关学习方法、智力发展和非智力因素等也要考虑,写进教学要求之中。

3)教学重点、难点。教学重点指为了达到教学要求而应着重指导的内容,它受教学目标制约。教学难点的确定主要考虑的因素:一是作品本身就存在的,如历史背景久远、词句生涩、作品内涵深邃等;二是学生情况造成的,有些是整体的学生情况造成的,有些是个体差异造成的。

4）教学时数。教学时数指的是一篇课文或某一项教学内容需要用多少时间来完成。

5）教具准备。课堂教学中所要使用的教具，如卡片、小黑板、挂图、标本、碟片、U盘以及录音机、放映机、电视机等。注重自制教具：在哪个环节使用，如何使用（包括出示教具的时间、方法等），都要充分考虑，在教案中注明。

6）教学过程。教学过程是教案的主体部分，是通过教师的引导和学生的学习，共同努力以达到小学语文教育目标的过程。教学过程设计要遵循学生的认知过程及语文教学的规律。小学生学习语文的认知过程一般是感知、理解、欣赏、积累、运用。在语文教学过程中，诸因素是相互联系、相互渗透的，但又是层层深入的。学习一篇课文必须完成全过程，而一节课可以一两个因素为主。

此外，识字教学、习作教学也要遵循学生的认知规律进行。如识字教学的认知规律是：感知（初步读出生字字音、认识字形）—思维（进一步分析字形结构、理解字词义）—记忆积累（在课文中进一步理解、巩固字的音形义）—运用（写字、造句、辨认等）。习作教学的认知规律是：感知（观察事物、实验、初步解题）—思维（构思、立意、拟作文提纲）—记忆（提取平时读书、观察的积蓄）—运用（打草稿、修改、誊写）。

没有以不变应万变的模式，教学方式要因文章而异、因学生而异；要在体现"实而活"的前提下，进行大胆的探索和创新。

6.板书设计——教学中一道"亮丽的风景线"

板书是指教师和学生根据教学的需要，在黑板上用文字、图形、线条、符号等再现和突出教学内容的活动。具有独特风格的板书设计，可称得上课堂教学中一道"亮丽的风景线"，给人以美感，给人以启发。好的板书有助于培养学生的能力，开拓学生思维，激发学习兴趣。所以教师要精心设计每节课的板书，力争在板书内容、布局上下功夫，力求内容精炼、字迹工整，布局新颖、有创意。

（1）板书内容要精炼。板书内容既要突出重点和难点，还要简明，切忌内容空泛、面面俱到，要以点带面。备课时要认真思考哪些内容需要写，哪些内容不需要写。这样既能突出重点和难点,又能体现出时间性,由远及近。在书写时要字迹清楚、工整,有助于培养学生良好的书写习惯。

(2)板书设计要有艺术性、创新性。板书设计可以展示一个教师的才华及课堂教学水平,更重要的是教师可利用板书的艺术性熏陶、感染学生,激发其学习兴趣,发挥学生的想象力和创造力。板书设计要随不同教学内容发生变化,力争做到每堂课的板书都有新意、有创新,这样才能吸引学生的注意力,发散学生思维,从而影响对学生创造力和想象力的培养。

## 二、上课

### (一)上课的含义

上课即课堂教学,是指在规定的时间内,通过班级集体授课的形式,学生在教师有目的的、有计划的指导下,积极、主动地学习,并掌握系统的科学文化知识和基本技能,发展智力和体力,增进身心的健康,形成良好思想品德和审美情趣的一种学校教育活动。

课堂教学是整个教学工作的常规中心环节。新课标下的课堂教学具有特殊的意义,突出表现在以下几个方面。

(1)课堂教学能有效地实现新课标的教学目标。教师在课堂教学活动中,能够系统地向学生传授基础知识,培养学生的能力,养成学生良好的品质,从而实现新课标的三维目标。

(2)课堂教学能够促进学生的全面发展。课堂教学的过程不是单纯向学生传授知识、技术、技能的过程,而是促进学生全面发展的过程。教学与发展之间存在着内在的必然联系,在课堂教学中教师完全可以在通过引导学生掌握知识的同时,全面发展学生的智力;培养学生独立学习的能力、浓厚的学习兴趣和良好的学习习惯,以及创造性活动的能力;在学习知识的过程中,帮助学生逐渐树立正确的世界观,养成良好的道德品质。

(3)课堂教学有利于促进学生的个性发展。在教学中教师如能采用适合学生学龄特征,又能促进学生生理和心理和谐而充分发展的教学方法,就能在促进学生全面发展的同时,促进学生个性才能的特殊发展,使学生在课堂教学中成为学习和发展的主体。

### (二)新课标对教师上课的要求

课堂教学是完成教学任务、提高教学质量的关键,教师上课必须做到精讲,突出学法指导,科学拟定单元测试题,认真剖析测试结果,及时进行有针对性的补救,努力做到课课清。具体要求如下。

#### 1. 教学目标明确

要根据教学目标安排好教学的各个环节。教学环节应清楚,步骤合理,能体现教学的重点,使每节课的教学目的和要求既符合大纲精神,又切合学生实际。

#### 2. 教学内容正确

讲解教学内容,要注意科学性和严密性。对每一个概念、定义的表述,对所有定理、定律的论证以及对例题的讲解,都要准确无误。

#### 3. 渗透德育教育

要充分挖掘教材的思想性,把德育教育有机地贯穿在各科教学之中,真正做到既教书又育人。

#### 4. 科学合理地选择教学方法

注意启发学生思维,注意讲练结合,不采用"满堂灌",授新课时间一般掌握在 20~25 分钟,要贯彻以教师为主导,以学生为主体的原则。开展师生互动、生生互动,调动学生学习的积极性和主动性。培养学生的实践能力和创新意识,积极实施自主、合作、探究的学习方式。

#### 5. 教学手段现代化

充分发挥各种现代化教学设施的作用,提高课堂的教学容量,帮助学生解决教学难点问题,突出教学重点,调动学生视、听等感官,增强教学的针对性;应注意避免降低教学要求,降低思维难度,忽视学生的学习差异,反客为主等倾向;多媒体教学手段的使用要恰当,它起的是辅助作用。

#### 6. 掌握教学基本功

(1)正确使用普通话。较高要求为抑扬顿挫、声情并茂,有感染力。

（2）教学语言。一般要求准确、简练，进一步要求生动形象，富有逻辑性。

（3）板书。包含板书书写与板书设计。书写的要求是规范而流畅，设计的要求是反映教学的主要内容，并体现出各知识之间的内在联系。

（4）驾驭课堂的能力。包含很多的内容，如组织教学的方法，有效调控课堂和课堂应变能力，基本要求是沉着镇定，机动灵活，善于调动学生学习的积极性。

（5）现代化教学手段的运用。要求能合理、充分、熟练地使用。

**（三）上好课的有效策略**

1.关注课前准备，加强预习指导

（1）有效备课。上课是教师依据教案指导学生学习语文，是整个教学工作常规的中心环节。有效教学的最终目标是全面提高教学质量，促进学生的全面发展。因此，教师必须关注课前准备，做到有效备课。

（2）预习指导。教学是一个师生双边、多边的教学活动。《语文课程标准（2022 年版）》指出："教学中应充分发挥师生双方在教学中的主动性和创造性。"预习是上好语文课的重要环节之一，是提高学生自学能力的必要途径，也是教师了解学生，做好教学准备的重要途径。指导学生预习，应抓好以下环节。

1）提出预习要求。①利用词典（字典）解决字、词问题；②感知整体（写什么，为什么这样写）；③复习与新课内容紧密相连的旧知识；④找出疑难问题，并能用简单符号做标记；⑤利用图书、网络和社会调查搜集与新课有关的信息和资料。

2）教会预习方法。①默读。默读的要求：一是了解课文的大概意思，目的在于对全文获得一个完整的、初步的印象；二是准确地找出全部生字，画出不理解的语句。②查问。通过查阅字典、词典或向别人（包括同学、老师、家长）请教，对不认识的字要读准字音，对不理解的词语，要初步了解它的意思。③朗读。预习的朗读一般可读三遍：第一遍重在巩固生字的读音，要把课文读通读顺；第二遍注意文章内容、思想意义，了解文章写的人、事、物、景和作者想说明的东西；第三遍要注意文章结构、写作方法。④摘抄。把应该积累的词语句子和自己认为值得学习、借鉴的词句摘录下来。⑤思考。思考这篇课文在文字上、语句上、内容上、知识上、思想意义上还有哪些问题不太清楚,需要在上课的时候认真听老师讲或向同学和老师请教。

3)突出预习重点。在布置预习时,善于围绕训练重点,从而使学生的自学能力得到锻炼。

2.关注全体学生,注重教学过程

"一切为了每一位学生的发展"是新课标的核心理念,是全面贯彻教育方针,实现全员教育思想的具体体现。它要求教师把学生看成是一个发展的人、独特的人和具有独立意义的人。学生的个体差异性是客观存在的,实际教学中除了在备课上加以体现外,更重要的是在课堂中予以体现。

(1)保证课堂的全员参与。课堂教学活动要让每一位学生都能认真听讲,积极思考和回答问题,认真对待课堂训练。这就要求教师的课堂有吸引力,氛围要活跃,问题的难度要适中。保证全员参与不是靠压制学生,而是靠吸引学生。

(2)关注学生的情绪和情感。学生在课堂上是兴高采烈还是冷漠呆滞?伴随着学科知识的获得,学生对学科学习的态度是越来越积极还是越来越消极?学生对学科学习的信心是越来越强还是越来越弱?这一切须为教师所关注。情感和信心的建立可能来自教师一句表扬的话,一个和蔼的笑容,一个肯定的眼神。

(3)注重过程而不仅是结果。学生的逻辑思维和分析解题能力的培养是在过程中形成的。在教学中教师很容易在好学生的引导下忽视对学困生的兼顾,而学困生在逻辑思维和分析解题方面往往是"弱势群体"。教学过程中应尽可能地让更多的学生积极思考、动手操作。同一个问题,好成绩的学生能解到第三步,而学困生哪怕只到第一步,甚至没有任何结果,对他们来说也是一种思维习惯和能力的培养,只要能长期坚持下去,相信总会有收获。

3.关注课堂情境,营造和谐气氛

所谓"学习情境",是指学生学习的情感体验与学习环境。教师的课堂教学任务之一就是创设适合学生学习的情景,创设产生问题、解决问题的潜在条件。最终都是为了更高效地解决问题,实现知识的增长、能力的形成与智慧的提升。课堂情境生动、形象、有趣,能激起学生的情绪和情趣,启迪学生的思维,充分调动学生学习的主动性,从而引导他们发现、思考、理解、把握所要学习的知识和技能。

教师应遵循"教无定法"的原则,灵活地选择乃至创新教法,引入现代化教学手段,结合讨论、演讲、辩论、音乐、表演等方式,在课堂上给学生提供多种表现自我和发展自我的平台,真正让学生在课堂上"动起来",这样的课堂氛围及课堂效果无疑是最好的。

师生关系的民主性是基础。新型师生关系应该是教师和学生在人格上是平等的,在交互活动中是民主的,在相处的氛围上是和谐的。如果师生关系处于一种民主、平等、信任、理解的状态,那么它所营造的和谐、愉悦的教育氛围必然产生良好的教育效果。

4.关注教学技巧,实现学习方式的转变

教学过程是师生互动交流的过程,应逐步实现教学内容的呈现方式、学生的学习方式以及教学过程中师生互动方式的变革。

(1)课堂导学。导语为整个教学过程定下基调,如同序幕,预示着后面的高潮和结局;如同路标,引导着学生的思维方向。导入的方法要依据教学目标和内容,学生的年龄特征和心理需求,做到灵活多变、生动新颖,切不可千篇一律。导入的艺术和方法有许多,如直接导入法、复习导入法、直观导入法、故事导入法、游戏导入法、释题导入法、设疑导入法等。

(2)课堂讲解。讲解是指教师对教学内容进行解释、说明、阐述、论证的讲授方式,通过解释概念含义、说明事物背景、阐述知识本质、论证逻辑关系,达到使学生理解和掌握知识的目的。讲解法让学生不必从零开始学习活动,他们可以通过直接接受前人与他人的认识成果加速个体的认识发展过程,从而使有限的生命个体能够更从容地面对无限的知识海洋与大千世界。讲解有利于发挥老师在课堂教学中的主导作用,可以发展学生的听、记能力。

1)教师讲解的重点应放在"三点"上。所谓"三点"指新旧知识的结合点、新知识的关键点、前后各节之间的理论与实际的联系点,这些都是教材最本质的东西。教师的"讲"与学生的"学"要融为一体。

2)教师的讲解要抓住学生的兴奋点。兴奋点是为学生普遍关注且同教材有紧密联系的问题,教师应力求把教材的科学性、系统性同学生的兴奋点结合起来,这样才能激发学生的学习兴趣,引导学生愉快地进入思考过程。

3)教师的讲解要从形象入手,注意指导学生的思维方法。语文课上的内容和有关问题,都是属于理性的、抽象的,学生较难理解。教师应以形象引导学生兴趣,步步深入地把握课文内容,掌握要点。

(3)课堂提问。提问是教学过程中教师和学生之间常用的一种相互交流的教学方式,是通过问答,检查学习、促进思维、巩固和运用知识、实现教学目标的一种教学行为方式。有效的提问能启迪学生思维,发展学生智力和培养学生能力,激起学生学习的极大兴趣。因此,教师在课堂教学中要从学生的实际、教学的需要出发,恰到好处地进行课堂提问,提高教学效率,达成课堂教学最优化。

1)课堂提问要有针对性。必须围绕教学目标为完成本堂课的教学任务服务,不能为问而问,脱离课文内容乱问。同时教师在设计提问时要充分估计学生在理解中可能出现的问题,做到摸清抓准、切中要害,使提出的问题有的放矢。

2)提问要适度、适时,有层次。在语文教学中,教师为了突出教学重难点,常常精心设计课堂提问,细心选择课堂提问时机。问题所含的知识容量过大或过于琐碎,无益于问题情境的创设,不能激发学生的思维兴趣。问题过易,没有思考的余地;问题过难,学生无从下手。问得过早,学生因对教材认识缺乏准备,只会使教师启而不发;问得过迟,问题已解决,提问成了"马后炮"。教师在课堂教学过程中,应根据"学情"的变化,随时捕捉提问的机会,因势利导地把学生的思维引向深入。

3)提问要注意发散性和开放性。课堂提问要面向全体学生,具有开放性,尽可能突破"标准答案"的束缚,让答案具有多元性,力争引导学生思维,培养学生创新意识。

(4)语文课堂活动。《语文课程标准(2022年版)》中明确指出:"语文是实践性很强的课程,应当培养学生的语文实践能力,而培养这种能力的主要途径也是语文实践。"能将语文实践和语文教学很好地结合起来的,非语文活动莫属。语文活动能充分激发学生学习语文的兴趣,扩大他们获取知识的领域,为他们观察和思考提供了条件,为他们创设了在实践中运用语文的真实情景,弥补了普通语文课堂教学的不足。正所谓"得法于课内,受益于课外",内外配合才能相得益彰。

# 第三节　作业布置、批改、听课和评课

## 一、作业布置与批改

### (一)作业的意义和种类

#### 1. 作业的意义

在新课标理念下,作业的功能应该重新被定位,除了具有传统的落实巩固基础知识的目标外,更多要考虑的是多元化的目标,也就是能力目标、情感态度目标、心理健康目标、科学素养目标和多元化智能目标等。

(1)作业具有巩固与深化的功能。作为教学的一个重要环节,作业一直被认为是课堂教学的延伸和补充,是教师用来衡量自己课堂教学效果的一种重要手段,也是学生巩固和深化知识的一种有效方法。通过布置作业,可以有效地提高学生的学习兴趣。各种教学内容,如果仅仅依靠讲授,而不配以一定数量的练习,肯定是不能得到消化和巩固的,这就是人们所认识的作业的巩固功能。

教师课堂讲授一直主张精讲,不可能面面俱到,这就必然要通过练习来达到延伸、拓宽、深化知识的目的,从而使学生比较全面、系统地掌握知识。通过布置作业,促使学生主动建构知识体系,学会整理、学会归纳、学会评价、学会创新。

(2)作业具有培养与发展的功能。学生做作业的过程,是培养其非智力因素的一个重要途径,如意志力的培养。通常作业是要经过一定的努力,甚至是克服一定的困难才能够完成的。这样学生在完成作业的过程中,意志力就会得到相应的培养。同时学生在完成作业的过程中,可能由于学习取得的成果,唤起对学习的兴趣;也可能由于克服学习中的困难,而在成功中品尝到学习的快乐,从而增强学习的兴趣。学习的过程、作业的过程,不仅能培养学生的非智力因素,而且能发展学生的智力因素。因为作业过程是学生独立的、自我劳动的一个过程,在很大程度上,学生的思维能力、观察能力、计算能力、表达能力、操作能力等智力因素的发展,都是在完成作业的过程中实现的。

(3)作业具有反馈与交流的功能。教师的教学效果如何,学生究竟掌握到什么样的程度,这些除了在课堂中通过提问得到及时反馈外,更多的是通过课外作业完成情况来进行反馈。教师根据作业反馈的信息,可以查缺补漏、调整教学方式、调整教学方法,以便有效地提高教学质量;反馈之后,教师对教学、对作业进行恰到好处的评改,又能反作用于学生。在这个循环的反馈系统中,师生之间不仅进行着知识的交流,更重要的是获得了一个情感上的交流,这对于激励学生学习,无疑会起至关重要的作用。

2. 作业的种类

根据小学语文作业功能,可将作业分为四种类型:预习型作业、基础型作业、拓展型作业和创新型作业。

(1)预习型作业。预习型作业主要是为了下节课的有效学习而进行的课外准备性学习。此类作业像搭在本次课和下次课之间的桥梁,最能体现学生学习新内容时的自主性,又是下次学习新内容的基础,因而备受重视。最为常见的有:

1)自读疏通式。在学习新课前,一般要求学生利用自学工具,先进行默读,疏通读音和意义,再进行反复朗读,达到正确流利的程度。尤其是对自读技巧还不够熟练的教学对象,设计作业时应注意明确用什么方法来做、如何去做,检测方式等应尽量具体、明确,让学生在完成任务的过程中逐渐学会预习的方法。

2)再读思考式。一是课文疏通后,就老师布置的思考题进行细读思考或就疑问处进行质疑;二是有了一个课时的学习,要求学生基于所学,继续自读思考,为进一步的深入学习做准备。

(2)基础型作业。基础型作业主要是为了继续巩固和应用课堂上所学习的基础知识和基本技能而设计的作业,是最为常见的一类作业。小学阶段是打基础、学方法、立规范的关键时期,因此,识字、写字,背诵、积累好词佳句,观察、搜集、整理资料,在听说读写中练习和应用所学的字、词、句、篇等都属于此类作业。最为常见的有:

1)抄写式。抄写字、词、句子、段落甚至篇章都是一种积累、规范言语的基本方法,但设计时要注意抄写内容的选择和规定合理的抄写遍数,以抄代罚的方式应废止。

2)背诵式。小学阶段是记忆的黄金时期,小学教科书中所选教材多是规范的语言材料,因此,背诵段落、篇章的作业占了相当的分量。背诵作业的设计和检查时,一要注意记忆和遗忘规律的运用,二要注意用小学生喜闻乐见的方式激发其背诵的动机和兴趣,三要常抓不懈。

3)应用式。语文的归宿在于应用,基础知识转化为基本技能的最佳途径也是应用。

(3)拓展型作业。此类作业要求立足所学,在新的言语情境中,深化和超越所学。最为常见的有:

1)仿写式。任何学习,开始时都离不开模仿。从仿写内容看,作业可从四个方面进行:①仿其文。如仿用部分语言文字,包括词语、句式、警句、格言及部分自然段。②仿其格。如仿用文章的结构、布局或写作思路、记叙的顺序。③仿其意。如从具体事物导出抽象的道德教训。④仿其法。如仿照文章的写作方法。从仿写单位大小看,作业可分为句式仿写、片段仿写和全文仿写。句式仿写是基础性训练,片段仿写是发展性训练,而全文仿写则是整体性训练。一般地讲,应以片段仿写为主要练习形式。

2)转化式。即通过课后作业提供多样化的训练方式,促使语文知识转化为语文技能。

3)情境式。即依据课文中的情境,通过课后作业设计相似的训练情境,促使学生进行模仿或应用练习。

(4)创新型作业。创新型作业即通过课后作业让学生自由地、创造性地综合运用所学言语知识和方法进行语文实践。最为常见的有：

1）综合运用式。综合运用是一种高层次的训练方式，在综合运用中也最能体现出语文的实践性特点和创造性的一面。

2）探究查询式。布置这类作业，必须围绕目标，将学生的探索欲由课内引向课外，而且教师的任务布置应具体、操作性强，也便于展示和检查。

3）表演操作式。小学语文教材中有很多教学内容，训练价值丰富，可以通过表演操作式作业，让学生既动手又动脑。

对于情节性较强或场面描写较具体的课文，可利用演课本剧的形式，进行创造性的学习。通过具体的言语实践活动，可引导学生把丰富的学习资源内化为自身的财富，形成能力，发展个性。

对于那些可以通过实验、操作，更能促进对教学内容的理解和创新的课文，可通过语文各板块内容的结合，设计多种多样的操作式作业。

### (二)作业的布置

#### 1.作业布置的原则

作业的布置是教师的教学思想与教学机制的体现。其容量和难易程度等对学生都会产生一定的影响，教师需要全面思考，精心设计。通常，作业的布置要遵循以下原则。

(1)目的性原则。作业的布置应体现课堂教学要达到的教学目标。学生通过作业能进一步巩固知识，使思维能力得到进一步发展。

(2)针对性原则。针对教材和学生实际，教师要精心选择作业题：作业偏难，学生无从下手，会导致积极性下降；作业偏易，降低了教学的要求，会影响学生对知识的掌握。

(3)趣味性原则。兴趣是最好的老师，兴趣能激发学生的学习动机，吸引自制力尚处在薄弱阶段的小学生，使他们以愉快的心情完成每次作业。

(4)层次性原则。学生的学习水平存在着一定的差异性，这就要求作业的布置要体现层次性。

(5)多样性原则。作业的形式要新颖灵活，不拘一格。除了传统的手写作业外，应适当地运用口头练习（复述、讲故事等）、表演练习（小品、话剧等）、实际操作（课外实验、观察、测量、制作等）等多种作业形式。

（6）开放性原则。这一点最能体现新课标对作业的要求。传统的作业过于强调答案的唯一性和确定性,而新的课程环境要求大部分作业内容应突出开放性和探究性,也就是学生解答问题时要有一定的思考和实践,作业答案要有一定的开放性。

2.作业布置的要点

（1）课堂作业的布置应该注重巩固新知识。课堂书面作业训练,既是教学的一个环节,也是学生作业的一种形式。适当的课堂作业有助于学生对新知识的理解、掌握和消化吸收。因此,适当增加课堂书面作业的时间和数量,可成为学生迅速理解和掌握新知的催化剂,能有效减轻学生过重的课外作业负担,提高课堂教学效益。

（2）课外作业的布置应该设计新形式

1）变规范、统一的作业为自主的、个性化的作业。这一点主要针对学生的个性特长而言。作业的内容、方法和形式要给学生留自主选择的空间。

2）变封闭的作业为开放的作业。开放性作业突破了书本知识范围狭小的限制,让学生的作业更贴近生活,可拓宽学生的视野。

3）变独立完成的作业为合作完成的作业。新课标中提倡"自主、合作、探究"的新型学习方式,这在作业的布置中也要在一定程度上体现出来。因为学生面临的作业更多的将是探究性作业,往往需要其他人的合作才能顺利完成。这里的"合作"包括了学生与学生间的合作,学生与家长间的合作,以及学生与各学科教师间的合作。

**（三）作业的批改**

1.作业批改应注意的地方

（1）按时收发作业,及时批改作业。按时收作业和及时批改作业可以使教师及时了解学生的学习情况,发现存在的问题,并及早解决。按时发还作业可以让学生及时得到反馈。如果发放过晚,容易造成问题堆积,有时学习进入下一环节,学生的注意力已经转移,不利于进一步的学习。除此之外,这样做还可以形成良性循环,有利于每次作业的收、改、评。

（2）重视作业评判的过程性和激励性。新课标要求作业的评判是多元的。有利于学生的进一步发展是作业评判的基本出发点。教师应多给学生提供参与作业批改的机会,让学生在互评时发现问题,探寻解决方法,达到互帮互助、共同进步的目的。在作业的评价上,也要尽量使用一些鼓励性的语言,既要指出不足,又要保护学生的自尊心和进一步学习的积极性。

(3)注意作业讲评,促进合作学习。教师在平时的作业评改中,能够积累有关学生学习情况的大量数据和典型事例。教师应据此在班级中进行定期或不定期的集体讲评,总结前一阶段作业的总体情况,指出优缺点和存在的主要问题,同时明确师生今后的努力方向。教师的总结要具体,抓住典型,切忌泛泛空谈;可以采取学生自我讲评、小组讲评与教师讲评相结合的方法,调动学生的积极性。

2. 作业批改的方式

(1)教师批改。这是最常用的一种作业批改方式。教师要充分利用每次作业批改的机会,了解学生的学习和思想动态,在传授知识、释疑解惑的同时,教育学生热爱生活、勤奋努力,为学生提供合理的建议,潜移默化地引导学生学会生活、学会做人。

(2)小组批改。在这种批改方式中,作业批改者与被批改者都是学生。对于批改者的评判,被批改者往往不会轻易相信,而要进行独立思考,甚至与之"争辩",这就深化了学生对知识的理解;另一方面,批改者在批改过程中发现大家易犯的错误,可引领大家共同总结。小组批改能够培养学生认真思考问题的态度,避免再犯同样的错误。

(3)自己批改。批改前,教师先做必要的讲解与提示,并提供正确答案。学生自批时,先核对答案,对自己做的题做出评定,总结经验教训,进行作业修改。这种批改方法可以提高学生自我评价的能力,有利于学生养成认真的学习态度。

(4)家长批改。这种批改方式是让家长参与的作业评价。比如"爸爸妈妈眼中的我"这样的题目,就是让家长对学生的表现予以评价。这种评价以鼓励、表扬为主,从而增强学生的自信心。

总之,在作业的批改中,要改变教师"全批全改"的方式,体现批改的多元化、民主化与层次化,让学生在一个充满自信的生长环境中得到成长。

## 二、听课和评课

### (一)听课的概念和功能

#### 1. 听课的概念

听课是基础教育实践中的一项常规活动,它是指教师或研究者带着一定的目的和任务,凭借眼、耳、口等感官及运用有关的辅助工具(记录本、调查表、录音录像设备等),直接或者间接从课堂情境中获取相关信息资料,从感性到理性的一种学习式评价及研究的教育教学方法,具有目的性、主观性、选择性、指导性、理论性等特点。按照听课目的划分,可把听课分为六种类型:学习取经型、帮助指导型、考查考核型、总结推广型、调查研究型、检查评估型。

#### 2. 听课的功能

听课集管理、指导、交流、激励、协调、沟通为一体,是直接、具体,也是有效的研究课堂教学的一种手段和方法。通过听课达到甄别认定课堂教学优劣的目的,从而提升课堂教学研究的水平和质量。听课具有以下功能。

(1)教学管理功能。只有学校领导经常深入教学第一线,经常走入课堂听课,才能了解课堂教学的现状,才能掌握第一手材料,才能避免瞎指挥,并给予教师正确的指导和帮助。听课对于加强学校常规管理来说是十分重要的。

(2)激励发展功能。听课对于开阔教师的视野、激励他们上进、发展他们的教学能力,有着极其重要的作用,听课能促进教师的教学能力螺旋式上升。

(3)教学诊断功能。听课具有"临床指导"的性质。有的老师教学质量一直不尽如人意,为了查清原因,有针对性地去听这位老师的课,可对问题做出综合分析。在分析过程中,在肯定优点的基础上,重点分析问题;要对教师钻研教材、处理教材、了解学生、选择教法、教学程序的设计等诸方面做一透视,分析产生问题的原因,最后提出具体改进的意见。这是一个"诊—断—治"的过程。

(4)沟通协调功能。从广泛的意义上讲,听课活动是群体活动,它具有协调角色、沟通意见、融洽感情的功能。对教师而言,可借以挖掘潜力,激励进取,培养良好的教学风气;对学生来说,可以调动学生的学习积极性,激励他们的创造性思维,稳定教学秩序,同时,听课也具有协调领导与教师之间的关系,融洽师生之间感情的作用。

(5)评估考核功能。怎样评估一所学校的教学水平,怎样评估一个教师的教学水平、能力,除了要看学生考试成绩外,听老师上课也是一个重要依据。当前在教师评优评先、职称晋级、聘用等考核工作中,除了看一些材料,找老师座谈外,一个重要方法是要听老师的课,所以,听课又有重要的考核评估功能。

**(二)新课标对教师听课的要求**

一是思想上要重视,不要把听课当成一种应付学校检查的任务来完成,以免在听课时出现马虎应付的问题;二是听课要有计划,避免听课没有计划,随心所欲;三是听课前做好准备,不要匆匆忙忙地走进教室,糊里糊涂地听;四是听课不仅要关注授课教师的教,同时要关注学生的学;五是听课后交流、反思,避免听完课后一听了之;六是听课要注意细节要求,不要迟到,在听课时不要进进出出,要注意场合,不随便和他人闲谈。

**(三)听好课的有效策略**

1. 明确听课目的

盲目地去听课和带着一定的目的性有计划地去听课,其效果是大不一样的。新课标理念下的听课,不是简单地拿着课本、带着耳朵进教室,为完成学校规定的听课任务而听课。要想真正发挥听课的实效,听课的教师听完后有所顿悟,那么听课者在听课前都应首先明确听课的目的和任务,选好角度,突出重点,使每次听课都有针对性,解决一两个主要问题。

2. 做好听课前期准备

盲目性是效率的大敌,听课也是如此。听课前应做好如下准备工作:

(1)熟悉教材,了解这节课教材编者的意图,弄清新旧知识的内在联系,熟知教学内容的重点和难点。

（2）明确这节课教学的三维目标,听课时只有明确教学目标,才能看出教师教学的完成情况。

（3）针对这节课在头脑中设计出课堂教学初步方案,用粗线条勾勒出大体的教学框架,为听课提供一个参照体系。

（4）听课前要回忆自己是否教过这节课内容,有什么困惑与问题。

（5）听课前切实进入三个角色:一要进入"教师"的角色。要设身处地地思考,如果自己来上这节课,该怎样上。这样既可以避免以局外人的身份去挑剔,看不到长处,不理解执教者的良苦用心;又可以避免无原则地同情理解,看不到不足与缺点。二要进入"学生"的角色。要使自己处于"学"的情境中,从学生的角度去反思教师怎样教或怎样处理教学内容、怎样引导、如何组织,学生才能听得懂、能探究、能应用、会掌握。三要进入"学习"的角色。在听课中更多地去发现教者的长处,发现课堂教学的闪光点,以及对自己有启发的东西,做到取长补短,努力提高自己的业务水平。

3.做好听课记录

听课记录是重要的教学研讨资料,是教学指导与评价的依据,它应该反映课堂教学的原貌,使听课者依据听课记录,通过合理想象,在头脑中再现教学实况。

**（四）听课的内容和方法**

一节课成功与否,关键不是听教师如何讲,而是看在教师的引导下学生如何学,所以,听课应从单一听教师的"讲"变为同时看学生的"学",注重观察,做到既听又看,做到听、看、记、思有机结合。

1.听课时听什么

（1）教师是否体现新课标的理念、方法和要求。

（2）教学是否突出重点,突破难点,详略得当。

（3）教师语言是否流畅,表达是否清楚,是否亲切和蔼。

（4）是否有知识性错误。

（5）教学活动是否有创新的地方。

（6）教师的思维是否多向、宽泛,学生的回答是否准确,教师的纠正用语是否准确。

2.听课时看什么

(1)看教师主导作用的发挥情况。如,教师是否鼓励学生回答问题;教态是否亲切自然;板书是否规范合理;教具(包括多媒体等)运用是否熟练;指导学生学习是否得法;处理课堂偶发问题是否灵活巧妙。一句话,看教师主导作用发挥得如何。

(2)是否善于抓住学生的不同特点组织教学,是否创设优良的教学情境。

(3)看学生主体作用的发挥。如,课堂气氛是否活跃;学生是呆坐静听、死记硬背,还是情绪饱满、精神振奋;学生是否参与教学过程,参与面和参与的时间、参与的有效性怎样;看各类学生特别是后进生的积极性是否被调动起来;看学生对教材的感知;看学生注意力是否集中,思维是否活跃;看学生的练习、板演、作业情况;看学生举手发言、思考问题情况;看学生与教师情感是否交融;看学生自学习惯、读书习惯、书写习惯是否养成;看学生分析问题,解决问题能力如何。一句话,看学生主体作用发挥得如何。

(4)看学生正确的学习习惯是否养成,分析问题和解决问题的能力是否得到培养和提高。

3.听课时记什么

听课记录的基本内容包括两个方面:一是教学实录(含板书),二是教学点评。体现在听课记录本上一般为,左边是实录,右边是点评。

(1)课堂实录。包括听课时间、学科、班级、执教者、课题课时等;教学过程包括教学环节和教学内容,以及教学时采用的方法(多以记板书为主);各个教学环节的时间安排;学生活动情况;教学效果。课堂实录记到什么程度,要根据每次听课的目的和教学内容来确定。

(2)课堂点评

1)记录听课者对本节课教学优缺点的初步分析与评估,以及提出的建议。点评包括教材的处理与教学思路、目标,教学重点、难点、关键,课堂结构设计,教学方法的选择,教学手段的运用,教学基本功,教学思想。写教学点评可以采取两种形式:一是简评,把师生双边活动后所产生的反馈感想,随时记录下来;二是总评,就是把对简评综合分析后所形成的意见或建议记在记录本上,待课后与教者互相交流,取长补短。

2)根据听课的类型,有些记录应该全面一些,有些记录则要突出某一个方面。一般来说,记录要简明扼要。讲课中符合教学规律、有创新、有特色的好的做法或存在的问题和不足等可以详细记录,对一些问题的思考或见解也可详细记录,以免遗忘。做听课记录要注意两点:一是听记要分清主次,听课应该以听为主,要把注意力集中在听和思考上;二是记录要有重点,要详略得当,对内容要选择,文字要精炼,一般要记教学过程、板书设计、教师的重点提问、学生的典型发言、师生的互动情况、有效的教学方法和手段、教学中的失误等。

4.听课时思考什么

(1)教师为什么要这样处理教材,换个角度行不行、好不好。

(2)对教师的成功、不足或错误,要思考原因,并预测对学生所产生的相关性影响。

(3)进行换位思考,如果是自己来上这节课,应怎样上。

(4)把自己放在学生的角度去思考,我是否掌握和理解了这节课所学的容,老师的教法是否吸引我,是否激发我探究问题、获取知识的欲望。

(5)新课程的理念、方法和要求如何体现在日常的课堂教学中,并内化为教师自觉的教学行为。如怎样将三维目标自然、和谐地融入教学环节,怎样达成具体的教学目标。

(6)这节课是否反映了教师实际水平,如果没有听课者,教师是否也会这样上课。

总之,应该根据听课的目的和要求,有所侧重地将听、看、记、思的内容有机灵活地结合起来。如教师讲课和学生发言时,以听为主,兼顾观察;教师板书、学生演练或小组讨论、观察实验时,以看为主,兼顾其他;学生练习时,听课者既要观察授课者此时的行为,又要侧重于对已完成教学时段的思考,并记录点评意见。

(五)评课

1.评课的意义

评课的意义主要有以下几个方面。

（1）有利于促进教师转变教育思想，更新教育观念，确立课改新理念。评课者要评好课，首先必须研究教育思想。在评课中，评课者只有用先进的教育思想，用超前的课改意识去分析、透视每一节课，才能对课的优劣做出客观、正确、科学的判断，才能给授课者以正确的指导，从而促进授课者转变教育思想，更新教育观念，揭示教育规律，促进学生发展。

（2）有利于帮助和指导教师不断总结教学经验，形成教学风格，提高教学水平。在评课中，评课者必须注意去发现和总结授课者的教学经验和教学个性，要对教者所表现出来的教学特点给予鼓励，帮助总结。让教者的教学个性由弱到强，由不成熟到成熟，使其逐步形成自己的教学风格。

（3）有利于信息的及时反馈、评价与调控，调动教师教学的积极性和主动性。通过评课，可以把教学活动的有关信息及时提供给师生，以便调节教学活动，使评课始终目的明确、方向正确、方法得当、行之有效。

评课的目的不是为了证明，而是为了改进，以有利于当前新课标的教学。它集管理调控、诊断指导、鉴定激励、沟通反馈及科研为一体，是研究课堂教学最直接、最具体、最有效的一种方法和手段。

2.评课的原则和基本要求

（1）评课的原则

1）实话实说原则。实话实说对于听评课教师来讲，是一个很重要的责任心问题。评课是执教者与其他参与者学习借鉴的一个机会。只有本着客观公正、实事求是的精神，评课才有实在的意义。这里面可能会出现"话重"的情况，所以实话实说也要讲究方法与策略，讲究谈话的艺术。

2）心理"零距离"原则。评课者要站在执教者与帮助促进者的角度去分析考虑问题，给执教者一个中肯的指导意见，特别是要用一种十分诚恳的态度去评课。让别人特别是执教者在一种融洽的氛围中，在轻松的心理状态下感受到你的善意，容易接受你的意见，这样才有助于执教者反思自己的教学，有助于教师教学水准的提高。

3）突出重点原则。评课不要"眉毛胡子一把抓"，要能抓住重点部分详尽地谈，理论联系实际，哪些地方需要改进，哪些地方很有特色，让人一听产生"柳暗花明又一村"的感觉。

4)激励性原则。评课的最终目的是要激励执教者(特别是年轻的教师)尽快成长,成为课堂教学直至课程改革的中坚力量。

5)因人而异原则。因执教者情况各异,课堂教学形式不同,评价侧重点不同,评课也要有一定的区别和特色。对于一些骨干教师要把要求拔高一些,抓住个性特点,挖掘教学特长,促进个人教学风格的形成。

6)艺术性原则。评课也要讲究艺术,要掌握心理学理论,掌握谈话的策略,不以成败论英雄,而且要注意评议的尺度,从帮助、教育、促进的角度去考虑,把课评足,少议论人。

(2)评课的基本要求。评课除了坚持以上几条原则外,评课者还要做到几个基本要求。

1)要以理服人,防止走过场,要做到相互促进,评议语言要留有余地。

2)评课时要做到六个关注:关注课型、关注教学思路、关注学习方式、关注学习成效、关注教学风格和关注评价方式。

3)评课者要从学生"学"的情况反观教师"教"的水平,因为一切"教"的行为都是为"学"服务的。从学生"学"的状态效果评价教师"教"的成败,是最具说服力的。

3.评课的形式

评课的形式有很多,教师要根据实际情况确定评课的形式。

(1)个别面谈式。听课者与执教者面对面地单独交流,更容易进行双向沟通。这样可以保护执教者的自尊心,探讨问题也更容易深入。当然,这仅限于听课人数只有一两个人的情况下采取。

(2)小组评议式。人数较多往往采取小组评议的方式进行,特别是学校举行一些展示课、研究课等。程序主要为:执教者说课;听者评议;领导、专家总评。

(3)书面材料式。评课要受时间、空间、人员、场所等多种因素的影响,有些不便在公共场合交谈的问题可以通过书面传达自己的见解,还可以填写举办者设计的评课表。

(4)调查问卷式。主要有三种形式:①学生学习效果调查表;②听课者对课堂教学情况的评价表;③教师自评表。具体采取哪种要根据评课者或组织者的需要来决定。

（5）陈述答辩式。先由执教者陈述自己的上课设想、教学思路、教学方法、教学理念、教学特色、教学成败等问题，可有侧重地谈谈；接着就像辩论比赛一样，评课者提问，双方再就各自的观点进行阐述，然后进行总结；最后，权威专家点评。

（6）点名评议式。这种评议方式有点像考试，由评课组织者或负责人采取点名的方式请参加评课者进行现场点评。

（7）师生评议式。这是体现教学民主的一种评议方式。执教者评议学生学习态度、学习效果、学习方式、合作情况和技能掌握情况等，多肯定积极因素，少批评；学生则主要评议教师上课的精神面貌、自己学的情况，有没有自己没搞懂的知识等方面。

（8）专家会诊式。邀请专家对执教者的课进行会诊，更容易帮助青年教师扬长避短，尽快步入课堂教学的轨道，尽快成长起来。由于专家看问题比较准确、比较深入、能够有理有据，所以专家会诊更有说服力。

（9）自我剖析式。这是重要的一环。在听取了别人的评价后，执教者要及时进行反省性的修改、优化，进行二度设计。特别要注意的是，执教者在反思时要根据自己的不足，探究失误的原因并及时记录，以防止类似问题的出现。

4. 评课基本要素和方法

（1）从教学目标上做出分析。教学目标是教学的出发点和归宿，它的正确制定和达成，是衡量一堂课好坏的主要尺度，所以，评课首先要评教学目标。

1）从目标制定来看。要看是否全面、具体、适宜。全面，指能从知识、能力、思想情感等三个方面来确定；具体，指知识目标要有量化要求，能力、思想情感目标要有明确要求，体现学科特点；适宜，指确定的教学目标，能以新课标为指导，体现学段、年级、单元教材特点，符合学生年龄实际和认识规律，难易适度。

2）从目标达成来看。要看教学目标是不是明确体现在每一教学环节中，教学手段是否都紧密地围绕目标，为实现目标服务；要看课堂上是否尽快地接触重点内容,重点内容的教学时间是否得到保证,重点知识和技能是否得到巩固和强化。

(2)从处理教材上做出分析。评析教师一节课上得好与坏不仅要看教学目标的制定和落实,还要看教师对教材的组织和处理。在评析教师一节课时,既要看教师知识教授的准确科学与否,更要注意分析教师教材处理和教法选择上是否突出了重点,突破了难点,抓住了关键。

(3)从教学程序上分析。教学目标要在教学程序中完成,教学目标能不能实现要看教师教学程序的设计和运作,因此,评课就必须要对教学程序做出评析。教学程序评析包括以下几个主要方面:

1)看教学思路设计。教学思路是教师上课的脉络和主线,它是根据教学内容和学生水平两个方面的实际情况设计出来的。评课者评教学思路,一是要看教学思路设计符不符合教学内容实际,符不符合学生实际;二是要看教学思路的设计是不是有一定的独创性,给学生以新鲜的感受;三是看教学思路的层次、脉络是不是清晰;四是看教师在课堂上教学思路的实际运作效果。

2)看课堂结构安排。课堂结构也称为教学环节或步骤。它是指一节课的教学过程各部分的确立,以及它们之间的联系、顺序和时间分配。通常一节好课的结构严谨,环环相扣,过渡自然,时间分配合理,密度适中,效率高。

教学时间设计主要包括:①计算教学环节的时间分配,看教学环节时间分配和衔接是否恰当,有无前松后紧或前紧后松现象,讲与练时间搭配是否合理。②计算教师活动与学生活动时间分配,看是否与教学目的和要求一致,有无教师占用时间过多或学生活动时间过少现象。③计算学生的个人活动时间与学生集体活动时间的分配。看学生个人活动、小组活动和全班活动时间分配是否合理,有无集体活动过多,学生个人自学、独立思考、独立完成作业时间太少现象。④计算优等生和学困生的活动时间。看优等生和学困生的活动时间分配是否合理。有无优等生占用时间过多,学困生占用时间太少的现象。⑤计算非教学时间,看教师在课堂上有无脱离教学内容,浪费宝贵的课堂教学时间的现象。

(4)从教学方法和手段上分析。评析教学方法与手段包括以下几个主要内容：一看是不是量体裁衣，优选活用；二看教学方法的多样化；三看教学方法的改革与创新；四看现代化教学手段的运用。

当前在教学方法的问题上还应注意避免"四个一"现象：①一讲到底满堂灌。不给学生自读、讨论、思考交流时间，教师"讲""灌"包打天下。②一练到底，满堂练。教师备课找题单，上课甩题单，讲解对答案。③一看到底，满堂看。上课便叫学生看书，没有指导，没有提示，没有具体要求，没有检查，没有反馈。名为"自学式"，实为"自由式"。④一问到底，满堂问。把"满堂灌"变成了"满堂问"，而提的问题，缺少精心设计。

（5）从教师教学基本功上分析。教学基本功是教师上好课的一个重要方面，所以评课还要看教师的教学基本功。通常，教师的教学基本功包括以下几个方面的内容：

1）板书。好的板书，设计科学合理，言简意赅，有艺术性，条理性强，字迹工整美观，板画娴熟。

2）教态。心理学研究表明，人的表达需要55%的面部表情+38%的声音+7%的言辞。教师课堂上的教态应该明朗、快活、庄重，仪表端庄，举止从容，态度热情，富有感染力，师生情感交融。

3）语言。教师的语言有时关系到一节课的成败。教师的课堂语言，首先，要准确清楚，说普通话，精当简练，生动形象，有启发性；其次，语调要高低适宜，快慢适度，抑扬顿挫，富于变化。

4）操作。看教师运用教具，操作投影仪、微机等熟练程度。

（6）从教学效果上分析。课堂教学效果是评价课堂教学的重要依据。良好的课堂效果包括以下几个方面：

1）教学效率高，学生思维活跃，气氛热烈。

2）学生受益面大，不同程度的学生在原有基础上都有进步；既定的知识、能力、思想情操目标达成。

3）有效利用45分钟，学生学得轻松愉快、积极性高，当堂问题当堂解决，学生负担合理。

课堂效果的评析，也可以借助手段测试，即当上完课，评课者出题对学生知识掌握情况当场测试，而后通过分析来对课堂效果做出评价。

# 第二章

# 小学语文学习

## 第一节　小学语文学习方式的特点

　　对于语文学习,遵循学生身心发展的规律,倡导自主、合作、探究的学习方式已成为人们的共识。那么,这样的学习方式如何把握呢? 现代语文学习方式有以下基本特征。

### 一、主体的活动性

　　美国实用主义教育家杜威(Dewey)认为:传统的学科课程以学科为中心,不能照顾儿童的需要和兴趣,学科分得很细,同实际生活距离较远,不利于儿童发展。因此他创立了"活动课程论",提出"学习即生活""从做中学"等口号。他说:"学科课程中相关的真正中心,不是科学,不是文学,不是历史,不是地理,而是儿童本身的活动。"杜威学派强调实践活动对儿童发展的重要性,对中国教育改革产生了很大的影响。

　　强调学习过程的实践性、活动性,具有以下意义。

　　(1)强化学生的参与意识。由于实践需要学生的主动参与,这会激发学生积极投入知识学习的活动之中,在对知识的掌握中增长自信,以便从事更为复杂、更为艰巨的探索活动,从而提高学习水平。

　　(2)更好地解决学生主体和教师主导的关系。把实践观念引进语文教学之中,让学生通过实践掌握知识、技能,养成情感、态度、价值观,不仅可以使知识、技能的掌握更为牢固,而且可以改变过去那种依赖教师的学习心理。同时,实践活动无法包办代替,可以促使教师实现真正意义上的主导作用,使教师的主导作用和学生的主体作用有机结合起来。

(3)促进学生全面发展。学生知识、能力、品德的形成是一个内化和外化的过程,而这个过程是在"实践"中完成的。在"实践"指导下的学习过程,能把认识、改造客观世界的活动与认识、改造主观世界的活动有机结合起来,从而使知识的增长、能力的提高、态度的形成、行为的改变统一于实践活动之中,从而实现学生的全面发展。

语文活动的形式表现为学生的实际动手操作,积极动脑思维,动口表达交流,在亲身实践和体验中获得知识和技能。学生活动的内容具有实践性的特点,注重通过实践活动获得直接经验,把书本知识运用到实践中去,使理论和实践结合起来。表现为语文学习在活动中进行,活动是形式,是实现目标的手段,让学生通过活动学习语文,让活动贯穿始终。活动中既包括外显操作性活动(动手),也包括内隐观念性活动(动脑),要注意调动学生动脑、动手、动眼、动口,多种感觉器官密切配合,协调活动,学生通过说一说、写一写、画一画、拼一拼、摆一摆、量一量、剪一剪、唱一唱、跳一跳等形式,在"做中学""学中做",教、学、做合一。教师要创设活动情境,激发学生兴趣,为学生展示自己提供机会。只有学生主动参与活动,才能达到语文学习的目标,促进学生自身发展。要在注重讲读的基础上,使学生"动"起来、"活"起来。

## 二、活动的目标性

儿童对世界的认识,主要取决于他们的内部心理活动,内部心理活动是儿童发展的关键。为了激发儿童的内在动机——兴趣,必须鼓励儿童多参加各种活动,鼓励儿童解决问题,注意为儿童创造各种交往的机会;承认和尊重儿童认识的差异性,尊重儿童的独立自主性、积极性和创造性。由于少年儿童的思维处于发展期,容易受各种因素影响,既为思维和能力的发展奠定了多向性、多维性基础,也容易出现盲目性和随意性,影响学习效率。因此,语文学习应当有目标,而达到目标的手段应当是丰富多彩的实践活动。把活动与目标有机结合起来,用目标的导向性解决活动的盲目性、随意性,用活动的主体性、创造性避免教学中容易出现的僵化性、孤立性、浅薄性。

什么叫因材施教? 了解每个人的学习需要,了解每个人的现有水平,制定每个人的学习目标,促进每个人在现有水平上进一步发展,就是因材施教。

认识活动从实践开始,语文教学的实践活动也成为学习的主要方式。课堂学习开始变得活跃,动口、动手、动脑的学生越来越多。把课堂还给学生,已经成为大家的共识。应当在活动教学的基础上吸纳目标教学的思想。每个人的发展都要有一定的目标,不一定是与别人一样,但绝不是盲目的。

认识发展的过程从实践开始,所以教学过程必须考虑让学生参与教学的实践,自主地进行学习的活动。实践活动有一定的目标才能提高效率,发展能力。而要认定发展的目标,又必须充分了解学生现有的水平。因此,学习的第一个环节应当是前提测评——补偿。通过前提测评充分了解学生现有的水平。如果学生学习必需的一些背景知识、心理调适、能力尚未完备,就应当作适当的补偿。这个测评、补偿又应当是在学生的参与中完成的,这样就形成了学生参与学习全过程的心理基础和认识基础、能力基础。

在认定目标的实践中,师生双方共同作用,完成从感性的实践到理性的目标的第一个飞跃。再在师生双方双向的、多维的、互动的达标活动中实现目标。从理性的目标回到学习实践。当目标在实践中总结、完成、巩固、深化,又实现了由实践到认识的第二次飞跃。

因此,根据认识发展的规律,现代语文课堂学习的一般要素包括以下几种。

(1)前置补偿:对学生的现有水平和情意状态进行诊断,并针对缺陷进行补救的过程。通过前置补偿确定学生的"现在发展区";根据学生的"现在发展区"才能准确、恰当地认定目标。前置补偿可以由教师主持设计测评、补偿的活动,也可以由学生来设计这些活动。

(2)认定目标:在教师的指导下根据学生现有水平确定教学目标。要使确定的目标从学生的"现在发展区"导向"最近发展区",学生的认知水平、技能、情感才有发展。教师确定的教学目标重点,在教学时应当根据学生的现有状况进行调整,课程要求的、学生需要的、学生难以达成的学习目标就是教学的重点。

(3)活动达标:学生根据学习目标,按自己的兴趣、爱好、性格、特长针对目标安排活动、组织活动。开始时可以由教师引导,然后逐步强化自主活动。

(4)测评矫正:其四要素及过程为"检测—反馈—评价—矫正"。这是保证大面积达标的教学活动环节。

1)检测:应针对课时目标,当堂检测。检测题可以由教师制定,也可以由学生制定。检测方式可以有集体检测、小组检测、个人检测。除了做题,也可以是朗读、背诵、提问、说写一段话。

2)反馈:对检测的反馈关键在于全面、准确。要善于发现存在的问题。反馈的手段多种多样,例如打手势、提问、学生互检汇报等。

3)评价:在评价中要让学生积极参与,而不是教师凭自己的经验和认识去下结论;评价的结论不是唯一的,学生的观点只要有理有据就应鼓励;评价应以目标为依据,以发展为根本,只要学生在原有基础上得到发展,就应当鼓励。

4)矫正:未达标的要矫正、补偿,保证大面积达标;已经达标的可以继续发展至更深层次的目标。

测评矫正有三种方式:师生共同测评矫正;学生互相测评矫正;学生自我测评矫正。

总之,语文教学应当先有教学目标,而达到目标的手段应当是丰富多彩的实践活动。以目标为导向,以活动为核心,体现了现代教学思想的精华,是发展语文素质的有效方法。

## 三、师生的合作性

最新的课程理论认为:课程包括学习内容、学习环境、教师、学习者以及他们之间的相互关系。其中教师和学生之间的关系、学生与学生之间的关系、教师与教师之间的关系很大程度上影响着学习的效果和效率。如果他们之间以合作、协作的关系来运行课程,那么就会取得更好的效果。

**(一)合作的形式**

个人合作:学生之间合作;学生和教师之间合作;教师和教师之间合作。

小组合作:小组内部合作;小组之间合作;小组与老师合作。

**(二)合作的方法**

社会生活模拟:采访、调查、公司、法庭、接待;辩论、讨论。

表演:课本剧、小品。

比赛:朗诵、故事会、手抄报、习作、设计。

合作性学习有三种层次。

(1)自由讨论。

(2)分工合作:组长、主持人、中心发言人、记录人、展示人。

(3)大家提出问题,讨论筛选问题,分头研究问题的不同侧面,质疑问题,汇报、汇总。

①自由讨论是最开放的,学习者可以畅所欲言,但学习目标如果指向一定的学习对象或学习方式,则难以达到这些目标。②分工合作的形式比较有利于以不同的形式开展学习活动,在不同的形式中围绕一个问题进行研讨,能够比较完整地认识问题。③第三种合作方式适用于合作意识较强、思维能力较强、组织能力较强的学习者。问题来源于学习者,明确了学习者的需要,确定了学习者主体的地位。同时,学习者解决问题的主体意识加强了,又大大地激发了其探索、研究问题的积极性,既能以不同的方式、方法组织学习,又能从不同的侧面研究、探讨问题,是真正有效的合作学习。

# 第二节　小学语文学习方式的多元化

在传承语文学习的优秀传统的同时,也要大力发展、创新语文学习的方式,以适应不断发展的社会、文化的需求和学生学习的需要。特别在以下几方面要加大力度。

## 一、自主学习

新课标改革的重要标志就是学习方式的变化和教学方式的变化,提倡自主、合作、探究的学习方式。其中自主学习又是首先要被重视的。只有重视学生个人体验,让学生主动学习,才能健康发展。

瑞士儿童心理学家皮亚杰关于儿童认知发展理论的核心是:儿童认知的发展是通过动作所获得的对客体的适应而实现的。适应的本质在于主体能取得自身与环境间的平衡。达到平衡的具体途径是同化和顺应。同化是指主体将其所遇到的外界信息直接纳入自己认知结构的过程。主体对外界信息不仅仅是感觉登记,还需要对这些信息进行调整和转换,以使其与当前主体的认知结构相匹配,便于被接纳。顺应则是主体通过调整自己的认知结构,以使其与外界信息相适应的过程。所以,学习是学生主动建构知识、能力、情感的过程。学生不是被动接受信息,而是凭借自己原有的知识、经验和情感倾向,对外部信息进行选择、加工、处理。学习的过程是自我生成的过程,"是由内向外地生长"。正像美国著名教育心理学家奥苏伯尔说的:"假如让我把全部的教育心理学仅仅归纳为一条原理的话,那么,我将一言以蔽之:影响学习的唯一最重要的因素就是学生已经知道了什么,要探明这一点,并据此进行教学。"

但是,由于学生,特别是小学生的知识、经验的局限,他们难以正确地选择学习内容、学习方法,这时候需要教师的引导和组织。越是强调学生的自主发展,教师的引导和组织越发重要。因为语文教学和任何教育活动一样,是有目标的,只有教师进行恰当的引导,才能避免学生学习的盲目性、随意性,按照课程标准和教材的要求完成教学任务,达到预定的发展目标。《义务教育语文课程标准(2022 版)》增强了指导性,不仅明确了"为什么教""教什么""教到什么程度",而且强化了"怎么教"的具体指导,做到好用、管用。

教师的组织作用体现在以下几个方面:

（1）组织学生寻找、发现、收集和利用学习资源。

（2）营造积极的、宽松的、和谐的、民主的、平等的学习氛围，让学生在平等、尊重、信任、理解和宽容中受到激励和鼓舞，使学生的思维更加活跃、学习热情更加高涨。

（3）创造学习情境，激发学生的兴趣，引起学生的思考，变难为易，变繁为简，变抽象为形象。

（4）给学生提供合作、交流的时间和空间。在学生的交流活动中，适当地加以肯定、引导、启发、鼓励、评价。

总之，在自主学习活动中，教师应以平等的地位参与到学习中去，并引导学生，影响学生，发展学生。

## 二、合作学习

合作学习的基本要素包括以下几种。

### （一）小组目标

小组目标是合作学习的内在动机。在竞争性的课堂上，个人朝目标的努力往往会伤害其他人，一个学生的成功就等于其他学生的失败。在合作性的课堂上，个人的努力有助于其他的人达成目标。就像足球赛，个人的努力非常重要，但衡量的标准是全队的表现。

### （二）互相依赖

美国明尼苏达州大学合作学习中心约翰逊兄弟认为："构成合作学习的第一个也是最重要的一个因素就是积极互赖。""在合作学习中，积极互赖指的是学生们不仅要为自己的学习负责，而且还要为其所在小组的其他同学的学习负责。"例如，可以制定全体小组成员的共同目标，设定小组互相帮助、共同发展方面的奖励，小组角色的分配和资料的共同分享，这些要素有助于促进小组合作的关系，提高合作的效率。在这基础上互相鼓励，互相支持，为共同完成任务而积极努力。

### （三）个体责任

在小组合作学习中，每个成员应当有明确的责任，承担一定的学习任务,并完成这些任务。在小组和个人中要评估这些责任的实施情况,并反馈给小组每个成员,包括本人,以获得进一步的帮助、支持和鼓励。

### (四)人际和管理技能

合作学习比竞争性学习和个体化学习更为复杂,因为学生必须同时进行两种活动:语文作业活动、小组组织活动。小组的组织活动是保证小组有效发挥其功能的关键。这些组织管理技能、人际交往技能对于学生来说更有挑战性。在合作学习中,教师必须培养学生具备这些技能。

## 三、探究性学习

广义的探究性学习指学生主动探究的学习活动,是一种学习的理念、策略、方法,适用于学生对所有学科的学习。狭义的探究性学习作为一门独立的课程,指在教学过程中以问题为载体,创设一种类似科学研究的情景和途径,让学生通过自己收集、分析和处理信息来实际感受和体验知识的产生过程,进而了解社会,学会学习,培养分析问题、解决问题的能力和创造能力。这种课程的核心就是要改变学生的学习方式,强调一种主动探究式学习。

### (一)探究性学习的现实和理论依据

#### 1. 信息化、全球化的必然选择

知识爆炸、社会激烈变化、竞争加剧,对人才的要求突出了创新精神、创新能力、实践能力、合作精神、主动探究能力、分析解决问题的能力、终身学习的能力等关键因素。以灌输和传授为主的传统学科教学方式难以胜任,必须寻找、创造新的课程形态和学习方式。针对这些要求,探究性学习成为新课标的重要内容。

#### 2. 社会互动理论

1959 年,美国社会心理学家西鲍特和凯利提出:任何人际关系的本质都是相互作用。在两人或多人群体交往中,每人按照自己的目标来行动,并可以通过不同的行动次序来达到目标,每一种行动次序都有达到目标的可能,而成功的概率取决于对方的行动。例如,师生双方,学生选择某一特定

行为,不仅依赖个人或小组内部的需要,还依赖教师的反应。反之亦然。在学习中,学生对问题的选择,目标的制定,实施办法的确定与教师的期望值之间必然存在差异,这种差异就成了学生迫切希望得到教师指导和教师有的放矢地指导学生学习的动因。

3. 多元智能理论

哈佛大学发展心理学家霍华德·加德纳教授认为人的智能主要有七种:逻辑智能;语言技巧智能;音乐智能;身体运动智能;空间位置智能;人际关系智能;自我认识智能。

人的多种智能应当和谐开发,才能全面发展。而单一式的学科教学、接受式教学不能有效地、全面地开发多种智能,必须采用多元化、开放式的学习方式,依托教师多元智能结构寻求有效指导,并寻求师生之间的最佳组合。探究性学习为师生之间实现良性互动和智能开发的最优发展提供了最好的途径。

综合性、探究性学习的思想,在逐渐深化、成熟的过程中,渗透到了学科教学、学习当中。《语文课程标准(2022 版)》的课程实施中指出"调动多元主体,丰富课程资源类型"。教师要充分发挥自身优势与潜力,积极利用和开发各类课程资源,不断增强课程资源意识。学校应积极争取社会各方面支持,拓展资源领域、丰富资源类型;应重视信息化环境下的资源建设,关注语文学习过程中生成性资源的整理和加工,运用课程资源促进学习方式的转变。

**(二)语文探究性学习的特点**

第一,问题是研究性学习的载体,整个学习过程围绕语文问题的提出和解决来组织学生的学习活动。组织学生从语文学习和社会生活中选择和确定感兴趣的问题,去发现问题和解决问题。这些问题,可以是老师提供的,也完全可以由学生自主选择确定;可以是课堂内教材的拓展延伸,也可以是对校外各种自然现象、社会现象的探究;可以是思辨性的,也可以是实践操作类的;可以是已证明的结论,也可以是未知的领域。

由于载体是问题,有很大的不确定性,给师生留下了很大的创造空间。但这个载体不是教师所熟悉的教材,课程实施模式、课题选择、研究方式方法、资料来源、价值判断、研究结果以及呈现方式等都因地、因人、因时、因条件而定,教师要改变自己的角色,改变指导学生的思路和方式。

第二,开放式的学习态势。由于要研究的问题既可以来自课堂学习内容,也可以来自现实世界,探究活动的实施既可以依赖教材和课堂,也可以依赖教材外、学校外的学习资源。学习研究途径方法不一,研究结果的内容和形式各异:一方面基于课堂、教材、教师,另一方面必然突破教室、学校、课堂、课本、学科的封闭状态,把学生置于一种开放、多元、主动的学习状态中。语文学科的探究性学习应当以语言文字的学习为基础,不管其形态如何开放,都是学习语文的知识、能力,达到语文学习的目标,形成语文学习习惯,掌握并运用语文学习方法和其他学科学习方法,养成良好的情感、态度、价值观。

第三,学生主动完成学习。学生按自己的兴趣,在教师指导下,选择和确定学习内容后,通常采用个人和小组合作学习的方式来完成。在教师的指导下,在规定的时间内,学生成为问题研究的提出者、研究者、解决者、实施者。学生被赋予了选择的权利,也要求学生承担达成课程目标的任务。当学生感到背负一种责任时,其主观积极性得到极大调动,学习就有了极大动力。

第四,既重视结果,又注重过程,还注重过程中的体验和感受。学生经过一段时间的研究,结果可能是幼稚可笑的,但这并不重要。因为学生通过问题设计、搜寻资料、实验操作、社会调查、总结研讨、讨论写作等实践活动,可以获得对学习、对社会的直接感受,了解了科研的一般方法,掌握运用了知识,体会到艰辛与快乐,品尝到挫折与成功,懂得与人交往、合作的道理,培养了团队精神,对学生的身心健康成长,对终身学习能力的形成,都具有巨大的意义。从这个意义上说,探究性学习的过程就是它的结果。

语文探究性学习的实施要注意学科特点,应当围绕语文学习来进行活动。

语文探究性学习分为两种类型:一般的探究性学习和专题探究性学习。一般的探究性学习,是以课堂为基本载体的基础语文知识、语文基本能力和基本的思想、情感、个性、品质的学习,是通过日常学习中的自主探索、发现,并理解、接受、同化或顺应的学习过程。教师不把现成的结论给学生,让学生自己探索得出结论,感受知识的形成和结构,锻炼思维能力、动手实践能力,并获得成功的喜悦体验。专题的探究性学习,则是由学生围绕语文知识、能力,选择一些相对集中的问题或专题进行探索、研究的学习过程。下面着重谈谈语文专题探究性学习的几个方面。

1. 选题要注意可行性

(1)题目不能太大,要在自己力所能及的范围。

(2)要具备研究的具体条件:信息资料、实验设备、时间、精力、财力等。

(3)研究内容不要过于抽象。如"唐诗的意境与自然观""小学生语感研究"等就过于抽象。

2. 组织管理

(1)适当放长选题的时间。选题最好能安排较长的时间,这样就不是为选题而选题,而是在选题过程中进行可行性论证,训练学生抓住问题核心的能力、思维的聚敛性、合作交流的能力、整理总结的能力。

(2)把握选题的原则。主要包括以下五个方面:

1)贴近学生生活和周围的社区生活。

2)问题要有一定的研究价值,能回答和解释某种现象,有正面教育意义。

3)考虑学生知识水平、年龄特征和教师的指导能力。

4)注意课题实施的客观条件。

5)不会对学生的人身安全构成影响。

(3)多方面寻找选题。主要包括以下六个方面:

1)教材中涉及的与实践活动有关的内容。

2)学生个人生活中、校园中、家庭中等能引起学生兴趣的内容。

3)分析一些习以为常的现象,从平常中发现不平常。

4)社会热点问题。

5)科学前沿内容。

6)学生即兴灵感。

(4)教师的工作。发动学生、根据学校统一部署组织学生参与选择课题;提供知识背景,协助学生打开思路;进行科研方法辅导。

3.组织实施的一般流程

(1)组织辅导报告、布置与动员。

(2)自由选择题目,同学自由组成课题组。

(3)小组选举组长,在教师指导下进行课题论证。

(4)明确课题研究方向,共同设计课题研究方案。

(5)开题报告,通过课题研究方案评审。

(6)小组独立开展研究,教师监控指导。

(7)教师组织课题之间的交流,推进课题研究的发展。

(8)撰写研究成果,进行个人和小组总结。

(9)班级展示,同学评议。

(10)班级答辩会,年级答辩会。

(11)教师评定成绩、总结。

4.评价

(1)探究性学习评价的基本理念

1)评价与管理:探究性学习评价既有诊断、考核、激励功能,也有导向、管理功能,应将评价与管理有机结合,将评价作为组织管理的有效手段。

2)过程与结果:应更注重过程的评价,重视探究过程中的感受与体验、多种能力与品质的养成。

3)个人与小组:探究性学习主要以小组形式进行,评价应以小组成绩为基础,兼顾个人表现。通过自评和互评,获得个人成绩。

4)周期与各个阶段:评价不能因为学生参与同样长的时间就给予同样的学分,也不能因为某一阶段的得失来给学生下定论。

(2)评价的方法

1)对研究课题本身的评价:设计思想、目标、内容、实施、效果、保障机制等。如,问卷测试、专家评审会等方式。

2)学生学习评价:实行学分制。

3)教师组织管理与指导的评价:奖励机制、工作量怎样确定、拒绝参加怎么办,都要有一个明确的管理制度。

# 第三节 小学语文学法指导

## 一、正确认识学法指导的意义

在小学语文的教学过程中,一切教学的唯一目的是促进学生的学习,作为小学语文教师,一定要考虑学生的发展,不仅要使学生"学会",还要让学生学到更多的东西。就像教育家叶圣陶所说:"中国的教科书只是一个例子,通过这个例子让其他学生通过类比,练习阅读和写作技巧。"因此,身为一个小学语文教师,应当鼓励学生朝着叶圣陶所说的三大目标,主动激发学生,引导他们尽可能地自己探索。除此之外,语文教育家吕叔湘说过,"教学,就是教学生学习"。教师的教学过程,不是教给学生知识,而是教会学生学习方法,使学生受益终身。因此,小学语文教师在研究教学方法的同时,应注意学习方法的学习,使学生学会如何学习。

## 二、准确把握学法指导的常用方法

### (一)讲授法

最有效的学习方法就是直接给学生灌输知识,使学生在学习中不断练习,直到熟练为止。就比如小学语文课堂中运用讲授法的时候,可以是中心概括的方法、文章修改的方法、词义和句义的理解方法等。

### (二)示范法

在小学语文课堂中,开展典型的指导实例,使学生按照步骤学习,才能够实现掌握知识的教学目的。譬如小学语文课堂中,可以在一边修改一边读句子找读法的过程中运用示范法。

### （三）总结法

总结法其实是在教学过程中，教师结合小学语文课程学习内容来进行一定的演示和示范，让学生在这样的情况下明确应该采用什么样的学习方法，从而密切关注小学语文的学习过程，教师指导学生通过学习去发现一定道理、理解一定道理、总结一定道理的方法。

### （四）对比法

小学语文教材，存在很多的相似内容，面对这些课程内容的时候，语文老师可以采用分类的方法；面对不同的课程内容的时候，语文老师就应选择不同的教学方法使得学生掌握不同的学习方法。此外，教师还应指导学生根据课文内容的不同，进行学习方法的比较，进而选择最合适、最有效的学习方法。

### （五）迁移法

在小学语文教学过程中，教师应该运用学生已经掌握了的学习方法，从而指导学生去学习新的内容，同时还应该根据学习内容的变化，去改变教授的方法和学习的方法，如古诗和现代诗歌都可以采用学习的迁移法。

### （六）还原法

对于小学语文课程中的双向内容，既可以是正向顺序的操作，也可以是反向顺序的操作，就比如小学语文课程中的扩句和缩句的训练，以及对于语句语气的陈述句和反问句的互相转化，这个时候就可以通过双向的方法，使用还原法，从而提高学生的逆向思维能力，总结出新的方法。

## 三、合理设计学法指导的步骤过程

### （一）示范展示环节

在小学语文教学中，首先，教师一定要先结合教学以及课本之中的内容，以及学生的实际情况合理设计学法指导。其次，通过对学生们的示范，让每一个学生感受到教师的教学方法，从而启发每一个学生去掌握自己的学习方法，让每一个学生学会知识积累过程中的每一个步骤。需要特别强调的是,在这个论证过程中的教师,应该结合每一个学生的实际情况,做到从易到难,从简单到复杂,一步一步地去提高每一个学生的学习能力,培养他们的学习方法。学习不是一蹴而就的,只有这个教学方法传授的过程是清晰明朗的时候,传递出来一个易于接受的生动形象的方法的时候,才能够使学生发现和理解其中的要义。

### (二)反思归纳环节

在小学语文教学之中,学生们理解了示范展示环节,会积累一定的感性知识,这个时候,就需要教师引导学生再进行一些简要的回顾和评论,引导学生学习、理解、总结从教学过程中掌握的学习方法,达到从感性的认识到理性的过渡,从而使得学法扎根在学生的心灵,为学生理解学法创造更清晰和深刻的基础。

### (三)实践运用环节

学以致用就是在学生掌握了一定的学法后,运用到实践的环节。只有每一个学生都大胆地运用学法,多做一些练习题,才能在这样不断应用学习方法的过程之中,使每一个学生的自主学习能力进行巩固和提高,从而内化成为学生的语文素养。

### (四)检查巩固环节

在实现以上三个步骤之后,还需要一个最终的步骤来检验小学语文老师所教授的学法是否真的教到了学生们的身上,那就是需要一个检查巩固的环节。只有老师用有效措施检验的时候,才能够掌握学生的情况。

## 四、小学语文学法指导中的"四导"策略

语文学法指导是提高语文教学质量的重要保证,重视学法指导,培养学生自学能力,对整体上提高语文素养具有重要意义。在学法指导中,教师的"导"应该主要体现在导向、导路、导法、导疑四个方面。

### (一)导向

"导向"就是教师向学生提出学习目标,教师根据教学要求、教材特点和

学生认知基础向学生出示明确而适度的学习目标,明确学习方向。教师不仅向学生提出目标,更重要的是引导学生寻找目标、围绕目标学习,教师可用阅读提示的形式引导学生寻找学习目标,也可以从课后问题中寻找目标,根据目标质疑问难。学生能自己寻找和把握学习目标,就会在实现目标的学习实践中养成良好的学习习惯,掌握正确的读书方法,变被动学习为主动学习。

### (二)导路

"导路"就是教师引导学生总结学习程序,帮助学生掌握学路和思路。如,小学语文课本中记人、叙事、写景状物的文章,阅读分析这些文章,其基本程序大体是:记人的文章是"抓住事例—分析人物表现—看人物的思想品质",叙事的文章是"抓过程—分析前因后果—看事件的社会意义",写景状物的文章是"抓描写—分析特点—看作者的基本情感"。教师带领学生一起总结这些可操作的学习程序,学生的思路就会更加清晰、更加开阔。应该指出的是,学习程序决不能笼统地、机械地抛给学生,教师在教学中,要根据学习程序合理地设计教法,便于让学生了解学习程序,引导学生主动地从自己的学习过程中探索学习程序,并在学习实践中加以运用。

### (三)导法

"导法"就是指教师在教学过程中,通过最优途径,使学生掌握学习方法,并获得选择和运用恰当学习方法进行有效学习的能力。小学语文教学目的之一,是使学生具有初步的听说读写的能力,而阅读教学就是全面提高学生听说读写能力的途径之一。听和说,听是说的前提;读和写,读是写的前提。没有听就没有说,没有读就没有写。对一个人的成长来说,听说读写四种能力是同等重要的,所以教师应对学生的听说读写能力进行全方位的训练。

(1)听说结合。课堂讨论是阅读教学中最常用的教学手段,也是训练学生听说能力的重要途径。教师首先要指导学生养成认真听的习惯,明白讨论的问题是什么,然后思考,按照思路将自己的理解表达出来,把话说清楚。其次文章中作者使用了恰当的词语表达自己的思想感情,教师可指导学生用朗读加深体会感受,在此基础上,教师指导学生结合课文内容模仿着说,这种说话训练不仅可对课文内容加深理解,同时还利于学生掌握语言的表达方式。

(2)以读带写。针对小学阅读教材的特点和学生实际,教师应采用"初读、细读、精读"的三步读书法,即首先指导学生初步感知,领略课文大意,理清脉络;接着教师指导学生层层研读,抓住全文的线索,掌握中心思想和写作特点;最后精读重点段、中心句、疑难句,边读、边思、边议。

在学生掌握了读书方法之后,教师就可以在此基础上指导学生以读带写,这也是培养学生学以致用的具体体现。仿写,教师可以指导学生依据课文内容,选择新的题目,进行仿写,可以指导学生按事情发展的顺序写一件事;续写,对一些童话或者寓言故事,教师可指导学生合理想象,续写结尾;改写,有些文章,除作者所写的结尾外,还可能有其他的结尾,教师可以指导学生加以想象,给故事换一个结局,这也是以读带写的一种有效训练方法。

### (四)导疑

"导疑"是训练学生思维的重要手段,"疑"是思维的动力。教师指导学生在学习过程中生疑、质疑、释疑,有利于学生养成勤于思考、敢于提问、善于提问的良好习惯;有利于发展学生的思维,开发智力。如在教学时,教师可激发学生的情感,让学生提出问题,之后引领学生解决问题。因为要解决的是学生自己提出的问题,所以他们的积极性更高,思维更活跃,因此也就更能体会到作者所要表达的感情。随着学习的不断深入,教师很自然地总结出提出问题的方法:从题目处提问,从关键词语提问,在对比中提问,从异常处提问。显而易见,这样的学法指导收到了事半功倍的效果。

总之,教师的"导"要有法、有度、有效,要根据学生的年龄特点和认知规律,循序渐进。切实做到教之以道,育之以能,养之以习。

# 第三章
## 小学语文课程资源的开发与利用

## 第一节　小学语文课程资源的开发与特色

### 一、小学语文课程资源开发

课程改革要达到预期的效果，在解决教学观念之后，最关键的就是要强化课程资源意识，提高对资源的认识水平，通过各种途径开发和利用各种课程资源，从而更好地实现课程改革目标。

课程资源是指一切有利于学生学习和教师教学的资源和条件，即一切与学生经验获得相关的因素都是课程的内涵。语文课程资源包括两方面：一是课堂教学资源。如，教科书、教学挂历、工具书、教学用具等。二是课外学习资源。如，报刊、电影、各种标牌广告、阅览室、社会调查、社会实践、演讲等。作为一名小学教师，在开发和利用小学语文课程资源时应思考两个问题：自己是否已经充分利用现成的课程资源？除了现成的教材资源外，还有哪些课程资源有待挖掘和开发？

#### （一）活化教材资源，丰富教学活动

以教材为依托，以课堂为平台，深刻挖掘课内资源。"教师不能把教材作为'圣经'，应把它作为课程资源的一种，与其他的课程资源一起支撑新课程。"教师应将教材看成一个活的文本，一个充满变化的学习资源，要根据学

生的实际和学生发展的需要,对教材进行思考和探究,将其整合与加工,做到走进教材又大胆地超越教材。

新课标教科版教科书每单元分阅读、能说会写、语文七色光三大板块,每课按"语文""想""读""认""写""自选词语""日积月累",穿插相关彩色图片等来呈现教学内容。如此丰富的课程资源,教师要进行调配整合,应创造性地进行教学,教材内容的组织要生动而多样化,有利于学生探究,也就是教师要"用教材而不是教教材"。

### (二)积极开发并合理利用校内各种课程资源

学校是学生学习的主阵地,学校的资源对学生起潜移默化的影响,包括一草一木。一棵树、一面会说话的墙、板报、标语、校训、班训、自我管理评比栏、每次自我管理总结以及高高飘扬的五星红旗等都可以成为课程资源,为教学服务。

### (三)增加学生实践机会,开发语文社会课程资源

一方面,让学生在实践活动中注意课内外的联系,多动口、多动手,不断丰富学生的语言积累,不断扩展学生的认知积累,即"生活、课堂、生活",不断提高学生的基本技能;另一方面,学生本身就包括接受与发现两种形式,这就需要鼓励学生在参与中亲自发现。因此,语文教学不仅要注重课堂语文教学,更要重视社会生活中的语文实践。根据这一点,教师应该多开设一些课外实践活动。

## 二、小学语文课程资源的特色

在基础教育课程改革的过程中,课程资源的重要性是不言而喻的。因为没有课程资源的广泛支持,再美好的课程改革设想也很难变成中小学的实际教育成果,课程资源是课程的前提,所以课程资源的丰富性和适切性、课程实施者对课程资源的认识程度决定着课程目标的实现范围和实现水平。

和很多其他概念一样,人们对课程资源的理解也有广义和狭义之分。从广义的角度来说,课程资源指的是有利于实现课程目标的各种因素来源

和必要而直接的实施条件。按照不同的分类标准,课程资源可以进行不同的分类。

按照课程资源的功能特点,课程资源可以划分为素材性资源和条件性资源两大类。素材性资源是形成课程的素材或来源,比如知识、技能、经验、活动方式与方法、情感态度和价值观,以及培养目标;条件性资源不能直接形成课程本身,但它在很大程度上决定着课程的实施范围和水平,是形成课程的条件,比如直接决定课程实施范围和水平的人力、物力和财力,时间、场地、媒介、设备、设施和环境,以及对于课程的认识状况。把课程资源分解成素材性资源和条件性资源两大类,只是为了说明的方便,二者并没有截然分明的界线,现实中的课程资源往往既包含着课程的素材,又包含着课程的条件,如图书馆、博物馆、实验室、互联网、人力和环境。

按照课程资源空间分布的不同,课程资源可分为校内课程资源和校外课程资源两种。凡是学校范围之内的,就是校内课程资源;超出学校范围的就是校外课程资源。这两种课程资源对于课程实施都是非常重要的,但就利用的经常性和便捷性而言,校内课程资源的开发和利用应当占据主要地位,校外课程资源则更多地起到一种辅助作用。不论是校内课程资源还是校外课程资源,都既包括素材性课程资源,又包括条件性课程资源,而且网络技术的发展已开始逐渐打破校内外课程资源的界线,使得各个层面的课程资源可能广泛交流和共享,并有可能相互转化。

在不同教育情境下,课程资源状况可能存在着相当大的差异。课程资源的分布情况往往很不平衡。一般来说,经济发达的东南部地区比西部地区优越,城市比农村优越。而从理论上讲,即使是条件相对落后的西部地区、农村地区,各种课程资源也是丰富多彩的,只是缺乏对于课程资源的识别、开发和运用的意识和能力。目前带有共同性的问题是对于课程资源的地位和作用重视不够,一方面是课程资源特别是条件性课程资源不足,另一方面却是由于课程资源意识的淡薄而导致大量课程资源被埋没,不能及时地被加工、转化和进入实际的中小学课程,造成许多有价值的课程资源的闲置与浪费。

## （一）对课程资源的认识

### 1. 教材不是唯一的课程资源

从前述对课程资源的界定和时代发展的要求来看，尽管教材仍是重要的课程资源，但它不是唯一的课程资源，特别是强调"用教材来教"，而不是像以往一样"教教材"，合理构建课程资源的结构和功能，体现时代发展的多样化需求就显得非常重要。这包括开发主体的多样化、载体形式的多样化等。绝对不能把教科书当作"圣经"一样来解读，今天的教材已经不仅仅是学生书桌上的书本。

### 2. 教师要高度重视课程资源的开发和利用

无论是素材性课程资源，还是条件性课程资源，对于课程目标的实现范围和水平都是非常重要的。《基础教育课程改革纲要（试行）》指出："积极开发并合理利用校内外各种课程资源。学校应充分发挥图书馆、实验室、专用教室及各类教学设施和实践基地的作用；广泛利用校外图书馆、博物馆、展览馆、科技馆、工厂、农村、部队和科研院所等各种社会资源以及丰富的自然资源；积极利用并开发信息化课程资源。"

要实现这些目标，教师是关键因素。教师不仅决定课程资源的鉴别、开发、积累和利用，是素材性课程资源的重要载体，而且教师自身就是课程实施的首要的基本条件资源。从这个意义讲，教师是重要的课程资源，教师的素质状况决定了课程资源的识别范围、开发与利用的程度以及发挥效益的水平。教师是课改的关键。能够在自身以外的课程资源极其紧缺的情况下，充分发掘和利用已有的资源，甚至"化腐朽为神奇"，实现课程资源价值超水平发挥的正是教师。在课程资源建设的过程中，可以通过教师这一最重要的课程资源的突破来带动其他课程资源的优化发展。

### 3. 课程资源的建设必须纳入课程改革计划

改革是一项系统工程，推进新一轮国家课程改革的顺利进行，必须有课程资源的支持。"如果制定政策时没有考虑课程所需的资源，而且如果没有必要的资源，学校、教师和学生就会处于得不到满足的局面。"将课程资源建设纳入课程改革计划，这是国家课程改革必须考虑的，也是参与课程改革的教材编写者必须予以统筹考虑的。任何课程资源的短缺，都将不同程度上影响课程改革的推行。

### (二)新版小学语文配套课程资源建设的特点

正是基于以上对课程资源理解和认识的自觉，新版小学语文编写组开发和建设了支持教师教学和支持学生学习的两大系列教材配套课程资源。为教师教学提供周到支持，又为学生的语文学习提供丰富资源，既保证学生基本知识、基本技能的巩固，又引导学生学习方式的变革，用丰富多彩的活动把学生的语文学习引向课外生活，将课内与课外有机地联系在一起。

纵观新版语文配套教学资源的建设，具有以下几个特色。

#### 1.支持教师教学的辅助材料

新一轮的国家基础教育课程改革将使我国中小学教师发生一次历史性的变化，教师再也不是被动的教科书忠实执行者，而是与专家、学生以及家长、社会人士等一起构建新课程的合作者，是一批拥有新的教育观念、懂得反思、善于合作的探究者。新一轮课程改革非常重视教师的课程参与，强调改变教师的课堂生活方式，并通过这种课程参与提升教师的课程意识，掌握课程开发的技术，促进教师的专业发展。也就是说，新课标赋予了教师广泛的创造性空间。教师将随着新课标所建立的学生学习方式的改变而重新建立自己的教学模式，在新的课程环境下塑造新的角色。

随着课程资源概念的确立和课程资源意识的加强，教科书作为"圣经"地位的变化，配套的教师教学用书的地位和作用也将发生重大变化。从编写者角度来讲，教师教学用书不再是教师的"圣旨"——不再设置标准答案，不再有唯一解释，不再有统一的标准，而更多的是提供资料、建议、提示、分析……为教师在课程环境下创造新形式、新内容留出空间。只要教师心里始终有课程的意识，就能在具体的教学过程中发挥自己的创造性，根据教学对象、教学内容极大地发挥自己的教学水平。为此，新版小学语文编写组本着有用、必需、经济、开放的原则，有计划地开发了支持教师教学的辅助材料。

《教师教学用书》在设计和编排上也为教师留有足够的开放空间。限于版面空间，教科书在编写时为达到学生学会某一内容而设计、编写的语文活动只能选择这个或那个,只能选择其一、其二而不能穷尽适合所有实验区教学条件、教学资源的语文实践活动,另外还要考虑人文的、工具的各个方面,那么最终呈现在教科书上的就可能只是一个范例、一个启发,甚至一个表现编写理念的东西、一个信号。明白了这一点,教师应该据此而举一反三,以此作为启发教师创造性的基础,点燃教师创造性的火花。因此,好的教师用书应当只对教科书编写者设计的某项语文活动的意图进行解释,并告诉教师,只要能够达到目的,教师完全可以放开手脚,充分利用教科书和教师用书所具有的开放性来发挥自己的创造性。为此,教科书的内容缩小放在版面中心,四周以类似批注的形式提示各种教学要点、教学难点、教学建议、活动组织建议,为教师提供尽可能详细的教学指导、教学选择,但尽量不干涉、不影响、不限定教师的教学环节设计,仅仅是提供参考、建议,因此其中部分题目提供的参考答案应更名为答案参考,从而为老师创造性地使用教材留下更大的空间。这种编排与此次课程改革所提倡的教师不仅是课程的实现者、执行者,同时更是课程的参与者、研究者的精神是一致的。

《语文多媒体课件》在全方位提供与教学过程同步的、丰富多彩的多媒体课件的同时,还提供了能有效管理和使用这些资源的平台。这个平台具有检索、浏览、资源重组、存储等功能,并支持各种文件的导入与导出,操作简便快捷,辅助教师利用资源备课及根据各自教学实际、创造性地设计与开发教学课件,支持教师应用资源进行新型课堂教学模式的探索。这一小小的尝试,就使得它在开放性方面具有非常大的意义。

《实践与探索》是汇集使用北师大版小语教材的教师、教研工作者科研成果和教学设计的文集和刊物,对小语教学有重要的理论指导和应用价值,也是独具特色的课程资源。

2. 支持学生学习的辅助材料

《基础教育课程改革纲要(试行)》提出了转变学生学习方式的任务,"倡导学生主动参与、乐于探究、勤于动手",促进学生在教师指导下主动地、富有个性地学习。本次课程改革重点之一,就是要让学生的学习产生实质性的变化,提倡自主、探索与合作的学习方式,逐步改变以教师为中心、课堂为中心和书本为中心的局面,促进学生创新意识与实践能力的发展。同时,新一轮国家基础教育课程改革要求课程评价也发生变化,改变评价过分强调甄别与选拔的功能,发挥评价促进学生发展、教师提高和改进教学实践的功能。

新版小学语文编写组在开发支持学生学习的辅助材料的实践过程中,站在语文课程资源建设的高度,竭力做到有助于促进学生学习方式、有助于促进评价功能转变。具体有以下特点:

(1)趣味性。配套课程资源建设完全是基于学生自主学习的需要而开发的,内容的编排设计丰富多彩,又非常有趣,让学生非常喜欢,在饶有趣味中完成各项活动。课程资源本身所具有的趣味性有利于吸引学生完成这些学习内容。

(2)开放性。新版小学语文主题单元的编排方式赋予了教师在教学每一个主题单元时具有的广阔的自主空间,可以根据当地的资源实际、学生实际、季节实际来安排和调整教学顺序、安排一些内容的取舍、增删和活动开展的规模大小。

(3)创新性。这种创新可分为内容创新和形式创新两个方面。前者主要是指课程配套资源的设计与编排有利于学生创新能力的培养,后者主要是指在编写方式上具有新颖性。

# 第二节　小学语文课程资源开发利用的意义与有效开发

## 一、开发与利用小学语文课程资源的意义

### (一)继承传统语文教学有效经验的需要

传统语文教学强调必要的语文知识的积累。而在这种语文积累中最引人注目的是语言的积累。语言积累应包括三方面内容。一是语言材料的积累,如掌握最基本的文字符号,积累大量的词汇。积累语言材料是语言发展

的基础,只有掌握了丰富的语言材料,才有可能真正学好语文这一学科。而一般情况下,语言材料都不会是孤立存在的,是以一定的文本为载体的。古人云"读书破万卷,下笔如有神",说的就是这个道理。二是语言典范的积累,如记诵古今中外精彩的语篇章等。语言典范往往包蕴着丰富的语汇、深刻的思想、美好的情思,还是创造性地运用语言规律的成功范例。积累语言典范有助于提高学生的综合素养,是促进语言发展的重要手段。三是语言规律的积累,通过听、读理解语言,通过说、写表达思想感受,语言都有自己的规律。了解语言规律是语言发展的关键。而小学生理解语言规律,是在长期模仿学习、语言实践中通过反复多次的感性接触进行的,这就势必要求学生通过大量的读、写来达到这一目的。由此可见,语文的积累并不是一件简单的事,它需要以大量的阅读材料为依托,通过有效利用课程资源才能达到这一目的。

**(二)语文学科特性的需要**

《语文课程标准(2022年版)》提出:"语文是最重要的交际工具,是人类文化的重要组成部分。工具性和人文性的统一,是语文课程的基本特点。"这就把语文学科的性质完整地表述了出来。语文是最重要的交际工具,具有工具性;语文又是人类文化的重要组成部分,具有人文性,二者是统一的。语文是一门工具性学科,因为语言是交际的工具,是表达思想感情、交流思想感情、传递文化的工具。学习语文就是要使学生牢牢掌握语言工具。语文教学的首要任务,就是要教会学生使用语言。

1.要使学生学会理解和自我表达语言

一个婴儿从生下来就要牙牙学语,学会用口头语言表达自己的思想感情,不但要表达,还要能听懂别人说的话;长到入小学就要识字、阅读,学习人家的思想和人类文化,学会理解书面语言,学会阅读;学会运用口头和书面语言来表达自己的思想感情,学会作文。

2.学会用语言进行交际

语言最主要的功能是进行交际,任何人都离不开口语交流,在教育普及的社会,更离不开书面语言的交流。学习语文就是要学得口头语言和书面语言交流的能力。过去人们对于语言的交际作用在语文教学中重视不够,在新制定的《语文课程标准(2022 年版)》"总目标"中明确提出:"具有日常口语交际的基本能力,在各种交际活动中,学会倾听、表达与交流,初步学会文明地进行人际沟通和社会交往,发展合作精神。"

### 3. 学会积累语言

语言具有记忆功能,以语言为媒介助人记忆信息;学生学习靠语言记忆,没有语言的记忆,就没有语言的积累,也就没有学习语言的成果,更谈不到人类文化的传递。语文学科不仅具有工具性,还具有人文性。工具性和人文性的统一,正体现了语言的性质。语言和思维、语言和思想是统一的。具体到语文教学中,就要使语文教学和人文精神的培养统一起来。语言所载负的文化科学知识,都具有一定的思想、情意内涵及审美意义。语言是交流思想感情的工具,也是思维的工具。人们掌握语言就是为了交流思想感情,尤其是文学作品,其表情达意的功能更强。"境界说"的权威王国维认为文学作品达到高境界的媒体就是语言,文学作品的语言主要有"景语"和"情语",而"情语"是最主要的。可见,不管是工具性还是人文性,都决定了语文学科的一个大背景就是要在社会交流的环境下,补充大量的资源,才能完成语文学科的任务。

### (三)儿童思维发展的需要

中国心理学家朱智贤早就指出,小学儿童思维的基本特点是从以具体形象思维为主要形式逐步过渡到以抽象逻辑思维为主要形式。但这种抽象逻辑思维在很大程度上仍然是直接与感性经验相联系的,仍然具有很大成分的具体形象性。可见在小学阶段学生对周边事物的认识大多数是从具体的事物入手,学生常常喜欢直接参与、直接感知然后获得经验。按学生认知发展的要求,需要教师积极创设情境,而这种情境的创设,显然需要补充大量的资源。

### (四)新课标目标落实的需要

新课标指出小学语文的教育是以人为本的教育。要学生学必须学的语文,人人学有价值的语文,不同的人在语文上得到不同的发展。多维的目标、生活化的教学使得小学语文教学要走出课堂,走向生活。以课堂为桥梁,淡化教材;以生活为基点,重视应用,发展小学生的语文能力。具体来说,就是将语文知识与现实生活结合起来,让学生通过课堂从生活走向语文,然后从课堂走出,把语文知识应用到生活中去解决实际问题。

## 二、如何有效开发和使用语文课程资源

### (一)课本资源的开发和拓展

教材作为重要的课程资源,有其不可替代的存在价值。课本作为经过精心挑选的文本材料,其本身具有典型性,是语文学科知识极好的载体,属于经典的材料,无疑是有价值的。但也应该看到,这些文本材料大多缺乏个性,更缺乏广泛性。这就需要教师对这些文本材料做一些处理,以达到有效利用的目的。教材的处理并不是教材内容的移植和照搬,而是要根据文本的不同特点,利用各种办法来达到让学生举一反三的目的。

(1)"增",即在原有文本提供篇章的基础上根据学生的不同特点适当增加一些篇目,以达到巩固和补充语文知识和能力的目的。

(2)"扩",即通过对某一篇目的具体分析,从不同的角度进行拓展阅读,从而得到不同层面的提升。

(3)"替",即略去一些不太适合学生生活实际,或是不合时、不合地、不合情的作品,替换成同类的但是却能贴近学生生活的作品。

(4)"并",即将与课本同一类的文本有效结合,组合成一个大单元。这种归类遵循的原则也不是单一的,可以是内容同类,也可以是写作方法同类,亦可以是表达的情感同类,通过比较阅读让学生可以更深层次、更广范围地理解文本,达到事半功倍的效果。

(5)"链",即为了让学生理解这一文本,可以将一些相关资料引入课本,如一些背景材料。

总之,不管采用的是哪种办法,其原则就是要适合文本情境特点,创设较大的想象空间,让学生的想象插上翅膀,在教学中会收到意想不到的效果。

### (二)网络资源的引入和利用

21 世纪,人类全面进入了信息时代、大知识时代。网络是丰富的信息

库、巨大的资源宝库,语文学习应充分利用网络,形成网络资源共享。而今网络技术走进课堂,走入语文教学,教师有必要让网络技术与课堂语文教学融合,在遵循"引入的时机、内容要恰到好处"原则的基础上,网络资源的引入和利用方法是多种多样的。

1. 网络资料的引入

这是网络资源利用最常用的方法。语文教学中,教师经常要对教学内容做一些补充,例如作家生平、作品背景的介绍,以及教学内容涉及的众多相关资料。资料可以是文本资料,也可以是图片资料、声音资料、影视资料等,这些都可以通过网络来组织和呈现。

2. 网络资源的链接

除了直接利用与课文内容密切相关的资料外,还可以通过网络来进行知识的拓展,这种拓展可以通过网络链接的方式来实现。

3. 网络对话

网络对话即通过网络进行交流,它可以通过多种形式来实现,如 QQ 聊天,发电子邮件,登录论坛查看或是发表个人的意见,还可以通过视频窗口,实现面对面的交谈,对语文教学中应该运用到的网络对话,表现为以下形式。

(1)师师之间的对话,这表现为语文教师可在网上进行交流与合作。①交流语文教研活动信息,它反映的是各地开展的语文教研活动的消息。这些信息的价值在于激起语文教师的参与意识,为他们提供学习、考察的线索,帮助他们及时掌握各地语文教研的动向。②交流语文教学参考资料,就是教师教学中所需要的各种相关资料,含有课文分析资料、作者介绍、文学流派介绍、练习测试及参考答案、补充资料等;还有语文教学课件和课件素材,网上有现成的语文课件和课件素材供需要的人士免费下载,其中课件可以直接拿来在课堂上使用,或者稍做修改,使之更适合自己教学,而课件素材则是制作课件必不可少的材料。③可以互相交流教学经验,对某些教学问题的处理,每个人的做法不尽相同,交流各自的经验,能取长补短。④登录语文教育论坛,看一看行内和行外人士的文章或意见,这是社会各界(包括教育界)交流语文教育思想观点的地方。语文教师可以在此发表对语文教育的观点和思想;行外人士可以在此发表对语文教学的意见,行外人士的意见通常表现为随机的、零散的、抱怨式的、破坏性的各种'闲话',但这些'闲话'通过有效激发、高效组合和科学化管理,可以变成一种有序的、合理的、高水平的建议、措施和方案,这是一股使语文教学变得更加和谐、健康、积极和充满生机活力的外在动力;此外还有网上观摩课可供学习交流。

（2）师生之间的对话,这表现为学生可以通过网络实现与老师的交流,从而帮助自己解决问题。①师生之间可以通过网上聊天的方式来交谈,借以解决学习上遇到的一些即时问题,可以通过 QQ 等来发送即时消息,及时得到必要的帮助。特别是有些学生性格比较内向,面对教师常会有紧张感,通过网络交流就可以舒缓这种压力,解决困难。②通过发送电子邮件的方式进行网上的学习辅导,如修改作文、批阅考卷等。③互相传送资料,为课堂教学内容做准备或是做补充。网上资料相当丰富,有时候采用不同的路径会查到不同的资料,师生在网上互通有无,对教学资源的生成有很大的帮助。

4.网络资源的处理和编辑

网络资源并不是直接拿来就可以用的,往往需要人们经过一些处理和编辑。这些方式也不是单一的,经过处理和编辑的网络资源具有使用方便、保存长久的特点。它可以让人们在使用这些网络资源时更加得心应手,达到更好的效果。简单举例,一般地说,可以采用以下的一些方法:建立网络资源库,把收集到的资源集中在一处,分门别类加以保存,这种方式在保存时比较方便,而且可以收录的资源范围较广;采用链接形式,把需要的资源直接链接在需要用的地方,这种方式针对性强,使用时较方便,但在保存时需要花些功夫;直接用文本形式保存,可把查找到的资源打印成文本,或取其全部,或剪切有用部分,装订成册,或是采用编小报的形式,保存下有用的文本,这种方式相对来说比较传统,但也比较稳妥,不易遗失。

# 第四章
## 小学语文教学目标、重难点设计与突破

# 第一节　小学语文教学目标设计

## 一、教学目标概述

在中国课程理论与教学理论的研究中,课程目标与教学目标是两个表面看起来不同但在现实中又容易混淆的概念;在大多数对于两者关系的研究中,一般也只是从定义的角度对这两个概念加以区别,而在实际的理解与应用中却很少阐述。

### (一)课程目标与教学目标的相似性分析

在中国,课程目标与教学目标虽然使用的场域不同,但由于其在某些方面确实存在着某种联系,因此,无论是专著还是相关学术论文,在对这一问题的研究中,都表现出某种相似性。就这种相似性而言,一是由于两个对象之间本身就具有某种内在的联系,使得人们对它们认识的结果也会表现出某些相似性;二是由于二者之间总是纠结在一起,难以对其中的区别做出判断与分析,也会导致其存在某些相似;三是由于研究者研究目的的差异,不愿对其加以区分,也导致其相似性得以强化,而忽略了其中的差异性。从这些方面来看,课程目标与教学目标在中国的学术研究中表现出的相似性,并非是一种逻辑的必然,而是研究习惯使然。

从逻辑上考虑,二者也存在着很多的相似性。如果以目的和目标的概括性程度为准则,可以依次区分为四种不同的目标:教育目标(总目标)、培养目标、课程目标、教学目标。其中,课程目标和教学目标的联系最为密切,二者的相似性表现在以下三个方面。

1. 概念界定上的相似

关于课程目标的定义,在《课程新论》里有了较为系统的梳理。该书罗列了多种课程目标的概念,例如课程目标是课程设计的方向或指导原则,是预见的教育结果,是学生经历教育方案的各种活动后必须达成的表现。再如课程目标是一定学段的学校课程力图最终达到的标准。

教学目标通常被定义为教学中师生预期达到的结果,或教学目标是教学活动主体预先确定的、在具体教学活动中所要达到的、利用现有教学技术手段可以测度的教学结果。

由此可以看出,课程目标和教学目标概念的相似主要表现在概念的界定上即定义方法的相似,两者都采用了属加种差定义法。"所谓属加种差定义法,就是下定义项是由种差和邻近的属概念组成的定义法。用公式表示是:被定义项=种差+邻近的属概念。"

同理,教学目标的定义也可以按上述公式进行分解。课程目标和教学目标有相同的属概念"结果"或者"标准",都强调预期的学生身心发展的状态和能力水平。二者的种差不同,这也就决定了它们内涵的不同。因此,尽管课程目标和教学目标的定义方式类似,甚至具有相同的结论(属概念),然而二者的内涵有本质的区别,在理论认识和实际运用时要加以区别。

2. 理论基础的相似

理论基础是研究对象的"指导思想""行动指南""指导原则""哲学论据"。在对课程目标与教学目标的研究中,二者所采用的理论依据主要包括:美国教育心理学家布鲁姆的教育目标分类理论,美国教育心理学家加涅的学习结果分类理论,美国美学教育家艾斯纳的课程目标分类理论。

布鲁姆等人在泰勒原理的基础上进一步提出教育目标分类学理论,把教育目标分为认知、情感和动作技能三个领域,每个目标领域又分别从低级到高级、从简单到复杂逐级分为若干层次。布鲁姆的教育目标分类理论强调课程目标的核心地位,认为它是编制课程的依据,并将课程目标进一步具体化、精细化,更加注重课程目标的可测量、可观察。目标分类学理论为教师编制教学目标提供了基本要求,提高了教学活动的目标性和针对性。它规定了单元教学目标乃至课时教学目标评价的标准,学生就可以以此为参照系,评价自己的学习活动,从而增强学习的自主性。

加涅把学习结果也分为认知、态度和动作技能三个领域。在此基础上,他进一步分析了各类学习结果及目标实现的过程和条件,以及学习结果评价的指标。这在一定程度上克服了由于过分强调行为结果而忽视学习者内在心理过程的缺点。学习结果分类理论使课程目标实现了从行为主义向认知主义的转变,即由注重实现预期的行为结果转向强调学习者内部的信息加工过程。加涅对学习结果分类的全面、具体,可以和布鲁姆的目标分类相媲美,为教师制定教学目标提供了极大便利。此外,加涅还在强调教学目标具体、详尽的同时,给学习内容和学习结果的整体性更多的关注,在一定程度上弥补了将学习内容分解为许多小的目标而容易造成知识割裂现象这一不足。

从事艺术教育工作的艾斯纳主张将课程目标分为"表现性目标"和"教学性目标"。在某种程度上,"教学性目标"与"行为目标"是相通的,都规定了学习者通过某种学习活动后应达到的预期行为。"表现性目标"指明了学生要参加的活动范围,但不限定学生通过参加这些活动必须达到哪些目标。艾斯纳的目标理论可以避免一些复杂、高级的认知活动诸如学习者的内心变化、创造性和主体性的发挥等行为内容由于无法预知和控制,而有从课程中消失的危险。

从以上的分析可以看出,在课程目标与教学目标的理论基础中,没有对二者之间的差异进行明确的区分,相反,在阐述中它们更多地关注了二者之间的相似之处。理论基础是能支撑某一研究对象的理论及其体系,由于对象之间的差异,也就必然需要不同的理论来对这一现象加以解释。由此可以认为,虽然在中国现实的研究中,课程目标和教学目标采用的理论基础相同,但每种理论对课程目标和教学目标的指导作用殊异。布鲁姆等人的目标分类学更强调对教学目标的指导作用;艾斯纳的目标理论则丰富了课程目标的内容和取向,但对教学目标而言,它显得过于抽象笼统。因此,在分析课程目标与教学目标时,应更多地关注二者之间的差异,而不仅仅是关注他们之间的相似。

3. 在研究取向上的相似

研究取向是指研究者在研究某种特定对象时所持有的基本信念、研究视角和研究范式的综合体。研究取向的相似是指研究的导向、指向是一致的,不是研究的具体内容或研究方法相同。从教学目标、课程目标的相关研究看,对于两者的研究都有多样化、具体化和可操作性的取向。

(1)多样化,指所确立的目标应体现人(学生)的全面和谐发展的理念。对课程目标而言,多元化的研究取向是指所确立的课程目标不仅要强调行为目标,而且更要关注生成性目标和表现性目标。教学目标多元化的研究取向主要表现为对三维目标的整合,对学生的知识和技能、过程和方法、情感态度和价值观等方面都应提出具体的标准和要求,而不再像以往一样,偏重知识和技能的掌握。课程目标的多元化是抽象层面的,教学目标的多元化是具体的。

(2)具体化,指制定的目标明确、精细。课程目标的具体化是指将教育目的、培养目标具体化。课程目标的陈述比教育目的、培养目标更精确、具体,对教学目标的制定起指导作用,但相对教学目标本身而言它仍是抽象的、上位的。教学目标的具体化指它对具体教育教学实践起指导作用,与实践密切相关,它可以具体到学年、学期乃至每个单元、每个课时。教学目标过于具体反而不利于开展教学而成为一个问题,这里不做分析。

(3)可操作性,指所确定的目标对行为的指导作用。课程目标的可操作的研究取向主要指它对课程编制的指引作用,对制定教学目标的参照作用。这种取向要求确定课程目标时要甄别哪些目标具有可行性和可能性,哪些目标在教育实践中暂时难以实现。教学目标的可操作体现在对教师的教和学生的学提供具体的依据。例如,教师确立的教学目标是否可以通过课堂教学实现,是否结合学生的发展实际,是否具备相关的教学条件。可见,可操作仅仅是研究取向上的一致,课程目标和教学目标可操作特点的具体内涵并不相同。

虽然课程目标和教学目标在概念界定方式、理论基础和研究取向上有很多共通之处,但这并不意味着课程目标和教学目标就是同一个概念。尽管它们的定义方式类似,定义的本身内涵却不同。表面上,它们拥有共同的理论基础,但每个理论基础分别对课程目标和教学目标的指导作用和指导角度不同;它们的研究取向一致,但每个取向的具体内容和层面不同。由此看来,课程目标和教学目标关系极为密切,表面相似,实则不同。

**(二)课程目标与教学目标的差异辨析**

尽管课程目标和教学目标在很多方面都极为相似,但二者的区别也十分明显。

1. 层次上的差别

课程目标属于较为抽象的层次,它与国家的课程观念及其改革相关。课程目标制约课程内容的选择和组织,影响课程的实施与评价,"是指导整个课程编制过程最为关键的准则",表现出较强的概括性和规定性、整体性和基础性。它是国家教育目的和各级各类学校培养目标在课程上的具体化,具有学科特色。而教学目标与教学的具体环节相关,是"课程目标的进一步具体化,是指导、实施、评价教学的基本依据",主要为教师的教和学生的学提供依据。教学目标的确立除了要结合学科特点和社会需求外,还要充分考虑教学班级的具体情况和学生的发展水平及特点。因此,与课程目标相比,教学目标显得更加灵活、更富有实践性和操作性,它是整个教育目标体系的终点和关键。

2. 实践主体不同

课程目标的实践主体一般是国家行政部门、专家学者,从更加广泛的意义看,还可以包括教师;教学目标一般只与教师相关。课程目标不是宏观教育目的和培养目标简单递减和缩小的目标范围,它主要是由教育行政部门及课程工作者在对学生、社会和学科研究的基础上制定的。课程目标的确立是一项复杂而慎重的工作,一旦被确立,便具有相对的稳定性和方向性。所以它需要各方人员的参与和理解,包括教师来自一线的建议。教学目标的制定主要由教师完成,教师"在合理的课程内容和结构确定后,要潜心研究学生特点,要确实把教学方法由适应教师懂得教向适应学生学的方面转变"。

**3.内容着眼点不同**

课程目标主要是国家针对学生的发展和某一科类的全局而提出的基本标准和要求,而教学目标常常只是关注学生发展的某一方面或具体某一学科中某一阶段的教学。课程目标为教材的编写提供依据,对具体的教学和评价做出规定,但并不详细说明教材、教学和评价的细目和具体环节;而教学目标更主要为教师的教学提供指南。在这方面,国家新颁布的《语文课程标准(2022年版)》提供了很好的解释。

**4.表现形式不同**

课程目标和教学目标的区别还可以从表现形式的角度辨别:课程目标的表现形式一般为国家课程改革及其相应的课程标准。《基础教育课程改革纲要(试行)》明确指出课程标准是"国家课程的基本纲领性文件,是国家对基础教育课程的基本规范和质量要求",也是"教材编写、教学、评估和考试命题的依据,是国家管理和评价课程的基础"。事实上,以往课程目标通常被称为教学大纲,但由于教学大纲的种种弊端,新课改后改为课程标准。

课程标准通常分为前言、课程目标和实施建议等部分。"前言"从总体上概述该门课程的性质和功能,并提出该学科领域的课程基本理念和设计思路;"课程目标"则从知识与技能、过程与方法、情感态度与价值观三个维度,用清晰、具体、可操作的语言描述和规定学生通过学习某块内容后应达到的学习结果和要求;"实施建议"主要对教材的编写、教师的教学等方面提出建议。

教学目标往往表现为教师针对具体的学科或学科中的某一内容而确定的最终结果。教学目标可以分为年级教学目标、单元教学目标和课时教学目标。教学目标为教学设计、教学过程服务,是教案的重要组成部分。它结合教学班级的实际,对学生在知识与技能、过程与方法、情感态度与价值观等方面提出具体要求。

教学目标非常具体、清晰,是直接指导课堂教学行为的。在教学目标的引导下,教师的教和学生的学更加具有针对性和目的性,有利于提高教学的有效性。

综上所述,课程目标和教学目标各有其特点,也有共通点,甚至在某些方面相互交叉。从哲学角度看,课程目标是一个"应然"概念,需要回答"课程应当实现什么目标"的问题,反映了某种价值取向和教育理念。这种价值和理念体现在各学科教材中,也为各学科教材编写提供依据。相比之下,教学目标是一个"实然"概念,关注学生实际的发展,它的制定和实现要以各学科教材为载体。可以说,各学科教材是课程目标和教学目标的连接点。在实施新课程改革的过程中,课程目标和教学目标的准确定位以及二者关系的清晰明确对课程改革的顺利进行有着举足轻重的意义。因此,在实际使用中,应当注意区分。

## 二、小学语文教学目标设计

教学目标是教师把课程目标转化为具体的和可操作的教学行为或结果的表达方式,主要体现在具体的、情境化的、可操作的教师课堂教学设计中。诚然,知识与技能、过程与方法、情感态度与价值观的三维课程目标,已成为广大教师进行教学设计、教学实践和教学评价的基本依据。但在实际的操作过程中,许多教师却将课程目标照搬或完全等同于教学目标,有的甚至将课程目标的三维拆分为许多个教学目标。教学目标设计应注意以下几个方面:

第一,课程目标不等于教学目标。课程目标是课堂教学的重要抓手和操作基础,但是,课程目标所包含的知识技能、过程与方法、情感态度与价值观三个维度的目标落实到具体的课堂教学层面,就是要立足于让学生学会、会学和乐学,帮助学生养成良好的学习素养,为终身学习服务。因此,课堂教学目标设计就是学生学习的学会、会学和乐学三者的统一,学会、会学、乐学应成为落实课程三维目标的"抓手"。

第二,教学目标所包含的学会、会学和乐学三个维度的目标,不是三个方面的目标,是不可拆开的,任何一个维度的教学目标都不能脱离整体,缺失任何一个维度都无法筑成完整的三维目标结构金字塔,三者相互交融、支撑、整合,共同形成学生的学习素养。

第三,不同教学内容或同一教学目标中的三个维度不是均等存在的。

这意味着三维目标对学生学习素养的贡献不是等值的,一条教学目标中往往蕴含着三个维度,只是侧重点不同而已。因而,着眼于学生学习素养的教学目标要根据不同的学习材料和学生的原有基础而有所侧重。

**（一）小学语文教学目标的特点**

小学语文的性质是交际性的基础工具,是认识世界、改造世界、进行交际和思维的工具。学生在语文课中学习语言,进行听、说、读、写、书(写字)训练。语文课不仅在思想方面发挥作用,更主要的是在表达方面发挥作用;不仅要理解课文的内容,更要求学习课文的表达形式。语文教学的着眼点在表达形式方面,即其交际的手段和工具。根据小学语文课的性质,小学语文教学目标具有以下三个特点。

1. 语言性

语文学习的主要内容是祖国的汉语和汉文。小学语文教学的最主要目标是:掌握语言知识,发展语言能力。儿童在进入小学之前已学会初步的语言,尤其是口语已有相当水平,可以进行日常的表达和交流。这种语言能力是不规范的,是一种"自在的语言"。小学语文教育目标就是在学生已有语言能力的基础上,通过系统的语文学习和训练,使学生较全面地掌握听、说、读、写、书的种种运用方式和理解方式,使学生的语言能力从"自在"的水平上升到"自觉"的水平。

2. 交际性

"交际"的含义指的是语言的理解和运用。语文能力的训练是一种社会交际能力的训练。按照信息论的观点,语文能力是借助语言文字吸收、加工、储存和输出信息的能力,在社会生活中,除了口头的信息交流外,还必须凭借广泛的书面语言交流,以克服时空限制,扩大交际效果。小学语文教学目标要联系学生的生活和社会交际,注重实用性,把着眼点放在语言的形式方面,突出语文学科交际工具的性质。

3. 综合性

语文能力是一个整体,是语言、知识智力、品德等多因素的有机结合。语文教学目标与其他学科的教学目标相比,所包含的内容更为广泛。首先,小学语文教学目标的综合性表现在语文内部听、说、读、写各项能力的相互联系、相互促进、整体发展。其次,小学语文教学目标的综合性还表现在语文与其他因素有机联系、互相制约、均衡发展。小学语文教学目标的设计,必须处理好语文内部以及语文与其他外部因素之间的关系,建立纵有序列、横有联系的目标结构,综合提高学生的"一般能力"。根据以上特点,小学语文教学目标的主要内容包括以下几个方面:

(1)语文知识、技能目标(基础知识、基本技能)。

(2)语文能力目标(听、说、读、写、书的能力)。

(3)智力发展目标(注意力、记忆力、思维力、想象力、创造力等)。

(4)情感及品德目标(道德、思想、政治等)。

(5)非智力心理因素目标(习惯、审美能力、个性等)。

从总体来看,以前编制的小学语文教学目标范围过窄,多局限于知识的获得,其他方面考虑甚少。这样的教学目标不适应小学语文课的性质,不利于新时期对小学生语文学习的要求。当然,这并不意味着小学语文教学目标的内容越多越好,而应根据不同条件有所侧重,在"全面"中求"个性"。

**(二)小学语文教学目标的设计原则**

设计小学语文教学目标应遵循以下四原则。

**1.教育性原则**

小学语文教学是小学教育的重要组成部分,它的教学目标必须体现小学教育的总体目的,促使学生在德、智、体、美等方面都得到发展。"文以载道",小学语文教学目标要注意德、智、体、美诸方面教育的落实,使语文教学成为实现学生全面发展的重要教育途径。当然,这并不意味着把教育性内容简单地搬到小学语文教学目标中,而应从小学语文教学的特点出发,充分发挥小学语文知识本身的教育性。例如,对语文内容的讲解,不能就事论事,而应就事论理。《我是什么》(人教版二年级上)一课的教学目标不仅要使学生了解水的"三态",还要使学生初步树立"事物在一定条件下发生变化"的观念,这就为学生正确认识世界打下科学的思想基础。

**2.可行性原则**

编制小学语文教学目标要考虑教学实际,保证目标切实可行。好的目标体系应该既能体现语文教材的实际,力求反映语文教学大纲的要求,又能注意学生原有的语文基础和发展水平。如果目标定得过高,学生不易接受,就会造成消化不良;目标定得过低,又不能激发学生的学习欲望。语文教学目标中哪些知识应该掌握,掌握到何种程度,要反复权衡。

### 3. 系统性原则

编制小学语文教学目标,受到目标分类系统和语文知识系统的双重制约,好的教学目标是一个完整的二维结构体系。教学目标在教材中的呈现是阶段性和累积性的。不同的教学阶段,教学目标的侧重点是不一样的:课始,侧重感知;课中,侧重理解;课末,侧重巩固。同一教学内容在不同阶段出现,其能力水平的要求和目的是不同的:课始的朗读,要求读准字音;课中的朗读,旨在读中理解;课末的朗读,为的是培养语感。编制小学语文教学目标,要从整个目标系统出发,体现阶段性和整体性的统一。

一篇课文的教学目标是一个完整的系统,可以分解为相互之间有机联系的若干子目标,这些子目标既可向更高层次的目标结合,又可向低层次的目标推演,从而形成上下贯通、前后衔接的目标网络。

### 4. 可测性原则

编制小学语文教学目标要做到具体化,目标中的知识点和能力水平都要有明确而具体的规定,避免产生歧义,并能通过某种测量手段验证目标的达成度。

当然,由于目前测量手段的局限,小学语文教学中有些内容很重要,但不具有可测性,却又是教学目标之一。例如,许多课文包含着创造的因素,可以直接用来训练学生的创造力:寓言和童话带有深刻的哲理,而且思维比较独特,有利于培养思维的新颖性、独特性;文艺性作品,适用于培养创造性想象。《草船借箭》(人教版五年级上)凸显了诸葛亮思维的创造性,《跳水》(人教版五年级下)赞扬了老船长思维的独特性,《司马光》(人教版三年级上)包含典型的逆向思维。这些包含着创造思维训练的因素,应作为小学语文教学目标之一。

### (三)编制小学语文教学目标的程序

小学语文教学目标的编制是一个复杂的系统,一般分以下三个程序。

1. 理解语文的知识体系

制定小学语文教学目标的第一步,就是分析理解教材所包含的知识体系,把语文知识具体化、序列化。这一过程主要包括:①确定小学语文的知识结构;②划分知识单元;③整理知识点;④明确知识要素。

2. 明确知识点的学习水平

在小学语文知识结构确定后,就要决定每一个知识点的学习起点和学习水平。一般分两步进行:第一步,确定小学语文采用的目标分类体系。到目前为止,小学语文的教学目标分类大多数以布鲁姆认知目标分类学为理论框架,或稍加改变,把原来的八级水平变成五级或四级,如把六级水平合并为四级水平:识记、理解、简单应用、综合应用。这里的"简单应用"相当于原来的"应用","综合应用"包括分析、综合、评价三个层次。第二步,明确每个知识点的学习水平。这需要参照小学语文教学大纲对知识深度、广度的要求以及小学语文教材对知识的处理,形成每个知识点的学习水平。

3. 确定教学目标的表述

目标的表述,是指把小学语文教学目标分类框架和小学语文知识内容综合起来的一种陈述。通常有两种表述方式。

(1)双向细目式。在这种表达方式中,一维以知识点为序展开,另一维是目标分类学中的学习水平级别,每一个知识点定出相应的学习水平,形成一个教学目标表格。

(2)条目式。把每个知识点和内容结合起来,用一个行为动词组成的句子表述教学目标。

这两种教学目标的表述方式各有优缺点。前者有助于教师形象地掌握应教的知识内容和各知识点在学习水平上的差异,有利于突出教学重点,突破教学难点。后者容易被教师理解,但是如果条目过多,就会给人以零乱和冗长的感觉,缺乏整体性。

**(四)小学语文教学目标在课堂教学中的具体落实与表述**

1. 教学目标与课程目标对应

课程目标主要包括知识与技能、过程与方法、情感态度与价值观三个维度的内容,而这三个维度的内容落实到教学层面,其具体要求是不同的,不同学科的教学目标也是不同的。比如,语文教学目标或数学教学目标,是由课程目标所蕴含的知识与技能、过程与方法、情感态度与价值观三个维度整合而成的"语文学科素养"或"数学学科素养",落实到具体的语文教学或数学教学中时,与其相对应的语文或数学教学目标主要包括由学会、会学、乐学整合而成的学生的"语文学习素养"或"数学学习素养"。具体来说,语文教学目标的设计应包括以下内容:

(1)学会:习惯、积累和了解。阅读习惯的培养,如诵读、查工具书、圈点勾画、看注释、做笔记、看"说明"和"目录"等。积累,如积累字词、积累语文常识、积累篇章等。了解是对知识而言的,主要为了解表达方式、文学样式、语法知识等,通过训练加深理解,熟能生巧。

(2)会学:体验、感悟和揣摩。体验要求学生要有原始阅读的感受。感悟是建立在阅读体验之上的一种心理过程。揣摩就是反复思考推理,揣摩的内容有字词的精妙、句子的隐含意义、深刻含蓄的题旨、独具匠心的表现手法,揣摩是从体验走向感悟的必然过程。

(3)乐学:评价、鉴赏和探究。评价要求学生对阅读的内容进行优劣是非的判断,是阅读能力和判断能力的结合。鉴赏,就是对书面文字所提供的信息能够引起想象,留下无限的思维时空。探究,要求学生充分利用课本,发现问题,提出问题,自行探讨,寻求结论,学语文、爱语文。

2. 明确目标的基本要素

一般情况下,一个完整的教学目标由四个基本要素构成:行为主体、行为动词、行为条件、表现程度。例如,"学生能够不看教材准确无误地复述课文内容",行为主体是"学生",行为动词是"复述",行为条件是"不看教材",表现程度是"准确无误"。再如,"学生默读现代文每分钟不少于400 字",行为主体是"学生",行为动词是"默读",行为条件是"现代文",表现程度是"每分钟不少于400 字"。当然,有时为了简练,在不会引起误解或歧义的前提下,省略行为主体或行为条件。如,"在有感情地朗读中体会自然之美",便省略了行为主体;"了解侧面描写的作用",便省略了行为主体和行为条件。明确基本要素,能够使教师对教学目标有更清晰的把握,从而科学合理地设计教学过程,减少教学的盲目性、随意性。

3.行为主体必须是学生

以学生为中心,是新课改的基本理念之一。在表述教学目标时,必须从学生的"学"这一角度出发,而不能从教师的"教"出发。因为,教学活动是否成功,不是要看教师教得怎样,而是要看学生学得怎样。因此,表述教学目标时必须从学生的角度出发,行为主体必须是学生。尽管有时作为行为主体的学生在表述中没有出现,但也必须是隐含着的。

4.选择恰当的表述方式

一般情况下,教学目标基本的表述方式有两类:结果性目标表述方式;体验性或表现性目标表述方式。有些目标具体明确,对学生的表现程度能够准确评价或测量时,就应当使用结果性目标表述方式。有些目标比较模糊,对学生的表现程度很难进行准确评价或测量时,就应当使用体验性或表现性目标表述方式。一般说来,"知识和能力"维度应尽量使用结果性目标表述方式,行为动词要明确、可测量、可评价,如使用"背诵""辨认""举例""概括""区别"等动词。"过程和方法""情感态度与价值观"方面的目标大多要使用体验性或表现性目标表述方式,行为动词往往是体验性的、过程性的,如"感受""体验""养成""树立""尝试"等动词。

5.正确处理三维目标之间的关系

三维目标是一个有机的整体,应从系统的、整体的角度理解,而不能割裂开来。三维目标之间不是并列关系,它们是一体"三维"的,其中的任何一维都与其他两维有关系。在基础教育的所有学科中,"知识和能力"是教学目标的核心,是显性因素,是其他两维目标达成的载体。"过程和方法"有较多的隐性特点,不是独立存在的,它体现在其他两维目标的达成之中。情感态度与价值观是隐性的,但其形式又是外显的,正确的积极的情感态度与价值观能够进一步促进学生其他两维目标的达成。所以说,三者是一个有机的整体,彼此联系,互相渗透,互相影响。因此,在表述教学目标时,应正确处理三维目标之间的关系,必须以本学科的"知识和能力"为核心,突出本学科特有的课程价值。

6.删繁就简,重点突出

从理论上讲,每节课都应体现出三维目标的理念,但是要在一节课的学习中同时落实三维目标,则近乎苛求。就语文教学而言,学习的重点是语文知识和能力,因为语文知识和能力是最基础的、最重要的,或者说是语文课程存在的前提,这是语文教学的出发点,也是落脚点。

因此,在设计目标时应重点突出语文知识和能力,切忌繁杂。目标过多,不仅使教学不堪重负,而且会相应地弱化核心目标。一节课的学习目标围绕知识和能力,设计2～3项就可以了。课程目标是"三维"的,但在表述时没有必要先分为三大方面("三维"),每方面又分为若干条。这样做,看似条分缕析,实则教条呆板。合理的做法应是把"过程和方法""情感态度与价值观"目标恰当地融入知识和能力目标之中。

# 第二节　小学语文教学重难点的设计与突破

## 一、教学重难点概述

### (一)教学重点

理论界对教学重点的一种解释是,教学重点是指教材中一些重要的基本的知识,这种解释实际上是一种同义语反复。其实,教学重点是对知识性质的一种评价,是基于一定的标准而言的,这个标准就是知识在整个知识体系中的地位和作用。中小学多数学科是由具有严密逻辑结构和系统性的知识所构成的知识体系。在知识体系中,不同的知识所处的地位和发挥的作用是存在着区别的。有些知识在整个知识体系中处于重要的地位,对它们的理解和掌握程度,影响、决定着对后续知识的理解和掌握。这些知识点就是教学重点。因此,教学重点是指在所教学科知识体系中处于重要地位,对后续知识的学习和理解会产生重要影响的那些知识点。这就意味着教学重点是一个绝对概念,它不会因教育者或教育对象的变化而发生变化。因为知识体系是确定的,不同知识在知识体系中的地位和作用也是确定的。

### (二)教学难点

对于教学难点,理论界基本取得了共识。教学难点是指教材中学生较难理解和掌握的部分。不过,对于教学难点的性质,则很少有人探究。由于教学难点是相对于学生的理解力而言的,不同学生的理解能力有高有低,这就决定了教学难点是一个相对概念,因人而异。对某些学生而言是难点的知识,对其他学生来说未必是难点。在班级教学条件下,教师确立教学难点的标准大多是基于中等水平的学生。因为在班级教学条件下,对所授知识的可接受性的定位只能是占班上大多数的中等水平的学生。揭示教学难点的这种特性对教师的启示:一是确定教学难点并不是一件简单容易的事情,它要求教师对学生的接受能力有准确的把握;二是教师在解决教学难点的过程中,不仅要考虑到大多数中等水平学生的接受能力,还要考虑到差生的接受能力。

### (三)教学重点和教学难点的关系

教学重点和教学难点两者并不完全等同,教学重点未必是教学难点。原因在于两者所确立的依据不同:前者是依据知识在知识体系中的地位和作用;后者是依据学生的理解力。不过,两者有可能交叉重合,有些知识在知识体系中既有着重要的地位,对其理解与否会对后续知识的学习和理解产生重大的影响,同时它们也是大多数学生理解之困难所在。这些知识点既是教学重点,也是教学难点。

## 二、小学语文教学重难点的设计

教师在进行教学设计时一定要注意设计好教学的重点和难点,教学重难点的设计有助于教师在教学过程设计、教学方法设计、教学评价设计,以及实施教学设计过程中更好地突出重点和难点。小学语文教学重难点要依据一定的标准或在一定的前置性分析基础上进行设计。

### (一)依据《语文课程标准(2022年版)》进行设计

《语文课程标准(2022年版)》在前言部分明确说明:"语文课程致力于

培养学生的语言文字运用能力,提升学生的综合素养,为学好其他课程打下基础;为学生形成正确的世界观、人生观、价值观,形成良好个性和健全人格打下基础;为学生的全面发展和终身发展打下基础。"语文课程的基本理念是:"全面提高学生的语文素养,正确把握语文教育的特点,积极倡导自主、合作、探究的学习方式,努力建设开放而有活力的语文课程。"课程目标从知识与能力、过程与方法、情感态度与价值观三个方面设计。三者相互渗透,融为一体。目标的设计着眼于语文素养的整体提高。课程目标部分具体讲了教学中应该达到的最基本的目标,这些具体目标就是教师教学的重难点。这部分分为"总体目标"和"学段目标"。学段目标就更具体地告诉教师教学中应该达到的目标。把握好这些"目标",就能从宏观和中观上把握住小学语文教学的重点和难点。

**(二)依据教材分析进行设计**

《语文课程标准(2022 年版)》只是教师分析小学语文教学重点和难点的宏观和中观依据,只是指引教师分析教学重点和难点的大致方向,就具体教材而言,教学的重点和难点又各有具体性,需要依据前置的教材分析设计教学的重点和难点。

**(三)依据学情分析进行设计**

在小学语文教学过程中,教师除了依据前面提到的课程标准、教材分析等确定教学重点和难点外,学情分析也是确定教学重点和难点的另一重要依据。教师要根据班级的具体情况确定相应的教学重难点,要考虑学生的知识、能力和素质基础,综合考虑学生的已知、未知、应知和能知的情况,科学确定教学重难点。如低学段的教学重难点和高学段的不同,不同区域学生教学的重难点也有差异。

**(四)依据教学目标进行设计**

此处所言"教学目标"指微观层次上的教学目标,即具体教学内容(章节、课文)的教学目标。一节课的教学目标其实就体现了该节课的重点和难点,但不是所有的教学目标都是重点和难点。

**(五)依据教学内容进行设计**

一节课可以教的内容很多,不同的教师对教学内容的设计不尽相同。

比如一篇课文可教的内容包括作者生平、写作背景、识字写字、课文主要内容、人物思想、写作表达方法等,但教学时间有限不可能面面俱到,因此教学内容的设计是教师在分析教材的基础上必须做好的基本工作。根据教师设计的教学内容,自然会体现不同的教学重点和难点。比如,有的课文以学习写作表达手法为主要内容,那对应的,这种写作表达手法就可能是本节课的教学重点或难点,而作者的生平或写作背景就不大可能是教学重点或难点。

## 三、小学语文教学重难点的突破

在分析教材、教学内容和学情的基础上,确定了教学重难点之后,还需要在教学中突破重难点。小学语文教学重难点的突破一般有两种途径:一是方法上的突破,二是工具或手段上的突破。

### (一)方法上的突破

突破小学语文教学重难点的方法是广义上的方法,并不单指语文教学方法,还包括一切教学方法之外不违背科学或生活常识的其他方法。

1. 运用教学方法突破教学重难点

运用教学方法突破教学重难点最常见的例子是情境教学法的运用。例如,在讲授《小壁虎借尾巴》一课时,本课主要为学生讲授小壁虎由于尾巴断了,想要去借尾巴,在借尾巴的过程中遇到其他小动物,与其他动物之间进行沟通,最终没有借到尾巴,回到家找到壁虎妈妈时发现尾巴已经长出来了的故事。通过本篇文章能够使学生了解相关动物习性,帮助学生掌握有关动物的知识。教师在备课时可以强化对教学内容与学生兴趣偏好进行分析,结合学生情况为学生创设适宜的教学情境。如教师可以结合学生好奇心强的特点,为学生设计相关导学问题,为学生进行问题导学,以便能够有效调动学生的好奇心与积极性,如教师问学生"同学们,大家都了解什么小动物啊?"或"大家观察过壁虎或了解壁虎相关情况吗?"等相关问题,以便提升学生好奇心与积极性,使学生能够在课堂学习过程中加深对教学知识点的理解与掌握,提升课堂教学效果。

除了情景教学法常用来突破教学重难点之外,其他各种教学法也都有可能运用在不同的场合突破不同的教学重难点。教学方法的功能本来就包括用来突破教学重难点,因此研究不同教学方法的特点和功能,有利于教师运用教学方法实现突破教学重难点的目的。

2.通过教学过程的设计与安排突破重难点

《卖火柴的小女孩》(人教版三年级上)一课让学生感悟体会小女孩命运的悲惨,激发其同情之心,是教学的重点和难点。针对这一重难点,教师可以通过教学过程的设计予以突破。先让学生初读课文,产生初步的情感体验。导入新课后,先学习课文最后的两个自然段,出示小女孩去世时的图片,教师用低重沉痛的语气告诉学生小女孩的结局,让学生产生同情之心,对小女孩的同情会转化为学习课文的动力。然后通过引导阅读课文的前几个自然段,一边读一边找出描写小女孩生活凄惨的句子。教师引导学生抓住关键句段,让学生通过阅读,想象大年夜里小女孩孤独、饥寒交迫地在大街上游走的场景,让学生受到强烈的情绪感染,产生深刻的情感体验。

**(二)工具或手段上的突破**

1.利用传统直观的工具或手段突破教学重难点

小学生尤其是低年级学生,正处于从具体的形象思维向抽象的逻辑思维过渡的发展时期,他们容易接受具体形象的事物。传统的教学工具或手段基本属于直观的工具或手段,运用这些直观的工具或手段,能较好地将学生的具体形象的思维与抽象思维关联起来,达到突破教学重难点的目的。

2.利用多媒体教学工具或手段突破教学重难点

信息技术发展到今天,多媒体辅助教学已经越来越普遍,多媒体工具和手段的运用日益显示出其提高课堂教学效果的优势。多媒体工具和手段在提高小学语文课堂教学效果方面的一个突出表现就是它能在很多方面轻松突破教学重难点。

当传统的挂图、表格等机械型工具在突破教学重难点方面表现得无能为力或效果不明显时,多媒体教学工具和手段的技术优势就充分显示出来了。例如在教学"飞"字时,教师使用 Flash 动画展示一只在天上展翅高飞的鸟儿,鸟儿飞着飞着它的身体就慢慢变成了"飞"字的形状。随后动画突出鸟儿的一双翅膀不停地扇动,慢慢地这对翅膀又变成了"飞"字的第二笔和第三笔。学生很快就记住了这个字,更重要的是对第二笔和第三笔的"由来"也有了深刻的印象。

充分发挥多媒体手段的优势,是现今小学语文教师突破课堂教学重难点的必然选择,这也要求小学语文教师要认真学习并掌握一定的多媒体辅助教学技术。当然,任何一种方法或任何一种工具(手段)都只能在一定的范围或领域对突破某项教学重难点有明显的效果,但却没有任何一种方法或手段在突破小学语文课堂教学重难点时是通用且高效的。教师必须根据实际情况,尤其是依据学情和技术条件,针对性地选择可用的、能用的、合适的方法或手段去突破教学重难点。

# 第五章
## 小学语文教学过程的设计与实施

## 第一节　小学语文教学过程的设计

### 一、教学过程概述

教学过程是教与学双边活动的过程,是教师指导学生进行学习的过程。既包括教师教的一面,又包括学生学的一面,是有机结合辩证统一的过程。在教学的双边活动中,教师的教和学生的学相互依存、相互支持、相互渗透、相互转化,教师发挥主导作用,学生居于主体地位,教师不能代替学生学习,学生也不能离开教师的指导。然而,在教学过程理论的发展中常常会导致走向极端,片面强调教师在教学中的权威,而忽视学生的主体地位,所以,对教学过程理论的研究既要注重体现教师的权威,又要注重强调学生的主体地位。

#### (一)教学过程的概念

教学过程从本质上来说是一种有组织的认识过程。在这过程中主要是通过知识的传递和掌握来促进学生的身心发展。由教师代表社会所提出的教学要求和学生原有的知识、能力和发展水平之间的矛盾是推动教学过程发展的动力。教学过程中的各种矛盾都是在这样一个基本矛盾中派生出来的……因此,支配教学过程的基本规律有三条:一是以揭示教学过程中认识主体和客体的特点为主的教学过程简约性的规律;二是以揭示教学过程中知识和发展关系为主的学生发展以认知教材为基础的规律;三是以揭示教与学之间矛盾运动为主的教和学相互依存的规律。

教学过程是教学的实施轨迹,揭示教学活动的展开及其发展规律,其实质是学生在教师的指导下,通过课本去掌握人类认识成果的特殊认识过程。其特殊性就在于:认识的对象主要是书本知识,这对于学生来说均属间接经验;认识的方式是由教师指导;在认识过程中,学生不仅掌握了知识,身心也随之发展。

**(二)小学语文教学过程**

1. 小学语文教学过程的微观层面界定

从微观教学设计要素的角度,人们认为小学语文教学过程是小学语文教学活动的展开过程,该过程要遵循学生认知规律和学习心理,体现一定的教学顺序。换言之,小学语文教学过程是指一节语文课要安排哪些环节,按何种节奏、方式或模式组织这些环节的流程。小学语文教学过程是在教材分析、学情分析、重难点分析、教学方法设计等基础上将这些教学设计的要素组合融入的一个过程。教学设计的其他要素都要通过教学过程才可以实现各项设计的目的。离开教学过程,小学语文教学设计的所有内容只能停留在思想层面。

新课标理念下的小学语文课堂教学过程应该是师生互动、生生互动的过程,是教师调动学生发挥学习主动性去主动探究和学习的过程。教学过程应该是一个动态生成过程,在教学中让学生有新的发现和新的观点。所以教学过程不能一成不变,而应该保持一定的弹性和灵活性。

2. 小学语文教学过程的基本环节

小学语文教学过程一般指小学语文课堂教学过程。教学过程的基本环节与教学过程的要素不同。要素是从组成教学过程的因素进行考察的,包括参与教学过程的主体、教学的内容、教学的目的、使用的方法、技术与手段、教学环境以及教学反馈等;而环节则仅是从教学过程的"过程"本身考察的,一般指教学过程在程序上按顺序由哪些流程或部分组成。

通常而言,小学语文教学过程都有如下四个基本环节。

（1）新课导入环节。这个环节通常包括复习和导入两个子环节，一般可以通过创设环境而导入，该环节可以适时板书，揭示课题。

（2）新课讲授环节。新课讲授环节是整个教学过程的重心和中心。"讲授"并非指教师的"灌输"，而是"教"与"学"结合的环节。从教师的角度看是新课讲授环节，从学生的角度看则是新课学习环节。这个环节是所有环节中最为灵活，最能展示能力与创意的环节。师生互动、生生互动、提问交流、表演体悟等都会在这个环节登场。这个环节的设计与实施最能反映教师的教育教学能力。教学过程设计是否科学，教学过程是否完美，学生学习效果如何，基本都可以依据这个环节进行判断。

（3）巩固总结环节。巩固总结是强化课堂所教与所学的必要措施，这个环节也是不能缺位的。

（4）作业布置环节。作业布置环节是教学过程的最后一个环节。无论如何，这个环节都是必不可少的，即便目前给小学生实质减负的呼声日渐高涨，但必要的作业还是要有的。

当然上述四个基本环节是所有小学语文课堂教学过程中都需要有的环节，但不代表小学语文课堂教学过程只有这四个环节。教师完全可以根据不同的课型增设其他环节，比如很多课都可以增加"拓展延伸环节"。基本环节中"新课讲授环节"是核心，其他环节可以说是该环节的预备或收尾部分，因此，小学语文教学过程设计的重点还是"新课讲授环节"。

## 二、语文教学过程设计的优化

### （一）个体差异是教学设计的出发点

学生是有差异的学习个体，尽管他们有许多相同的地方，但在学习兴趣、学习能力和学习方法上是有差异的，而教学设计是从总体上对教学过程的安排，在教学过程中必须充分考虑到学生差异，真正做到面向全体学生。单一的死板的教学设计导致一堂课结束之后，学生根本不清楚这堂课的学习目标和学习任务，更不要说将个体差异扬长避短，使每个个体得到最优发展。

## (二)要注重调动学生的主观能动性

《语文课程标准(2022年版)》指出:"学生是学习和发展的主体。语文课程必须根据学生身心发展和语文学习的特点,关注学生的个体差异和不同的学习需求,爱护学生的好奇心、求知欲,充分激发学生的主动意识和进取精神,倡导自主、合作、探究的学习方式。"但是在通常的课堂教学中,由于教学进度紧张,课堂上没有足够的时间为学生提供独立活动的舞台,让每一个学生都有参与活动的机会,因此就很难充分发挥学生的主观能动性,使之更好地吸取知识、信息并运用知识进行创造。在教学设计中,必须体现学生学习主动性的发挥,对教学问题的理解和学习,要留有余地,让学生有主动探究与学习的空间。

## (三)教学过程要与学生的社会生活相联系

新课标要求教学加强与生活、社会的联系,关注语言运用带来的社会问题,培养学生社会参与意识和对社会负责任的态度。因此,教师在上课时,应充分考虑学生所熟悉的社会实际情况及风俗习惯,敏锐把握社会热点,创设问题框架,引导学生进行探究。这样才可以使学生认识到文本的现实意义,使学生学有所得,学有所用,触发学生的情感和求知欲,提升学生课堂内外的学习兴趣。

# 三、语文教学过程情感渗透的设计

语文教学目标是多维的,有知识目标和能力目标,也有情感教育目标。在教学过程中要重视情感目标的设计和完成过程。要利用现代化教学技术,营造情感氛围,消除情感障碍。利用教学情景对学生进行情感渗透。在教学中,让学生感受到老师对他们的爱,激发学生的健康情感,对自身能力充满自信,从而产生积极学习的动机。让学生在学习语文知识的同时,根据教学内容体会和感悟教学情感,引导学生树立正确的人生观和价值观。

小学语文教材具有很强的生活性和教育性,在教学中应引导学生联系社会实际学习课文,利用学生身边的生活资源理解教学内容和深化认识。小学语文课堂教学过程应该是丰富多彩的互动课堂,精心设计课堂教学准备,设计好课堂教学过程,设计好课堂教学作业和辅导,提高教学效果。

# 第二节　小学语文教学过程的实施

小学语文教学过程设计之初并不能将所有的可能都悉数考虑进去,教师在实施教学过程时,在教学过程设计的基础上,有必要也有可能根据实际情况及时调整教学过程设计。在实施小学语文教学过程中,各环节都有很多需要注意的地方,也有很多基本的要求。

**(一)新课导入**

1.新课导入环节需要关注的重点

(1)是否偏离教学目标和内容。某教师在执教《我要的是葫芦》(人教版二年级上)一课时,先出示笛子,吹奏《扬鞭催马运粮忙》,再与学生交流笛子的形状与构成。接着拿出葫芦丝,吹奏《月光下的凤尾竹》,再与学生交流葫芦丝的形状与构造,讨论古人的智慧。至此导入环节以板书课题结束。这节课整个导入环节与教学内容关联程度不高,其实就是一个展示一名青年小学语文教师个人音乐素质的过程,严重偏离了教学目标。

(2)是否导入过度。基于吸引学生注意和激发学生学习兴趣的考虑,很多教师在新课导入环节上耗费大量的心血,大量采用音乐、绘画、表演、游戏、情境设置等手法,好像要尽量将能用的方法都用上。尽管这样做,手法是多样化了,学生的兴趣也激发了,但时间耗费就多了,既耗费了教师准备的时间,也影响了学生后续的学习。过于激动的场景一过,学生很难静下心来进入后续环节的学习,这恰恰违背了导入环节设置的初衷。

(3)是否冗长拖沓。新课导入环节做好了,新课教学也就成功了一半。新课导入虽是"虎头",但还是要严格分清教学构成的主次,尤其是导入环节的时间要把握得当,一般以3分钟左右为宜,否则影响整节课的时间与节奏,影响后续核心环节的实施。冗长拖沓还表现在导入的语言表达不简练,拖泥带水。

2. 新课导入的要求

(1)新课导入要求适度、规范。新课导入在时间和节奏上要适度,不能混淆了教学过程环节的主次,方法与手段适量,能达到目的即可。新课导入要严格注意遵守基本规范,即不能偏离教学目标和教学内容。新课导入环节本来就是为完成教学目标而服务的,必须与课堂教学内容紧密关联。

(2)新课导入要求灵活、机动。导入方式再好,若没变化地运用,其教育效果可想而知。依教材特征、学生已学知识及其心理特性,运用好各导入法方可令学生抱有好奇心,时刻保持着乐于学习的状态。

(3)新课导入要求精简、概括。导语作为教学开头,无法取代课文内容。设计时所用语言及方式须精准,从现实出发,以教学内容为主,尽量精简设计,还需将时间长度控制在两三分钟内。

(4)新课导入要求巧妙、有趣。兴趣能调动人们对某事物或活动认识的积极性,促进学生内在学习,激发其渴求知识的欲望。所以设计导语需高度提炼,虽仅有几句也需做到言之有趣,并将趣味性同知识相融合。由此能激发学生浓厚的求知欲,全面理解所学内容。

## (二)新课讲授

1. 新课讲授环节需要关注的重点

(1)能不能紧扣教学目标。不能紧扣教学目标的典型表现是三维目标虚化。小学语文教学的三维目标(知识与能力目标、过程与方法目标、情感态度与价值观目标)应当相互渗透,融为一体。但在实际新课教学过程中,很多老师表现出对人文精神培养的偏爱,不重视文本的解读和基本知识的理解、掌握,不注重语文基本能力的培养,对课文内容匆匆带过,字词难点都没理解清楚,就跨过课文做了许多迁移和发挥,做些思想教育与精神培养的工作,好像教学中涉及"双基"(基础知识、基本技能)就不是在搞新课标,仅把目光聚焦于"情感态度与价值观"的光环上,将"知识与能力"束之高阁。这种做法不仅是没有紧扣教学目标,同时也没有关注到小学语文课程工具性与人文性统一的基本特点。

阅读课上成写字识字课,写作课上成阅读课,这些情况在实际的小学语文新课教学过程中比较常见。有的教师片面追求跨学科的学习,偏执地追求愉快教学,过度追求活跃的教学气氛,从而导致新课教学中出现了非语文活动过多的现象。例如,有的教师在语文课堂上热衷于游戏、表演,有的教师在语文课堂上热衷于诵读,有的教师热衷于让学生分组比赛夺红花、唱歌PK竞"霸主"。这些活动使小学语文教学表面上看起来热热闹闹,但由于有很多活动游离于理解和运用语文之外,加之耗时多,实际上使小学语文教学陷入了一种新的"少、慢、差、费"的境地,语文学科基本特点丧失,语文课成了大杂烩,整个新课教学环节已经偏离教学目标。

(2)重难点突破到不到位。重难点突破不到位有两种表现,一种是课前认真分析并正确地设计了课堂教学重难点,但在新课教学中没有落实突破。新课教学中教师总想实现教学信息最大化,总想教更多的内容,因而面面俱到,涉及面过广,随意性也强,没有明确实施重难点突破。另一种表现是课前设计教学重难点时本身就出现了偏差,没有正确分析该课的教学重难点,导致新课教学中不能突破实质的重难点。例如,高年级语文新课教学过程中,生字和新词的教学一般不再是重难点,如果课堂上仍花大量的时间讲授字形、字义,组词与造句等"低端"活动,会导致该掌握的课文思想内容、写作手法分析等重难点无法轻松突破。

(3)过度行为明显。过度行为主要表现为以下两个方面:

1)过度依赖单一方法。过度依赖单一方法的例子很多,偏执地运用字理识字教学法恐怕就是一个典型。字理教学法就是充分利用汉字的构字规律和用字规律进行教学,既继承了传统的字源字义考证识字教学法,又吸收了当代汉字科学研究的新成果。它符合人的认知心理,遵循从感性到理性的认知规律,在识字教学过程中,追本溯源解析字理,把由点点画画组成的方块汉字变成形象生动的图画,激发学习者的学习兴趣,加深对汉字构形的理解,减轻记忆负担。

字理识字教学法和其他教学法一样也有无法克服的局限。字理识字教学对字源有较强的依赖,先人造字的时候,他们的智识水平与今人不同,使用又多为繁体字,现今通用的简体字很多都难再觅得其前身的形象。到目前为止,很多汉字的造字理据人们并不清楚。现在能看到的最古的成批汉字是殷商时期的甲骨文,甲骨文有一半字到现在还不认识,已经认识的字也有许多说不出理据来。"六书"里的不少假借字,字形和字义没有什么联系,说不出字形和字义的关系。另外,从甲骨文到现代汉字,汉字的形音义都发生了种种变化,有些本来是有字理的,在变化中失去了字理,成为无理据的记号。

曲解字理,过于功利,表面或者小范围内可能有效果,但从长远来看适得其反。学生由于早期接受的教育在头脑中最容易扎根,扎根的误识则贻害无穷。过度依赖单一方法不仅反映了教师教学水平与能力存在问题,也自然会导致新课教学无法取得应有的实效。例如,从头到尾都是提问和回答,且很多时候问与答都是教师与学生个体之间的问答,缺少必要的讨论与争鸣,教学方法单一且单调,课堂气氛难以持续活跃。

2)过度依赖多媒体手段。与过度依赖单一方法相似,有的教师过度依赖多媒体教学手段。随着教学手段的日益丰富,教师的教学技能在很大程度上得到提高,尤以多媒体教学手段发展最明显。多媒体教学是一种新的教学模式,能充分发挥教师的主导作用,调动学生的学习积极性,让学生多动脑、动手、动口,培养分析和解决问题的能力。但对多媒体的过于依赖或者过分看重则容易走进误区。

在某教师执教的《曹冲称象》公开课上,教师设计了精美的PPT,故事的内容全在课件中,讲到有人建议砍大树做大秤时,就把砍大树做大秤的过程以及用大秤称量大象的画面播放出来,学生马上明白了这项设计存在的问题。讲到曹冲的建议时,PPT以电影的形式将整个过程展示在学生面前,加深了学生对整个过程的认识。

课堂教学的效果自然让听课的教师赞叹不已,一致认为该课是利用现代教学手段的典范。这里有一个值得注意的问题——语言文字的功能问题。语文以文字为载体,传播思想和表达情感,语文课的教学要遵循这个原则。对过程的想象和理解、对情感的体验,应该是通过对文字的感悟而达到效果的。如果都采用音画的方式,固然可以减轻学生的思考负担,但却是不明智的做法,说严重点,教师剥夺了学生深入思考的权利和机会,在培养懒惰的学生,在培养不会思考的学生。个中道理就像观看改编的名著电视剧一样,人们发现剧情、思想等都多少背离了原著,而这些电视剧在很大程度上居然成了学生心中的名著,这是一种悲哀。

语文课堂应当简单化,但课堂教学简单化并不反对多媒体,相反,课堂教学需要多媒体,只是多媒体的运用有一个底线:不能过度,不能剥夺学生思考的权利和机会!

除了过度依赖单一方法和过度依赖多媒体手段外,教师在课堂上过度提问、过度发掘文本等也都是小学语文课堂新课教学过程中较为常见的过度行为。

2. 新课讲授的要求

在认真分析教学目标、教材内容、重难点以及分析学情的基础上设计好新课讲授环节后,新课讲授环节就应当按照预先的设计逐步实施教学,根据课堂教学进程和实际情况,适时调整教学方法、教学流程和时间安排等。

(1)识字、写字与汉语拼音教学。主要包括以下三个方面:

1)识字教学。识字教学一是要重点注意《语文课程标准(2022 年版)》中 300 个基本字的教学,以此为基础逐步发展学生的识字写字能力。二是要努力避免高段识字教学低段化。高段学生经过低中学段的学习,已经掌握了多种识字方法,拥有一定的识字能力,并且高段学生能够通过预习分析生词字形,用查字典等方式或联系上下文的方法理解字义,所以,课堂上的工作就变成了重难点生字学习的合作探究与交流。三是识字方法要体现综合性。识字课堂教学中,教师要紧扣汉字的特点,依据汉字学知识,分别选择合适的教学方法和教学内容,这对学生识记字形和理解字义有切实的帮助。同时巧妙地对学生进行汉字文化的熏陶,让他们感受到汉字文化的博大精深。四是要杜绝生字教学零起点。识字教学中教师要找准学生的起点,充分利用学生已有的知识和经验(学生已经认识的汉字和已经掌握的汉语拼音),将有限的教学时间和精力用在"刀刃"上,"专教那些学生不会或相对薄弱"的内容,这样方可从根本上杜绝"零起点"教学。五是要防止曲解汉字。防止曲解汉字其实就是要求教师在课堂识字教学中慎用字理识字教学法。任何一种教学方法都不是万能的。在字理识字教学中,凡是能说清楚字理,而且字理易于被小学生接受的,就要利用字理。可用就用,能用则用,刻意追求并非明智之举。过于牵强地运用字理识字教学方法,教师耗费时力,学生莫名其妙,更麻烦的是可能留下难以根治的后遗症。

2)写字教学。写字课堂教学要体现三点要求。一是要保证学生有充足的写字时间。每节语文课都要拿出几分钟时间,让学生踏踏实实地写字。《语文课程标准(2022年版)》要求第一、第二、第三学段,要在每天的语文课中安排10分钟,在教师指导下随堂练习,做到天天练。要在日常书写中增强练字意识,讲究练字效果。这是写字课堂教学最基本、最外显的合格指标。二是要保证写字的数量。完成一定的写字数量是写好字的保障。小学二年级开始每课要求写的字达到了8个甚至12个。教师指导学生写字,应该将几个字放到一起指导,让学生同时练习写,提高课堂识字与写字的效率。三是要抓住写的契机。一般情况下课堂教学写字环节都安排在认完字和读完课文之后,这样有一定好处,教学板块清晰,不会出现低学段学生因为拿笔、削笔和放笔等动作而导致课堂混乱的情况,另外如果写字环节的时间不够,教师可以灵活地将该环节挪移到下节课或者课外去。不过也可以尝试根据生字出现的不同情况,指导学生分散写字,这样学生在整节课都对写字有新鲜感。认、读、写活动交替进行,可以避免某项活动时间过长导致学生失去兴趣,同时也可以巧妙地分散写字教学的难点。

3)拼音教学。汉语拼音课堂教学中,要切实把握汉语拼音的功能。汉语拼音主要是通过给汉字注音帮助识字的,也就是说拼音只是识字的工具,拼音学习是为识字服务的。拼音课堂教学中要避免赋予拼音过多的附加功能。例如,要求学生在写短句时"不会写的字用拼音替代"的做法就值得商榷。此外,要重视一年级学生的心理特点,降低拼音学习的难度,增加学习的趣味性。注意拼音单元的生字词只需会读、会认即可,不需要书写。拼音教学与识字教学有效整合是课堂拼音教学经常运用的有效方法。在拼音与识字教学整合的过程中,教师要善于引导学生做日常生活的有心人,尽早利用拼音学更多的字。

(2)阅读教学。主要包括以下三个方面:

1)阅读教学新课讲授中教师要注意角色转换。要使阅读教学取得好的效果,学生阅读水平得到提高,语文教师的阅读教学能力得到提升,语文教师必须转变自身角色,成为阅读意义的建构者。教师同样是文本的载体,是一个"活物"，他们有着自己的情感，可以通过将自己形成的对阅读意义的独特感受传递给学生，加深学生对文章的理解，提升学生的精神境界。

小学语文教师阅读课堂教学中必须认识到教育对象是小学生，他们虽然是身心发展未完善、不成熟的个体，但具有强烈的民主意识和主体意识，他们渴望平等，追求发展。教师要尊重小学生的人格，进行心与心的沟通，使他们体会到平等、真诚、理解、包容的氛围，进而乐于接触新鲜事物，富于阅读热情。这也就意味着角色定位的转换：教师由教学中的主角转向"平等中的首席"。

阅读课堂教学中要引导学生进行广泛的课外阅读。语文教师要清楚地认识到课外阅读的重要性，及时转换自身角色，自觉地充当"桥梁"，将学生课内阅读与课外阅读进行有效的沟通与交流。另外，教师还应树立"课内学方法，课外求发展"的阅读教学理念，将课堂教学作为主要方式，同时善于开展大量的课外阅读活动。让学生在课堂中积累阅读理论知识，通过参与课外活动获得实践经验，使理论与实践相结合，深化学生的情感体验，提高学生的自学能力、创新能力。

2) 探索阅读课堂教学从技能训练转向策略教学。从阅读是掌握一系列技能的观点看，学习阅读就是学习一套分层级顺序的分技能，进而形成阅读能力，一旦掌握这些技能，学生就能熟练阅读课文。技能训练是学生被动接受文章信息，课文意思存于课文本身，学习的目的是再造这个意思。在阅读教学的技能训练观指导下，学生的阅读能力并没有质的飞跃。策略教学观认为，阅读能力是整体性的，阅读是学生的原有知识和课文的信息相互作用而构建课文的意义模式。学生运用他们的原有知识和灵活的策略去建构课文的意义模式，他们监控正在进行的理解，并在理解出现困难时改变策略。他们根据自己的知识水平选择、调整策略，因此，阅读是积极的过程，阅读能力的发展，是学生形成阅读策略来理解课文的过程。学生学习不好是因为不能根据学习任务选择恰当的策略和灵活运用策略，教学的目标是教给学生有效的阅读策略和怎样恰当地运用策略。技能训练与阅读策略教学在目的、复杂程度、灵活性以及读者观等方面存在明显区别，阅读策略教学观已为更多的教育工作者所接受，有逐渐取代阅读技能训练的趋势。

3)针对不同类型的课文采取不同的课堂教学策略。对于寓言、童话类课文,要结合字词学习,加强朗读、复述等语言实践活动,组织学生交流对感兴趣的任务和事件的认识和想法。该类课文总体上要注重引导学生想象,进行多样化的训练。例如,在低年级可以运用图文对读、突出识字与写字;在中年级引导学生欣赏人物形象、精读并仔细品味语言,训练学生复述故事;在高年级则指导学生概括主要内容,学习揭示课文主题并引导学生分析象征意义。

对于诗歌与散文,主要要求是引导学生从课文的字里行间理解作者的情感。诗歌和散文的生命就是情感。教学中可以引导学生通过品读关键词句体验情感,可以通过重点段落的诵读体验情感,也可以通过相同段落结构的比较体验情感。引导学生反复朗读、反复体验,是诗歌和散文课堂教学的基本策略。

对于小说,课堂教学中要引导学生整体感知主要内容,厘清故事的来龙去脉、前因后果,体会情节对人物性格塑造及对课文主题揭示的作用。引导学生仔细品读课文中描写人物的文字,把握人物的性格、思想和情感,体会小说的主题。小说教学还要注重引导学生分析环境描写,分析人物生活的环境,从中了解环境与人物、主题的密切关系,学习作者描写环境的方法与技巧。

对于古诗文中的古诗教学,要关注三点。一是理解古诗,重在抓住学生感到生疏、古今词意不同的关键词语,帮助学生理解。二是运用情境教学,让学生感受意境美,引学生"入境"。三是引导学生产生共鸣与移情,关注古诗教学重想象、重朗诵的要求,指导学生通过吟诵与想象,深入体会古诗的意蕴。对于文言文,首先要指导学生读通全文,让学生结合注释,理解每句话的意思,进而整体把握课文内容。引导学生品味语言,展开想象,同时还应要求学生熟读成诵。

对于说明文,教师首先要指导学生初步感知文体,把握课文的主要内容;其次要指导学生了解说明的方法;最后还要引导学生体会课文用词的准确,感悟说明文遣词造句的特点。

(3)写作教学。主要包括以下六个方面:

1)引导学生观察,帮助学生丰富习作素材。引导学生观察必须把握四点:一是善于引导学生观察生活中的小题材;二是坚持将定向观察与随机观察有机结合起来;三是引导学生将平时观察到的生活素材定期进行集中归类整理,将"素材源"建成"素材库";四是引导学生定期交流,相互补充,强化对生活原型的再认识。

2)引导学生广泛阅读,帮助学生积累语言材料,开拓写作思路。先要为学生的阅读提供丰富的资源,倡导在学生中推行绿色海量阅读,依据绿色海量阅读的群体行为特点,带动整个班级阅读。教师及时、随机检测阅读成效,通过设置特定的教学环节,比如,课前三分钟等方式,将课外的阅读与课堂教学,包括阅读教学和写作教学无缝结合起来,充分发挥阅读积累这一写作基础的功能,帮助学生拓宽视野,积累写作材料。

3)抓"小练笔"积累,减缓写作训练的坡度。围绕某一个重点或中心,进行范围小、篇幅短的写作训练就是"小练笔"。"小练笔"是减缓写作训练坡度的阶梯。指导学生小练笔,可先要求学生写摘录式练笔,摘录美文美段、名言警句等,接着进行记叙式练笔,再逐步拓展篇幅,并引申拓展到其他文体的小练笔。

4)拓宽训练的空间,适当增加习作训练量。从训练时间上看,教师要引导学生从课上走向课下,克服为文而文的倾向;从训练的空间上看,教师要开展形式多样的活动,提供实践机会,让学生在实践活动中提高语言表达能力和创新能力,充分挖掘课文中的习作资源,拓宽写作教学和训练的渠道。

5)强化创新思维训练,培养学生的创新能力。写作教学中教师要突破思维定式,通过同一题目多角度选材、同一中心多种选材、同一材料多种立意以及同一材料多种体裁等方式训练学生思维的发散性。引导学生进行相关联想,训练学生思维的变通性;充分展示个性,训练学生思维的独特性。

6)构建新的写作教学模式,提高习作教学的效率。传统的"教师讲,学生做"的写作教学与训练模式严重妨碍了学生创新能力的发展。要解决这个问题,教师必须努力构建一个开放的,充满生命活力的写作教学新模式。这种模式基本结构是:营造氛围,诱发创新热情—放胆表达、拓展创新思维的空间—交流合作,激活创新思维的火花—评优激励,激发新的创新动机。

当然，教师完全可以根据自己的教学能力和实践经验对新模式进行个性化的调整与完善。写作教学模式没有最好，只有更好，只要是有利于提高学生写作水平、有利于培养学生创新思维和能力的写作教学模式，都是好模式。

（4）口语交际教学。口语交际教学中，教师要合理把握口语交际的特点，突出训练的主体与目标，有效运用口语交际教学的策略。通过创设情境，注重结合小学语文教学的特点，在各个环节有意识地培养学生的口语交际能力。教师要注意评价的导向和激励作用，充分利用随堂性评价和激励性评价，根据教学主题，因地制宜地采取富有个性的评价策略。充分考虑提高学生口语交际能力的情景与策略，积极引导学生在日常家庭生活、社会活动以及学校活动中锻炼口语交际能力。注重指导学生在口语交际中文明表达、个性表达以及合理运用肢体语言，准确表达自己的思想，指导学生做一个会表达且具有较高口语表达水平的人。

（5）综合性学习。小学语文综合性学习与识字写字、阅读、写作、口语交际不在同一个层面上，综合性学习指导既不同于"课外活动"或"语文实践活动"的指导，也不同于综合实践活动课程的指导。

1）注重综合。综合性学习指导要体现语文知识的综合运用、听说读写的整体发展、语文课程与其他课程的沟通。

2）注重实践。综合性学习指导应注重书本知识与实践活动的结合，强调语文实践活动中指导培养学生的语文实践能力，引导学生在生活实践和社会实践中学语文、用语文。

3）注重探究。教师指导综合性学习，应该引导学生充分发挥自主性，并提供必要的帮助，督促学生坚持学习。小学生毕竟年龄小，要避免放任自流的情况。根据学校、班级和学生的实际条件，教师应对适合开展哪些活动、活动过程中应该怎样探究、如何运用语言知识与技能推动活动，提出具体的指导建议。

4）注重过程。综合性学习的指导目的主要不在于指导学生掌握多少知识，而在于指导学生主动获取知识，运用知识解决实际问题。因此，综合性学习指导的任务主要是激励全体学生最大限度参与学习。教师指导不仅要高度重视活动策划与准备、成果展示等过程，也要关注活动的反思总结环节。这些环节一般都在语文课堂之外由学生分散开展,教师介入较少,学生自由度高,因此综合性学习指导中,教师要高度关注这类薄弱环节。

### (三)巩固总结

1.巩固总结环节需要关注的重点

(1)巩固总结是否背离教学目标。巩固总结背离教学目标、远离核心问题是小学语文教学过程中较为常见的现象。巩固总结环节必须紧锣密鼓地跟进,小学生不论是记忆保持还是注意力集中方面都有一定的不足,精准及时的巩固总结是不可缺位的。虽有巩固总结环节,但巩固总结的内容却与前置环节关系松散甚至相去甚远,这种巩固总结背离了教学目标,不但不能起到巩固或总结的作用,反而会分散学生的注意力,弱化教学效果。

(2)巩固总结的形式是否单一。小学语文课堂教学巩固总结环节大多时候不能引起教师的重视,因而该环节的作用与意义也被弱化,由此教师在该环节投入的精力远少于其他环节,采取的形式较为单一,利用板书或者PPT进行巩固与总结几乎是常态。板书与PPT已经在课堂上出示或展示过,再次看到同样的板书或PPT,已经不能再引起学生浓厚的兴趣,学生甚至可能会表现出对巩固总结环节的反感或抵触心态。

(3)巩固与总结是否脱节。巩固与总结本身紧密关联,共同组成巩固总结环节。但很多教师在新课讲授环节之后,要么简单地重复一下前面环节的内容,完成所谓的"巩固"任务;要么仅仅简单地对前环节的内容做个小结,却不采用任何巩固的措施。巩固与总结两相脱节的现象很常见。

2.巩固总结的要求

(1)紧扣教学目标,抓住核心问题。整堂课就紧紧围绕着几个问题,做课堂总结时,全方位解答这几个词语和问题,前后呼应。如,《争论的故事》(苏教版三年级下)这篇课文有几个需重点把握的词语,如"不以为然、争论不休、两全其美"等。以教学"争论不休"为例,教师通过与学生角色扮演的形式,把学生自然而然地引入争论的情境,水到渠成地完成了"争论不休"整个词语意思的把握。紧接着出现"休"字义项的选择,学生轻松掌握。在教学"两全其美"时,教师通过联系上下文的方法:"对于老人的建议,兄弟俩满意吗?"引出对"两全其美"的理解,不露痕迹,顺其自然。读课题质疑:那么,谁与谁争论,为什么争论,怎么争论的,争论的结果怎么样?这个故事说明了什么?带着这些问题读书、讨论。下课时,结合板书,要学生回忆、作答,突出主题内涵。

(2)采用多样化的方式进行巩固总结。根据不同的文体与教学内容,教师可采取不同的巩固总结方式,以此激发学生的学习兴趣。例如,可以运用图表、口诀的方式巩固总结,这种方式条理清晰,简单明了,便于学生记忆、复习。也可以创设情境进行巩固总结。创设情境在小学语文教学过程中的任何环节都可以使用。还可以联系实际巩固总结,通过抒发情感,深化课堂教学效果。

(3)巩固与总结紧密结合。在巩固中总结,在总结中巩固,是小学语文教学过程中必须牢牢把握的一个基本点。单纯的巩固等于简单的重复,单纯的总结实际上是突然的转折,巩固与总结必须紧密结合,这也是本书将巩固与总结合并在一起作为一个统一环节的原因所在。

(4)可与回顾整体结合。新课结束以后,教师可以通过小结与学生一起回顾所学知识,加强学生的记忆,巩固新知识。小结时,也可以利用板书,让学生归纳有哪些知识点,哪些是重点、难点。可以提高学生的口语表达能力以及概括归纳能力,并使有关的教学内容系统连贯,相对完整。学生对于相对完整的知识容易理解,也就容易掌握。

(5)以悟促读,品味语言美。例如,在《槐乡五月》(苏教版三年级下)这篇课文的教学中,教师设计了几处对语言文字的推敲。如读到"她们飘到哪里,哪里就会有一阵清香"时,追问学生,此时怎么不用"走",而用"飘",引导学生结合上下文体会,小姑娘走路时非常轻快,由此可见,她们的内心是十分快活的。教育家叶圣陶先生曾说:"一字未宜忽,语语悟其神。"一个"飘"字中蕴藏着槐乡孩子的"乐",这是何等精妙!因此教师设疑,激发学生探究的热情,让学生感悟、品味、体会文章遣词造句的精妙,从而总结了全文。

(6)与情感提升相结合。在课堂总结时,可以再次让学生有感情地朗读全文,边读边感受小作者的感情变化。如《雪儿》(苏教版三年级下)是一篇文质兼美的文章。课文讲述了"我"为受伤的雪儿疗伤并精心照料它,直到让它飞上蓝天的故事,表现了"我"爱鸟的美好心灵,也流露了"我"对自由生活的热爱与向往人与自然和谐的心情。学生在朗读课文的时候,感受小作者以雪儿的快乐而快乐,以雪儿的幸福而幸福的情感展开。教学中引导学生围绕问题以小组合作的形式展开自主探究学习:雪儿是只怎样的鸽子?"我"对雪儿有着怎样的感情?引导学生抓住"不怕任何艰难险阻""飞越千山万水""蓝天信使"等词句体会雪儿内在的美;"展开双翅飞起来了""又飞回来阳台,转着圈儿咕咕直叫""望望我,似乎在向我祝福"等词句,感悟雪儿是只向往蓝天又极通人性的鸽子。在有所悟的基础上,引导学生感情朗读。同时,教师引导学生抓住"给它洗了澡""在它伤口上敷了药""和雪儿一起去看蓝天,去看蓝天上飘飘悠悠的白云"等词句,读懂"我"对雪儿的关切、怜爱之情,特别是通过"啊!我为雪儿欢呼!你看它那双翅膀被春风高高地托起,在蓝天中划出了一道美丽的弧线""我把雪儿轻轻捧起"等词句,悟出"我"对雪儿的喜爱以及为它重返蓝天而快乐的心情。让学生通过声情并茂的朗读,使自己的情感与作者的情感产生共鸣,进而达到融为一体的境地。总之,让学生质疑问难,结合板书,回归整体,以悟促读,品味语言美的意境,抓住情感主线,深化主题思想。使学生学中用,用中学,这是每一位语文老师对教学有效性的终极追问和思考。

(7)巩固总结的时机。巩固总结环节并非只是固定在某个时段,例如固定在新课讲授之后或作业布置之前,而是需要根据课堂进展情况灵活地予以安排。在新课讲授过程中,部分内容学习之后,及时予以巩固或总结是有必要的,不必等到所有内容学完后一次性地进行巩固总结。至于巩固总结到底要出现多少次以及出现在什么时机,是分开进行还是结合进行,则需要授课教师根据学习的内容和学生学习的情况灵活把握。

**(四)作业布置**

1. 作业布置环节需要关注的重点

(1)是否重知识积累,轻能力培养。在小学语文教学中,教师布置的作业多数是巩固已经学过的知识,比如机械重复抄写生字和词语,进行形近字、音近字的组词与造句,课文背诵。这些作业大多以识记为主,功能一般只是积累知识。布置这种作业有很强的针对性,也有利于打好语文基础,但却忽略了学生的个性发展,无疑对培养学生的创新意识和能力是不利的。

(2)是否形式较单一,内容不丰富。小学语文作业中课文的生字新词、重点段落、课后的练习作业及作业本上的题目构成小学语文作业的主体。这些内容很少根据学生的实际情况编拟,不能很好地适应不同层次学生的不同需求。形式单一、内容单调的作业往往容易让学生对作业产生厌烦情绪,甚至会严重挫伤学生学习语文的积极性。

(3)是否统一任务多,自主合作少。为便于批改与评阅,教师习惯于向所有的学生统一布置相同的作业,基本不提供学生可以自主选择的作业。这种将众多学生的思路统一到一条道上的作业,不利于拓展学生的思维,也不利于增强学生合作探究的意识。

### 2.作业布置的要求

(1)要重质减量。针对语文作业要归类分析,按功能划分。例如,把注音本、田字本、大横格三项作业合成一项,这三项作业基本上都是对字词句的认知训练,大都集中在大横格上,字词每个两遍,要求背诵的课文抄一遍。很多人问:"那么少的量,学生能记住吗?"其实,学生能记住与否,跟他写多少遍的关系不大,有的学生记忆力好,或记忆的方法好,在上课时就已经记住了。而到了考试的时候学生还得再记,大量布置作业就导致了资源的重复浪费。教师与其逼迫学生学会投机取巧,还不如重质减量,少留作业。

(2)要多布置自主性作业。布置自主性作业就是把课后作业的布置权下放给学生。教师向学生提出一次作业需要达成的学习目标,它是学生自我布置作业的方向。接下来是学生根据教师提出的作业要求自主设计作业的内容、形式和完成方式。根据不同课文的要求,教师可以寻找一个最佳切入点,既让学生自编作业题,又注重激发他们的创造性,把作业的"老面孔"演化为多种多样富有创意的作业活动。如讲授《富饶的西沙群岛》(人教版三年级上)时,教师向学生展示一些四字成语和一种新的写法——总分段式。由此,教师布置了这样的作业:自己设计作业题,检验自己对课文中四字成语和总分段式写作方法的掌握情况,设计好的作业题要自己独立完成。学生根据这两方面要求分别设计了自己的个性化作业。设计作业本身具有一定的挑战性,这就要求设计者对这两部分知识掌握好,不然就没有办法完成作业。因此,也就使学生学习的自主性和积极性在这样的作业活动中得到了充分体现,又因为有共同要求的约束,最终达到殊途同归的效果。

(3)作业视角和广度要生活化。陶行知先生曾经说过:"一切生活都是课程。""社会即学校,生活即教育。"丰富多彩的生活就是语文的活水,生活有多广阔,语文的世界就有多宽广,若使语文离开生活,就犹如鱼儿离开了池水,不能存活。如果语文教师仅把语文作业局限在书本的范围,那么其培养出来的学生视野也不会开阔,思维也是单一的。

在教学中,可以利用生活中的很多资源与信息引导学生观察思考,培养其形成"大语文观"。例如,中国的节日很多,每个节日都蕴含着一定的文化,利用节日资源对学生进行熏陶教育,这也是一种精神上的习得教育。比如"学雷锋日",组织学生义务劳动,体会助人为乐的意义;"春节",让学生查查各地过春节的风俗习惯与春联,感受祖国节日的文化内涵;等等。此时,作业的触角已经延伸到了生活中,进入了孩子们耳濡目染的环境里,当老师布置了这些浸润浓浓生活味的作业时,他们还会觉得作业枯燥吗?

"两耳不闻窗外事,一心只读圣贤书"的读书匠已经不能适应社会的发展了。应该引导和鼓励学生多读书、多看报、关心国家大事,平时利用班会晨会时间组织学生讨论热点话题,比如你认为小学生应该怎样正确对待网络;面对亚运会、奥运会,我能做什么;谈谈人们身边的不文明现象;等等,讨论结束后让大家写心得体会。在这样一个和谐的学习讨论氛围中,不仅培养了学生的思辨能力、语言表达能力和创新能力,还让学生获得了更多对社会的认识和自我的塑造,在无形中让他们在思想上成长了许多。

如何让布置的作业发挥它的效果,是教师在教学中一直困惑的问题。作业能不能发挥它的作用,除了恰到好处地结合课文内容设计一些练习以外,还取决于学生能否认真地完成教师布置的作业。学生课堂上完成的作业很显然比家里完成的作业效果要好,原因是学生在家,很多时候是应付地去完成,而在课堂上往往能比较认真地去完成。如果时间允许,教师可多将一些课外的作业放到课内来完成,以此来提高作业的效果。

# 第六章
## 小学语文教学方法、评价的设计与实施

## 第一节　小学语文教学方法的设计与运用

### 一、教学方法概述

教学方法是指教师和学生为达到教学目的而开展的教学活动的方式方法的总和;教学手段则是指在教学活动中师生间进行教和学,以及相互传递教学信息的工具或设备。现在,传统教学手段单调、落后的弊端正被广为认识,并适当地被现代教学手段所替代,如计算机辅助教学软件、多媒体电子教室(实验室)、远程网络教育等。

对于传统手段,应重视在现代教学方法指导下更好地发挥其作用;而对现代化教学手段,则既要重视充分发挥其优势,又要研究其对教学方法改革的促进作用。如现在学生中普遍反映"多媒体教室上课就像看电影"的意见就很说明问题。教学方法的改革既要注意发挥现有各种手段的长处和优势,又要注意新科学理论和技术手段给教育带来的潜在影响。

改革教学方法与改革教学手段,既有联系又有区别。近来许多学校重视教学手段改革,在设备投入上加大力度,应给予肯定;但也存在忽视教学方法改革,认为手段改革就是方法改革的错误认识。比如对"一投(投钱、投影屏幕)就灵"的误解。从某种意义上说,教学手段改革是硬件,易见、易做,教学方法是软件,难见、难做,需要深层次和广泛的参与面。不同的教学

方法和教学手段,各有所长,有利有弊,应在教学改革中有机结合,相补相长。

教学方法的理论是教学论中一个重要组成部分,对教学方法的实践起着重要的指导作用。然而,教学方法的理论研究中还有一些问题,像教学方法的概念、特点及分类等,亟待深化认识。

### (一)教学方法的概念与特点

1. 教学方法的概念

迄今为止,尽管中外学者对教学方法的界定不尽相同,但在三点上取得了共识:①教学方法与教学目的相联系,是实现教学目的不可或缺的工具;②教学方法是师生共同完成教学活动所采用的手段,而并非单指教师的工作方法;③教学方法的功能是多方面的,既可凭借教学方法使学生掌握知识、技能和技巧,也可凭借教学方法使学生形成思想品质和审美观点,发展他们的能力和创造素质。这些共识的取得,为进一步深入探讨教学方法奠定了基础。当然,也还存在着一些问题,如教学方法与教学方式的关系、教与学两方面方法的相互联系、教学方法最邻近的属概念究竟是什么,没有得到很好的解决,仍需通过研讨加以明确。

(1)教学方法与教学方式的关系。对这一问题,有的认为教学方法与教学方式是对等概念,二者可以相互指称和诠释,甚至可以相互取代和替换;有的认为教学方式是教学方法的上位概念,教学方式包含着教学方法;有的则认为教学方式是教学方法的下位概念,教学方法是具体教学方式的总称和组合。教学方式是构成教学方法的细节,是教师和学生的具体的基本动作和所进行的个别操作活动。也就是说,教学方法是由若干教学方式构成的,同一种教学方法可以由不同的教学方式构成;而同一种教学方式也可以运用于不同的教学方法之中。

(2)教与学两方面方法的相互联系。对这一问题,有的将联系说成是"师生共同活动",有的说成是"师生相互联系活动",也有的说成是"教与学相互作用",或干脆说成是"教与学的辩证统一"。应该说这种强调是必要的,但未免笼统和模糊,尚欠具体和明确。人们认为教与学的相互联系应确切地表述为"教师指导学生学习",因此教学方法就不应简单地分成教师教的方法和学生学的方法,然后再将它们简单相加而称教学方法,而应是"教师指导学生学习的方法"。

(3)教学方法最邻近的属概念究竟是什么。对这一问题,有的认为是"手段",有的认为是"方式",有的认为是"活动",有的认为是"动作体系",有的认为是"途径",有的认为是"程序"。大多数人认为教学方法最邻近的属概念应该是"操作策略"。基于以上认识,把教学方法定义为:教学方法是在教学过程中教师指导学生学习以达到教学目的、由一整套教学方式组成的操作策略。

2.教学方法的特点

教学方法的特点是由其本质决定,并在实践中表现出来的教学方法外部特征,一般认为教学方法具有如下六方面基本特点。

(1)实践性。教学方法与教学实践紧密相连,其工具性质显而易见。教学方法的基本精神、影响媒介、作用方式、具体步骤、详细要求等,都是可以操作的。同时,教学方法的实践效果,又是检验其优劣的重要指标。但是必须指出的是,教学方法绝不是单纯的技巧问题,它实质上反映着教师的教学思想和能力水平。正如苏霍姆林斯基说的,"对待学生缺乏同情、漠不关心的态度,会导致采取错误的教学方法,给学生的发展造成不良的影响"。

(2)耦合性。亦称双边性,是指任何一种教学方法都是教师指导学生学习这一双边活动的方法,由教师教和学生学耦合而成的操作策略。俄罗斯教育家巴班斯基曾经指出:"教学方法的本质实际上取决于学生的学习认识活动(学)和教师相应的活动(教)的逻辑——程序方面和心理方面。教学方法决定于学的方式和教的方式行动上协调一致的效果。"可见,每一种教学方法都是互相联系着的教师与学生一定的活动方式的构成体,而不是教师教的方法与学生学的方法的简单相加。

(3)多样性。教学方法是多种多样的,组成丰富博大的"方法库",以供教师教学时优选使用。因为每种方法都有其独特功能,适用于所有教学条件的万能方法是不存在的。只有多样化的教学方法才能帮助教师顺利达成教学目的。正如巴班斯基所说:"教学方法是师生为达到教育和培养人的目的而进行的相互联系活动的方式。由于活动的方式和性质是多方面的,所以,教学方法也是多种多样的。因而,企图制定经常使用的、数目有限的几种教学方法是错误的。"

(4)整体性。不同的教学方法共同构成一个完整的方法体系,各种具体方法彼此联系、密切配合、互相补充、不可分割,综合发挥整体效能。一般地说,任何方法,不管哪一种方法,如果人们让它离开其他的方法,离开整个体系,离开整个综合影响来单独分析的话,那就既不能认为是好的方法,也不能认为是坏的方法。在马卡连柯看来,个别方法的影响,可能有正面的结果,也可能有反面的结果,而互相配合的各种方法的总和乃是决定性的方法。

(5)继承性。教学方法也和其他教育现象一样,具有历史继承性。古今中外教育家在长期的教学实践中,为了提高教学实效,非常重视教学方法的探讨,并且积累了相当丰富而宝贵的实践经验。其中有些在一定程度上反映了教学的客观规律,至今仍具有生命力,值得人们认真总结、整理,并借鉴其合理的部分。任何新的教学方法也不可能从零开始,它都必然要从多方面吸收和利用传统的教学方法中一切有价值的成分。

(6)发展性。任何教学方法体系都不是固定不变的。在具体教学实践中,教师必须根据变化了的时代精神、内容性质和对象特点等客观条件,勇于开拓,推陈出新,使教学方法更能适应教学的实际要求。目前教学实践的困惑在强烈呼唤着新的更有效的教学方法的出现。教学方法的发展,还包含着对传统教学方法的挖潜、改造、互相补充和综合利用,因而它同教学方法的继承性并不矛盾。

**（二）教学方法的分类**

目前,我国中小学常用的教学方法种类繁多,包括讲授法、讨论法、谈话法、读书指导法、演示法、实验法、练习法、实习法、参观法、观察法、欣赏法等。教学方法如此之多,进行科学的分类非常必要。

1.教学方法分类的意义

首先,教学方法的分类有助于教学方法科学体系的建立。分类,就是根据各种方法所具有的共同特点划分归属,建立次序和系统。教学方法的分类,是以对每种具体教学方法进行详细分析为前提的,在明确某种方法的实质、作用和特点的基础上，根据某一标准，将若干相同或相近的教学方法归为一类。由于分类有一个依据的标准，各种教学方法不仅可以彼此区别，而且在这个标准上，各种教学方法之间有关联和层次。由此，可以把原来繁杂、散乱的教学方法置于一个参照系中，使其井然有序，形成一个教学方法的有机体系。各种教学方法都可按不同的分类标准使之从属于不同的逻辑联系和序列，每一个序列都各自构成一种教学方法的体系。这个体系是否科学，体系中的教学方法是否能够真正彼此区别开来，很大程度上取决于分类标准的科学与否。因此，科学地确立教学方法的分类标准十分重要。

其次，教学方法的科学分类有助于教师准确有效地选择和运用教学方法，从而提高教学效率。理论研究的最终目的是为实践服务，关于分类教学方法的研究自然也不例外。教学方法一经恰当分类，建立起一定的体系，各种具体教学方法的特点、功用及其在整个教学方法体系中的地位便会一目了然。这样，有利于人们分清一般与特殊、本质与非本质的东西，加深对教学方法基本原理的理解，提高运用教学方法的针对性与自觉性。

2. 教学方法的分类

教学方法应怎样分类？有哪些分类？对于这些问题，很难用几句话就说得清楚。由于各家所持的分类标准不同，因而对教学方法的类别划分也就千姿百态，异彩纷呈。在此简单介绍几种类型的分类，以资参考。

美国心理学家桑代克把教学方法分为：读书教学法、讨论教学法、讲演教学法、练习教学法、实物教学法、实验教学法、设计教学法、表演教学法、自动教学法。对于上述分类，桑代克并未指明分类标准，看起来有的是依据各种教学方法所使用的手段（工具）和动作，如读书、讨论、表演等，又似乎想体现从被动到主动，从简单到复杂，不断提高活动水平的性质。

中华人民共和国成立前，有学者做了这样的分类：思想（考）教学、练习教学、欣赏教学、发表教学。这种分类也未说明分类的标准，看起来主要是从心理活动，以及学习知识、陶冶情感、形成技能等角度去划分的。

凯洛夫任总主编的《教育学》也列举了几种教学方法：教师的讲述和讲演；教师跟学生的谈话；教师演示所研究的对象及所演示的各种实验；演示画片和图表；参观旅行；学生通过阅读教科书和其他书籍来掌握知识；学生

的独立观察及实验室作业和完成各种实习作业;练习;检查学生知识的方法——口头检查、书面检查和实习检查。一般认为,上述分类主要是依教学方法的常用性进行的。长期以来,中国许多教育学教科书中都沿用这种分类法。

《教学论》将教学方法分为:保证学生积极地感知和理解新教材的教学方法;巩固和提高知识、技能、技巧的方法;学生知识、技能和技巧的检查。这是根据学生掌握知识的基本阶段和任务,感知、理解、巩固、运用来划分的,而这种划分教学阶段的理论基础就是马克思主义认识论所揭示的认识的基本路线:从生动的直观到抽象的思维,并从抽象的思维到实践。

俄罗斯教学论专家斯卡特金在其主编的《中学教学论》中,将教学方法分为图例讲解法、复现法、问题叙述法、局部探讨法、启发法、研究法。斯卡特金的分类主要是从学生认识活动的特点入手的,在一定程度上反映出了层次性,即教学方法所涉及的学生活动的水平呈递增趋势。

俄罗斯学者帕拉马尔丘克的分类为:知识的来源(实习、直观、讲述)、认识的独立程度(指导、启发、研究)、逻辑或智力活动(分析、比较、抽象、概括)。这种分类法称为"多度性"(多测度)或"多维"法。

俄罗斯教育家巴班斯基的分类:组织学生认识活动的方法,其中有口述法、直观法、实践法,这是根据教材的逻辑保证学生一定的思维活动的方法,根据学生如何掌握教材保证学生获得教材知识的方法;刺激学生认识活动的方法,其中包括刺激学习兴趣及引起学习动机的方法、刺激学生学习义务以引起学生学习动机的方法;检查学生认识活动效果的方法,其中包括口头检查法、直观检查法、实习检查法。巴班斯基关于教学方法的分类是一种综合分类的尝试,所分出的三类方法均有其理论依据。具体言之,第一类方法是根据列宁关于认识论的原理,第二类方法是根据唯物辩证法关于内因与外因的关系的原理,第三类方法是根据控制论的原理提出来的。

日本筑波大学教育学研究会编写的《现代教育学基础》将教学方式分成教授方式、学习方式、教授和学习相互作用方式、社会组织方式四类,该书认为,教学方式是"在教学情境中,教师和学生为了教与学而展开的活动方式"。这里的教学方式与人们所讲的教学方法内涵相近。

教育理论家王策三教授的《教学论稿》一书认为,教学方法的分类最好是多角度分析或进行综合性分析,包括信息媒体是什么? 师生怎样相互作用的? 认识的性质和水平如何? 它有何种性能或功能? 它适应的范围怎样? 它的运用需要哪些条件? 但作者没有进一步明确提出自己的分类。

《中国社会主义教育学》一书认为,对于目前我国中小学常用的教学方法,可以根据在教学过程中学生智力活动的水平及所要求的思维品质的差异和学生活动的独立性程度,分为逐渐升高的三大类:第一类包括讲授法、谈话法、演示法;第二类包括读书指导法、观察法、参观法;第三类包括讨论法、实验法、练习法、实习法。

目前,中国不少教育学著作根据学生获取知识的主要来源和教学活动的方式,把教学方法分成四类:①语言的方法:讲授法、谈话法、读书指导法;②直观的方法:演示法、参观法;③实习的方法:练习法、实验法、实习法、作业法;④研究的方法:讨论法、发现法。

教学方法的分类形式还有很多,各种分类均有其优点和不足。不过有一点值得申明,即教学方法的分类是相对的,它不可能把各种教学方法的特性都反映出来,包容于所分类的框架之中。所有的分类,只是相对于各种教学方法的主要特征而言,而非全部特征。

3. 以教学目标为标准的教学方法分类

分类教学方法,一方面是教学方法理论科学化的需要,另一方面是为教学实践服务,方便教师选择和运用教学方法。从理论探讨的角度看,教学方法的分类以多维法(按多个标准进行的综合分类)为宜,因为多维分类有利于人们从多个侧面去了解和认识教学方法,弄清教学方法的本质。而从实践的角度看,教学方法的分类则以单维法(按一个标准或维度进行的分类)为好,因为这种分类使人一目了然,易于教学方法的正确选取和使用,实用性较强,避免了不必要的程序,贴近中小学教师的实际水平。

在教学过程中,教学目标既是整个教学活动的出发点,又是归宿,是教学工作的灵魂。教学工作的其他变量,如教学设计、教学程序、教学评估等均得以教学目标为依据。因此,从方便教师有效地认识和选用教学方法的角度看,教学目标可以说是分类教学方法较为理想的尺度和标准。

近年来,国际教育界非常注重对教育目标的科学研究,提出了许多关于教育目标的分类体系。其中,影响最大的当推美国学者布鲁姆等人所创设的教育目标分类体系。该体系是关于教育目标的一种详细分类。布鲁姆等人的教育目标分类体系的总体设计是这样的:首先,将教育目标分为三个主要领域:认知领域——关于智慧的结果和能力的;情意领域——关于态度、兴趣、欣赏和适应方式的;技能活动领域——与运动技能、技巧有关。随后,又将三个领域分别进一步分类和具体化。具体而言,认知领域其内容又分为由低到高的六个层次:知识、理解、应用、分析、综合和评价。每个层次,既可代表教育的目标,指导教学方向,又可表示知识的层次以及每一层次所涉及的能力。情意领域的目标着重于兴趣、态度、欣赏、信念和价值意义等,分作五个层次,即接受、反应、评定、组织和定型,与认知领域的分类一样,情意领域的目标也是按从简单到复杂的规则排列。最初是简单的、实在的、普遍性较小的行为,逐步演进到复杂的、抽象的、普遍性较大的行为。从心理学的角度讲,这是一种价值意义内在化的连续过程。也就是说,这是把他人、社会对事物的看法、行为准则和价值观念等,转化为受教育者自身的看法、准则和价值观念的过程。技能活动领域的分类与上述两个领域的分类相类似,是按动作技能的复杂程度分类的,呈现出由简单到复杂的六个层次:领悟、心向、模仿、操作、熟练和创造。

综上所述,布鲁姆等人认为教育的目标主要有认知、情意和技能三类。其中,认知领域的目标侧重于增进学生的知识、充实学生的经验和启迪学生的思维;情意领域的目标旨在培养学生的理想,陶冶学生的情感,培育学生的品德和人格;技能领域的目标着眼于训练学生的技能,培养学生的习惯,提高学生的操作能力。值得注意的是,布鲁姆等人提出的这三类教育目标,与中国培养德、智、体、美、劳全面发展的人的教育目的,在内涵上是基本吻合的。如认知领域相当于智育的范畴,情意领域相当于德育、美育的范畴,而动作技能领域则相当于体育、劳动教育的范畴。从这一方面看,人们有理由借鉴布鲁姆等人的分类框架来研究教学方法的分类。据此,人们试将中小学常用的教学方法分别归并于认知、情意和技能三个类别,具体分类如下。

(1)认知教学法。以获取知识、丰富经验、发展智力和启迪思维为教学目标,包括讲授法、谈话法、讨论法、读书指导法、发现法、自学辅导法、设计教学法等。

(2)情意教学法。以树立理想、涵养情操、形成品德和健全人格为教学目标,包括情境教学法、欣赏教学法、暗示教学法等。

(3)技能教学法。以获得技能、生成技巧、养成习惯和熟练操作为教学目标,包括练习法、实习作业法、实验法、演示法、参观法等。

任何分类都是相对的,教学方法的分类也不例外。各种教学方法不论在其运用的具体要求上,还是在其功能及所涉及的活动上,都是相互联系的,只是各有侧重而已。

## 二、小学语文教学方法的设计

### (一)设计小学语文教学方法的依据

#### 1. 教学目标

教学目标是教学方法设计的第一依据。针对识记、了解层面的目标,可以设计讲授法、演示法;针对理解、领会层面的目标,可以设计谈话法、讨论法、读书指导法等;针对应用层面的目标,可以设计练习法。教学目标有单一目标和综合目标,针对综合目标设计的教学方法可能也是综合的,针对单一教学目标设计的方法可以是单一的,也可以是综合多样的。

#### 2. 教学内容

不同的教学内容需要设计不同的教学方法,例如拼音,尤其是拼读音节教学中,应该大量使用练习法,诗歌与散文适合设计情境教学法,而小说(故事)则适合设计读书指导法或讨论法等。

#### 3. 学情

学情主要是指学生的年龄特点与个性差异。例如,角色扮演法对低年级学生来说很合适,也是很受他们欢迎的方法,但发现法和讨论法在低年级的使用效果就比高年级要差。低年级适合设计活动形式和游戏形式的方法。又例如,有的学生通过读书指导法自己探索获得的知识可能难以留下深刻的印象,但结合教师的讲授(归纳、总结),则更容易留下深刻的印象。对这类学生,教师就要结合使用讲授法。学情影响教学方法的设计,因此教师要清楚所授班级学生的个性与特点,并充分考虑这些因素,有针对性地在不同的环节或者同一环节针对不同的学生设计不同的教学方法。

4.教学组织形式

班级人数少的时候一般使用发现法会有很好的效果,但班级人数多的情形下,发现法的使用就会遇到较大的困难。

5.教师素质与教学风格

同样的教学内容,不同的教师会设计不同的教学方法,教学方法设计也能体现教师个人的素质和教学风格。教学方法设计需要教师结合自己的能力与素质,还要考虑自己的教学风格。有的教师多媒体运用技术水平高,他就可以较多地设计使用多媒体手段的教学方法;朗诵能力强的教师,可以适量多设计示范(演示)的方法;有的教师擅长辩论或擅长组织讨论,讨论法的设计就能很好地体现其特点与风格。

在小学语文教学方法设计过程中要注意其他教师设计使用的方法也并不一定适合自己,教学方法要依据教师个人的能力素质与教学风格设计。

6.教学条件

教学条件是客观的,设计教学方法不能超越教学条件。例如,受设备条件的限制,实验法有时候就无法使用,没有多媒体设备,就不能设计运用多媒体手段的教学方法。再如,受教学时间的限制,过多设计发现法或讨论法可能就难以完成教学任务。

(二)设计小学语文教学方法的一般规则

随着教育教学研究和实践的推进,教学方法体系越来越完善,教学方法越来越多,在名称不一且种类繁多的教学方法中选择适宜自己所授课程的教学方法是一件并不容易的事情。现实中,很多教师在教学方法的选用上较为随意,大多为应付教学设计或教案构成部分之需要,任意选择若干个教学方法,最终的结果是在实际教学过程中并未真正运用这些教学方法,或者说,选用的那些教学方法在教学中根本就没有体现出来。选择教学方法不可随意,需要遵循一定的基本规则。

教学方法可以按不同的标准进行不同的分类,教学设计过程中,一般需要坚持在同一分类标准下选择该分类中的具体教学方法,避免出现名称不同但实际方法相同的结果。

以教学目标为标准分类项下的教学方法是目前运用较多的教学方法,下面以这种分类为例,说明如何选用教学方法。选用按教学目标为标准分类项下的教学方法,关键是先确定教学目标,确定教学目标后才可以选择教学方法。

语文课教学目标大体上有单一目标和综合目标两种情况,就单一目标而言,可以选择该单一目标项下可用的教学方法。比如在某些课时中,基本任务和目标是对学生进行情感熏陶,这类课主要以树立理想、涵养情操、形成品德和健全人格为教学目标,可以选用的教学方法包括情境教学法、欣赏教学法、暗示教学法等。

就综合目标而言,比如识字写字教学,一般就具有以获取知识、丰富经验、发展智力和启迪思维为教学目标和以获得技能、生成技巧、养成习惯和熟练操作为教学目标等多重目标,对应各目标,可选择的教学方法包括讲授法、谈话法、讨论法、读书指导法、发现法、练习法、实习作业法、实验法、演示法、参观法等。综合目标下,可选用的教学方法就比较多,也很灵活。但综合目标并非表示选用的教学方法越多越好,教学方法要典型,要实用。

单一目标与综合目标并非绝对的,实际上按照素质教育的要求,所有课堂教学的目标都不应该是单一的。

### (三)小学语文教学方法的名称问题

小学语文教学方法设计过程中还有一个比较复杂的问题,即教学方法的名称问题。粗略统计一下,目前小学语文教学方法的名称有几十种,包括常用的讲授法、谈话法、讨论法、读书指导法(导读法)、发现法、自学辅导法、设计教学法、情境教学法、欣赏教学法、暗示教学法、练习法、实习作业法、实验法、演示法、参观法等,还包括角色扮演法、读书感悟法、品词析句法、图文结合法、情景体验法、拓展延伸法、系统整理法、解决问题法、展开想象法、以读悟语、以读悟情、读写结合、自主法、合作法、迁移法、讲评法、电教法、比较法、探究法、示范法、直观法、问题法等。

　　教学方法设计呈现一种趋势,就是每个教师都在教学设计中要用上一些新奇的方法以示创新,这种新奇至少体现在教学方法的名称上。以系统整理法为例,真的需要单独有这个方法吗? 人们认为系统整理是一个环节或过程,在教学过程中随时可能需要整理,这些整理行为要么可以融入讲授,要么可以融入讨论,讲授法和讨论法实际上已经涵括了系统整理,因此系统整理教学法其实并无必要存在。再如,解决问题法,从名称上看,似乎也不知所云。整个教学过程就是要解决教学问题的,要实现一定的教学目标,这个也单独作一种教学方法,似乎也没有意义。读书感悟法、品词析句法、以读悟语、以读悟情等可能就是同一种做法;电教法指的是适用多媒体电化教学手段的方法,是一种手段,而不一定能独立成为一种教学方法;讲授法、讲评法有诸多重合之处;演示法与示范法不一定真的有明显的区别;拓展延伸通常是教学过程中的一个环节,一个子流程,将其界定为一种教学方法,也不一定科学;读写结合难道不可以被读书指导法(导读法)与练习法所包括吗?

　　突破规范,创新教学方法是好事,但这种突破是指方法本身,而不是名称。当然,也不是不可以按照教师个人的理解设计使用不同名称的教学方法,名称只是一个外在的标志,并不一定全面反映方法的实质。教师在设计教学方法时,不论采用何种分类标准之下的具体方法,也不论如何创新性地对教学方法命名,只要设计的各方法之间不存在明显的重合,只要是有助于实现教学目标,任何科学的或者不违背生活常理的教学方法都可以选择。

## 三、小学语文教学方法的运用

### (一)小学语文教学方法的利弊分析

　　新课标实施以来,素质教育的观念深入师生人心,一些语文老师在备课时,设计了很多的问题,以便上课时指导学生小组讨论,达到学生自主学习的目的。教师在语文教学的过程中对教学方法的钻研,一方面促进了师生交流,另一方面进一步挖掘了教材的有关内容。在教学实践中采用这种方法,能收到良好的教学效果。

但是,在实践过程中,并不是所有的新理念新方法都适应小学生语文教学的实际,某些教学方法取得的效果并不理想,例如一些教师的多媒体课堂上,学生的注意力多被大屏幕吸引,很少专心看课本。学生只顾看图画,对图画的记忆倒很清楚,图画旁边的文字则难以引起他们足够的注意。

另外,某些"新教学法"脱离教学实践,太过学院派,忽略了小学生心理思维特点,脱离小学生认知实际,不但没有达到预期的效果,反而会将小学语文教学引入误区。现在就其中几种较为普遍的现象做些分析,以期改进课堂教学。

首先,过于强调课堂游戏化,忽略了引导学生体会学习知识过程本身的愉悦。愉快教育是针对学校片面追求升学率的错误做法、学生负担日益加重的严峻现实、造成学生为完成学习任务疲于奔命的状况而提出的。顾名思义,愉快教育是指学生乐于接受教育,学生自觉感到学习文化知识是件十分愉快的事。那么学习的乐趣从哪里来呢?教师应在教学中提供恰当的外部诱因,调动学生的学习内驱力,使其自己乐意学、努力学,在学习过程中获得乐趣。从一些实际教例来看,有的教师片面理解"愉快教育"的含义,结果产生了一些不切实际的教法。事实上,游戏只是促进学习的一种手段,无论学习什么知识,要想学好,都得依靠学生的主观能动性,都要刻苦努力。教师有效地诱发学生学习的内在主观能动性,才是促使学生自觉愉快学习的关键。教育实践证明:小学生由于受其年龄的限制,学习的最直接内驱力来自其明确的学习目的。老师在教学中应该给学生一个具体的学习目标,使学生在学习中获得经过努力取得成功的愉悦,这样,学生就具备了主观认知的先决条件,能学懂教材,跟上教学进度,不断体验到学习成功的喜悦,达到愉快学习的教育目的。

其次,教学方法上学院派气息过浓,热衷于烦琐分析,人为地将易于理解的教材艰涩化。近年来,小学语文教学过分地对文章深入分析,对一些本来普通的词句非要挖掘出本不存在的深刻含义,把本来浅显易懂的小学教材分析成成年人也会费解的"一团麻",似乎不这样就不是新教法。目前较流行的小学生分析课文意义方法,一般至少分四个步骤进行:类比、逆向、闪光、辐射，如文章中出现一个"爱"字，就要引导学生要爱家乡、爱学校、爱老师、爱同学、爱父母、爱祖国、爱人民。人为地把孩子们平实的语言变成程式化的思想。这不仅无助于提高学生的阅读能力，而且会使学生的思维脱离中心思想，既浪费了宝贵的课堂时间，影响了讲授效果，又会使学生产生畏难情绪。这种脱离实际的"创新"，人为地胡乱联想制造深奥，不是教法的改革，而是好大喜功的浮躁的表现。这样的分析，乍看起来教法是"创新"的，古之未有，课堂十分热闹，但仔细审视，就不难发现这种方式华而不实的本质。

最后，偏离课堂讲授形式，过于强调学生能动性的作用，导致课堂教学效率低下。近几年，教师上课为避免"灌"的嫌疑，不敢细讲。其实，讲解是教学方法的主要构成要素，是传授知识最便捷、最高效的方法之一。许多复杂的道理，经过详尽的讲解，或者妙手点拨，化繁为简。简洁、生动、条理清晰的讲解，本身就包含有对学生的启发，只有那种让人生厌枯燥乏味的讲解才是"灌"。倘若教师的讲解准确、幽默风趣，那么这样的讲解就引人入胜，足以令学生如坐春风，学生的思绪就会被教师引入知识宝库。听这样的讲解不仅让人深受启发，而且会给人留下深刻的印象，把知识记得牢固久远。至于讲课的具体方式方法，则取决于教师自身的文化素质、具体教材的内容、教学的具体目的、学生的认知实际和学校的教学设备条件。根据实际需要，讲授、诵读、练习、提问、演示有机结合，为了实现教学目的而采取适当的教学方法。

总之，培养学生学习语文的兴趣，多方面开展课堂教学活动是小学语文教学的客观要求。教师可以多组织一些语文活动课，让学生在亲身参与中意识到学语文的重要性和学习的乐趣。上课时老师在讲授过程中可以多举一些生动、形象的例子，可以准备一些教学彩图，让学生有个直观的感受，而不仅仅是理论上的枯燥理解。对课文的解析要深入浅出，例子最好能贴近生活，最好和现实世界有联系，联系大家普遍关注的热点，这样能更好地让学生展开讨论，进而使学生兴趣更进一步。但是，基本的课堂讲授是不能偏离的。

### (二)小学语文教学方法运用的态度与策略

#### 1. 重视教学方法中人的因素

方法是人使用的方法,教学方法改革依赖于使用教学方法的教师素质的提高。同样的教学方法,在不同的教师手中会产生不同的教学效果。教学方法多种多样,在具体的教师那里,教学方法更显得灵活多样。所谓"教学有法,教无定法,贵在得法",除了讲教学方法的多样性外,还要求教师掌握并灵活运用各种教学方法。另外,教学方法是教与学相互作用的活动纽带,教学方法的运用不只是教师的事,还依赖学生的参与,依赖师生之间的积极互动。教师在运用各种教学方法的过程中,还要善于调动学生的主动性和积极性,善于和学生交往、互动,提高教学效果。

#### 2. 正确处理继承和发展的关系

任何教学方法都和历史有一定的渊源。人们在运用教学方法时,既要注意批判地继承历史上总结出的各种教学方法,不能对传统教学方法进行简单的否定,也要处理好新课程倡导的教学方法和传统教学方法之间的关系,还要善于对历史和现实中的各种教学方法进行创造性的发展,促进教学方法的创新。

#### 3. 综合运用多种教学方法

单一的教学方法总有各种不足,教师要在教学中综合运用多种教学方法。教师综合运用多种教学方法的前提是要认真钻研各种教学方法的特点、作用、适用范围和使用禁忌,在具体教学中选择运用恰当的教学方法,并将这些教学方法进行优化组合,取各种教学方法之"长"而避其"短"。教学方法不是孤立的,方法之间存在关联,互相渗透,任何一种教学方法的作用都是有限的,单纯运用某种教学方法难以取得好的教学效果。

### (三)运用最优化的教学方法

小学语文教学方法的运用要追求实现教学方法的最优化,教学方法的最优化是教学实践取得最优效果的重要保证,也是锻炼与提高教师教学艺术水平的重要途径。

1.选用最优化教学方法的依据

教学方法的分类，已给人们展示了各种各样的教学方法，它们各具特点，功能各异，要求不同。那么，如何才能在教学实践中恰如其分地选定此时此地、此情此景下效果最优的教学方法呢？这就需要教师注意依据以下几方面进行慎重选择，正确决策。

(1)根据教学的目的和任务。教学方法是实现教学目的和完成教学任务的手段，不同的教学目的和任务，要求运用不同的教学方法。任何教学方法都是为一定的教学目的和任务服务的。教师必须注意选用与教学目的和任务相适应并能实现教学目的和任务的教学方法。

(2)根据教学内容的性质和特点。教学目的和任务是通过教学内容来实现的，教学内容的性质和特点不同，就应选用不同的教学方法。只有选用的教学方法与教学内容的性质和特点相符合，才能使教学内容发挥出更大的效益。

(3)根据教学对象的实际情况。教学对象的年龄、性别、经历、气质、性格、思维类型、审美情趣等的不同，也对教学方法提出不同的要求。只有选用与此适应的教学方法，才能真正有效地提高教学对象的知识能力和思想水平，促进其健康向上的发展。

(4)根据教师自身素质及所具备的条件。教师自身的素养条件和驾驭能力，直接关系选用的教学方法能否发挥其应有的作用。教师应对自身素养及所具备的条件实事求是地进行分析，根据其特点和条件选用恰当的教学方法，以扬长避短。只有这样才能确保教学方法运用自如。

(5)根据教学方法的类型与功能。每种教学方法都具有不同的特点与功能，教师应认清各种教学方法的优缺点，把握其适应性和局限性，或有所侧重的使用，或进行优化组合，不可盲目地选用教学方法。教学方法的选择与使用，体现着教师的智慧，标志着其教学艺术水平的高低。

2.探索最优化的教学方法

最优化的教学方法只能产生并成熟于教师广泛而深入的教学艺术实践，离开这个活的源泉，最优化的教学方法就只能是一句空谈。什么是最优化的教学方法呢？一般说来，它应具备如下条件。

（1）认同感。一种教学方法能否被接受者认同，直接影响到其作用能否卓有成效地发挥出来。如果教师所采用的教学方法既能使学生在理智方面认同，又能使其在情感方面认同，则说明这是一种优化的教学方法。否则，就难以保证教学方法的实效。认同感是衡量最优教学方法的首要条件。

（2）参与度。主要指一种教学方法的使用过程中，教师与学生的参与程度及其积极性水平，以致师生关系是否融洽，能不能心领神会的默契配合与协作，能否达到思维共振与感情共鸣。教学艺术的生发点便是师生在教学过程中的交流与合作，所以，最优化教学方法应有较高的师生参与度，较好地体现出教学的民主性。

（3）综合化。最优化的教学方法必须是克服了每种类型方法的局限性，而在其功能、效果、手段等方面呈现综合化特点的教学方法。因为它综合了各种方法的优点和长处，所以才能发挥出整体最优的功能。不过，综合化不是面面俱到，而是"集优化"；也不是优点的简单相加，而是经过优化组合的新的整体。

（4）时效性。指最优化的教学方法既要能取得最佳效果，又要能达到最高效率，是高效果与高效率的统一。优质高效、省时低耗应当是现代教学方法追求的根本目标。那种效果虽好，但耗时太多；或效率虽高，但效果不佳的教学方法，不能算是最优化的教学方法。双效统一是衡量最优化教学方法的又一尺度。

（5）审美值。最优化的教学方法，应该符合美的规律和原则，能给学生带来美的感受，从而使其本身也成为审美的对象。最优化的教学方法即是艺术性的方法，使用最优化教学方法进行教学就是一种艺术性的劳动，审美也就成为其不可缺少的因素。具有审美价值的最优教学方法注重寓教于乐，使学生在不知不觉中受到深刻的教育。

值得指出的是，这里所提到的教学方法最优化不是脱离实际的"空中楼阁"和为艺术而艺术的"象牙之塔"，而是牢固地建立在现实客观条件所提供的可能性基础之上的，是此时此地、此情此景下的最优化，人们不能离开现有条件去盲目追求所谓的最优化，那是于教学艺术无益的。

# 第二节　小学语文教学评价的设计与实施

## 一、教学评价概述

### (一)教学评价的含义、功能与分类

**1. 教学评价的含义**

教学评价就是对教学工作质量和教学效果进行分析与评定,小学语文教学评价就是以小学语文教学目标为依据,运用有效的科学技术手段,对小学语文教育教学过程和结果进行分析与评定的活动。

**2. 教学评价的功能**

教学评价在教学中具有诊断作用、激励作用、调节作用和引导作用。①通过多形式的有效评价,可以了解教学的综合情况,可以发现教学过程中存在的问题,还能用以解释学生学习效果不好的原因,此谓诊断作用。②评价可以对学生起到激励作用,评价结果或评价记录对激发学生的学习兴趣和动机具有其他教学要素所无法替代的作用。这是教学评价的激励作用的表现。③教学评价结果让教师与学生都知道教与学的情况,教师可以根据评价结果调整教学设计,学生可以根据评价结果调整学习进度、方法和态度,从而实现教与学的行为的自主调节。此为教学评价调节作用。④教学评价的引导作用主要表现在评价结果或评价记录好的教师或班级,对其他教师或班级可以起到示范效应,获得好的评价的教学行为或过程,可以引导教师同行或学生学习或效仿,进而推动教学的整体发展。

**3. 教学评价的分类**

(1)按照教学评价在教学活动中发挥的不同作用分类。按照教学评价在教学活动中发挥的不同作用,教学评价可以分为诊断性评价、形成性评价和总结性评价三类。

1）诊断性评价是指在教学活动开始前，对评价对象的学习准备程度做出鉴定，以便采取相应措施使教学计划顺利、有效实施而进行的测定性评价。学期开始时的摸底考试就属于诊断性评价。

2）形成性评价是在教学过程中，为调节和完善教学活动，保证教学目标得以实现而进行的确定学生学习成果的评价。例如，课堂中的口头提问和书面测验。形成性评价的主要目的是改进、完善教学过程。

3）总结性评价是以预先设定的教学目标为基准，对评价对象达成目标的程度即教学效果做出评价。总结性评价注重考查学生掌握某门学科的整体程度，概括水平较高，测验内容范围较广，常在学期中或学期末进行，是针对一个相对较长的学习阶段、一个学期或一门课程结束时对学生学习结果的评价，总结性评价的使用次数一般不多。

（2）按照参加评价的主体不同分类。按照参加评价的主体不同，教学评价可以分为单一主体评价和多元主体评价。单一主体评价是指评价的主体是单一的，通常是教师（学校、政府）；多元主体评价则是指评价的主体有多个，一般包括教师（学校、政府），学生、家长以及第三方评价机构。

（3）按照评价方法的不同分类。按照评价方法的不同，教学评价可以分为定性评价和定量评价。定性评价是对评价对象做出价值判断的评价方法。评定等级、写出评语等是常见的定性评价。而定量评价则是对评价对象在某个方面以数值方式做出的评价，例如考试评分。

**（二）教学评价的基本原则**

**1. 全面性原则**

全面性原则是指在进行教学评价时，要对组成教学活动的各方面进行多角度、全方位的评价，而不能以点代面，一概而论。全面性原则有两个基本要求，一是要求关注学生的全面发展，而不仅是关注知识和技能的教授；二是要重视追求实现教学目标中知识与能力目标，还要关注情感态度与价值观目标的实现。

**2. 发展性原则**

发展性原则就是在新课标实施过程中，开展的课堂教学评价应是动态的、积极的和面向未来的评价。发展性原则，要求不能采取静态的、功利的教学评价方式,不能简单地通过评价单纯地给教师评优评差或评分定级,对学生进行鉴别和选拔,而倡导使用多样、灵活的评价标准去衡量所有教师的课堂教学。

3.科学性原则

科学性原则是指在进行教学评价时,要从教与学相统一的角度出发,以科学的教学目标体系为基础,确定科学的评价标准,选择科学评价工具,使用科学的测量方法和统计手段,依据科学的评价程序进行评价。

4.指导性原则

指导性原则是指在进行教学评价时,不能就事论事,而是要把评价和指导结合起来,要对评价的结果进行认真分析,从不同的角度找出因果关系,确认产生的原因,通过及时的、具体的启发性的信息反馈,使被评价者明确今后的努力方向。

## 二、小学语文教学评价的设计

教学评价设计需要从具体环节上考查。从具体环节上考查,小学语文目前常见的评价环节包括课堂教学评价和学期教学评价两大类。广义上的教学评价包括课堂教学评价、学期教学评价和其他学段评价,狭义上教学评价仅指课堂教学评价,尤其是指单节课的教学评价。结合广义与狭义的教学评价范围,将小学语文教学评价设计具体限于内容设计、主体设计、方法设计和工具设计等四个环节,并从这四个环节讨论如何进行小学语文教学评价设计。

### (一)小学语文教学评价内容的设计

小学语文教学评价首先要解决的前提性问题是评价的内容是什么。小学语文教学评价的内容非常宽泛,在评价内容设计时不可能面面俱到。教学评价内容的设计要充分考虑评价的目的。小学语文教学评价的内容可以分为两大类:一类是针对教师"教"的行为、能力、过程和效果的评价,这类评价的内容至少包括教学目标、教学内容、教学方法、教学过程、教学效果、教师能力和教学态度等七个方面。另一类是针对学生"学"的学习行为、学习能力、学习态度、学习过程和学习效果的评价。后一类评价是人们要重点讨论的。因为人们整个的教学设计就是从教师视角出发,为学生的"学"而做的设计。从这个角度看,小学语文教学评价设计的内容大致包括学生学习语文的行为、学习语文的能力、学习语文的态度、学习语文的过程以及学习语文的效果五个方面。

1. 学习语文的行为

美国教育学家埃德加·戴尔的"学习金字塔"理论,将语文课堂上学生的学习行为分为八类:①听(教师讲、读或布置任务,个别同学朗读或发言,小组汇报、录音,等等);②读(多形式的集体朗读、师生领读等);③看(视频、课件、图片、教师板书或示范、个别同学演练或展示等);④演(集体演练、个别学生上讲台展示或练习、课本剧等);⑤其他(作业订正,汇报交流,背诵、默写课文或其他学习材料);⑥议(带着任务读或思考,主动质疑,同桌或小组讨论);⑦践(当堂练习,实验操作,模拟运用,游戏活动,知识整合,学习迁移);⑧教(小组互教,同桌或邻桌互教)。

学生学习语文的行为贯穿学习语文的全过程,据之可以考查学生的学习态度,表现学生的学习能力,还能影响学习的效果,因此学生学习语文的行为必当属于小学语文教学评价内容之一。

2. 学习语文的能力

教育的真正意义不在于让学生获取一堆知识,而在于培养学生的学习能力,学会学习。"学会学习"已成为当代一种全新的教育观。学校应培养学生主动学习的动机,引导他们自觉积极参与教育的全过程,使他们在今后的不断学习和工作中,具有适应不断变化的社会的能力。

语文学习能力是一种包括多种一般能力的特殊能力。它是指直接影响到语文学习活动效率,使语文学习任务得以顺利完成的独特的心理特征。它强调的是掌握语文知识技能的动态过程。

从系统论和现代信息加工理论的观点出发,学习过程实际上是一个信息加工的整体系统,包括吸收信息、输出信息、反馈信息和评价信息。因此,学习能力应包括吸收、运用信息的能力。语文学习也是一个信息的吸收、贮存、处理、输出的过程。人们考虑小学语文学习能力的要素构成,也得从这几方面出发。吸收信息的能力,包括查字典、听话、阅读、做读书笔记等;运用信息的能力,包括说话、作文等。这些因素相互影响,综合起来构成了统一的整体。

考查学生学习语文的能力,可以从侧面考查学生学习语文的态度和学习语文的过程,学生学习语文的能力还能反映学习语文的效果,毕竟学习语文能力的提升其实也是学习语文取得好的效果的一种体现。

3.学习语文的态度

态度是一个人对待某一事物的倾向性,通常表现为积极或消极、热情或冷淡、好或坏,是一个人解决事情成功与否的重要因素。学习态度是中小学生态度体系的核心内容,又是诸多非智力因素的核心内容。学生学习语文的正确态度就是要明确学习语文的重要性,在学习中培养良好的习惯,有学习语文的积极性和主动性。学生学习语文的态度直接影响甚至左右学生学习语文的行为,影响学习语文的过程,进而影响学习的能力提升,并影响学习的效果。

4.学习语文的过程

学生学习语文的过程是实现语文教学目标,实现学生学习与发展的核心过程,是教师与学生双向互动的一个动态过程。在这个动态过程中,学生基于某种态度,实施一定的学习行为,提升语文学习能力,取得某种学习语文的效果。离开学习语文的过程,学习行为、态度、能力与效果都无从谈起。因而,学生学习语文的过程是小学语文评价设计需要重点关注的内容。

5.学习语文的效果

学生学习效果一直是教育评价的关键部分,是衡量教育教学质量的重要指数。学生学习语文的效果是集中反映语文教学目标实现程度的核心评价因素。如果将学生学习语文的态度、行为、过程视为过程性因素,那么学生学习语文的效果就是结果性因素。如果将学生学习语文的能力视为学生学习语文的效果的一种表现的话,那么在简化评价的情形下,甚至可以只用评价学生学习语文的效果这一项内容就可以大致实现语文教学的评价目的。

### (二)小学语文教学评价主体的设计

#### 1.教师(学校)评价

教师(学校)评价最为常见,也是小学语文教学评价中最为基础的教学评价,这种评价甚至是很多学校和教师终身采用的唯一的教学评价方式。

教师(学校)对学生在课堂上的表现最为清楚,所以教师(学校)最有权对学生在课堂上的话语、行动、认知水平、临场急智、学习态度以及学习能力进行评价。教师(学校)作为评价主体可以对全班(体)学生进行评价,可以对部分学生进行评价,可以对学生小组进行评价,还可以对学生个人(体)进行评价。教师(学校)是小学语文教学评价中必不可少的评价主体,但不应该是唯一的主体。

#### 2.学生评价

学生作为学习主体,也应该成为教学评价的主体。小学语文教学评价设计中应努力融入学生评价。学生评价可以弥补教师单一或单向评价的不足,利于教师综合地、更全面地了解"教"与"学"的情况,也有利于激发学生参与学习的兴趣,提高学生学习的主动性和积极性。

#### 3.家长评价

这种评价主要是学生家长根据自己孩子学业成绩或者升学情况对教师(学校)的教学进行评价,具体表现为社会舆论。教师在设计教学评价的时候要引导家长积极主动地关注学生的学习行为、态度、能力、过程与效果,将教师(学校)关注的评价点从视角上进行转移,以获取家长视角的评价信息,进而诊改并指导教学。

小学语文教学评价设计应关注评价主体多元化。《语文课程标准(2022年版)》明确提出,小学语文教学评价应注意将教师的评价、学生的自我评价及学生之间的相互评价相结合,加强学生的自我评价和相互评价,促进学生主动学习,自我反思。评价要理解和尊重学生的自我评价与相互评价。要尊重学生的个体差异,有利于每个学生的健康发展。根据需要,可让学生家长、社区、专业人员等适当参与评价活动,争取社会对学生语文学习的更多关注和支持。

## （三）小学语文教学评价方法的设计

小学语文教学评价方法要实现多样化的改革目标。教学评价方法设计的指导思想是：测试型评价和质性评价兼顾，同时大力开展质性评价。常见的教学评价方法有以下六种。

1. 测试

在提供质性评价的同时，人们必须认识到，测试仍然是日常教学的一种常见的评价方法。设计教学评价方法的时候，教师应当注意改革测试内容、改革测试题型，有效发挥测试的诊断、调整、激励和甄别功能，审时度势，准确把握测试时机，同时还要提高测试设计与实施的专业化水平。

2. 测量

虽然教师重视测试的评价作用，但是他们往往没有重视测量的特殊作用。在语言教学中，态度测量、情绪测量、一般智商的测量，都会对改进教学有明显的影响。同时，此种测量方法还能够使学生更加了解自己。

3. 观察

课堂教学可以采取五种方法观察：结构严密的系统观察法、生态学观察法、人种学观察法、同步等级界定观察法、非正式观察法。

4. 调查

观察是在活动过程中同步采集信息，调查则是在活动之后采集信息。行之有效的调查方法有问卷和访谈两种。问卷和访谈都需要掌握一定的专业技术，但教师实施此类调查应该说是很有必要的。

5. 成长记录袋

成长记录袋也可以称为档案袋。成长记录袋具有"收集、选择和反思"功能，即从收集的所有作业中，学生自己选择存入档案袋的材料，可以是他们认为特别有价值的东西，然后学生对自己的成品和相关表现进行反思。

6. 轶事记录

轶事记录就是对某一时间、地点和环境下发生的行为进行持续的客观的描述。此种方法可以用于学生执行解决问题的任务或项目时的质性评价。这项评价活动当然可以由教师来做,但是,人们认为更重要的是让学生来进行轶事记录。长期做这件事可以有效地促进学生的反思能力。

**(四)小学语文教学评价工具设计**

**1. 核查表**

教师将他(她)期待的具体行为以列表方式提供给学生,学生个人、两人小组和多人小组可依据自己的表现在检查表中进行勾画,进行自我评价。

**2. 教学评定量表**

用数字表示学生课堂行为(已发生的)的等级。可以用5、4、3、2、1确定期待行为的活跃程度:5表示特别活跃,4表示比较活跃,3表示中等活跃,2表示不够活跃,1表示很不活跃。

**3. 图示评定量表**

用一条水平线或垂直线组成量表,表示在一个连续体上对学生行为的客观等级描述。

**4. 实物**

实物就是真实的物品。教师可以根据所教的内容选择不同的实物,如文具、玩具、动物(玩具动物)、交通工具(玩具交通工具)等。这些都是真实的物品,给学生作为评价工具。

**5. 图片**

使用图片也要根据所教的内容选择,如动物图片,人体部位图片,颜色图片,交通工具图片,饮料、食品和水果等图片。

**6. 贴片**

贴片是较低学段教学过程中使用最多的一种评价工具,如动物贴片、人体部位贴片、颜色贴片、饮料贴片、食品贴片、水果贴片、玩具贴片、文具贴片、交通工具贴片等。这些评价工具均需根据教学内容来选择使用。

**7. 标志**

在课堂教学中,教师经常将一些标志,如笑脸、哭脸、五星、花朵、彩旗、奖章、胸章等作为评价工具。

8. 数字

数字作为评价工具,更多的是结合数字教学来使用。

9. 简笔画

除以上几种评价工具外,教师在课堂上经常结合教学内容使用简笔画作为评价工具,如画文具、动物、人体部位、食品、交通工具等。

进行小学语文教学设计评价除了上述内容外,教师还需要对小学语文教学评价语言进行设计,高效地设计教学评价语言,可以达到激励学生,不断提高课堂教学效果的目的。

## 三、小学语文教学评价的实施

在小学语文教学评价设计中,评价内容设计是前提,其余的设计都是建立在评价内容确定的基础上。评价内容的选择本身无所谓实施与否,因而讨论实施小学语文教学评价设计实际上是讨论在设计好内容、方式和工具之后,采用何种主体如何进行评价、采用何种方式实施评价、采用何种工具实施评价以及采用何种评价机制实施教学评价等问题。

### (一)多元主体参与小学语文教学评价

小学语文教学的任何一个时段都可以采取多元主体评价的方式。所谓多元主体评价,意指评价的主体是不同的,不同主体的评价可以分开进行,也可以联合进行;可以在前评价机制中采用,可以在中评价机制中采用,也可以在后评价机制中采用。多元主体评价的典型方式除教师(学校、政府)本身的评价外,还包括学生评价、家长评价和第三方评价。

1. 多元主体评价——教师(学校、政府)评价

(1)教师(学校、政府)评价的形式,主要包括以下两个方面:

1)教师(学校、政府)单方组织的评价。教师(学校、政府)单方组织的评价是指教师(学校、政府)作为唯一主体进行的自我评价。在教师(学校、政府)单方组织的评价中,教师(学校、政府)是唯一的评价主体,这是这种评价的主体特点,同时,教师(学校、政府)评价的对象是教师(学校、政府)本

身,这是这种评价的行为对象特点。综合起来,这种评价的主体与行为对象身份是同一的。这种身份同一或者混同的特点,决定了这类评价很难客观、公正。

2)教师(学校、政府)参与的评价。教师(学校、政府)参与的评价是指教师(学校、政府)作为联合评价主体参与的评价。参与评价既可以是教师(学校、政府)作为组织方的评价,也可以是应其他评价主体的邀请参与的评价;既可以是参与两个主体联合进行的评价,也可以参与三个及以上主体联合进行评价。在教师(学校、政府)参与的评价中,作为评价主体的教师(学校、政府)要么处于主导地位,要么处于辅助地位。不论是哪种情形,这类评价的行为对象都是教师(学校、政府)本身。当教师(学校、政府)作为处于主导地位的评价主体时,评价的结果与教师(学校、政府)单方组织的自我评价几乎没有什么差异。即使教师(学校、政府)居于非主导评价主体的地位,那些担任主导评价主体的机构或单位,总是与教师(学校、政府)有一定关联的,形式上的主导地位,并不能排除其顺着评价对象。

(2)教师(学校、政府)评价的要求。教师(学校、政府)自我评价最大的弊端是难以保证客观性与公正性。不论是教师(学校、政府)单方组织的评价还是联合其他主体进行的评价,在评价过程中,或多或少地都存在扬长抑短的现象。即使是效度、信度较高的教师(学校、政府)的评价,社会认可度也不高。所以,教师(学校、政府)评价现阶段主要是用于学校查弱查漏、补缺补差。因为教师(学校、政府)评价不一定需要将评价的结果公之于众,如果不带有功利性倾向,扎实客观的评价对促进教师(学校、政府)教育的可持续发展还是具有极大的意义的。因此对教师(学校、政府)评价的要求,主要就体现在明确评价的目的上,落实在评价结果的使用上。

倘若教师(学校、政府)评价只是为了张扬其亮点和拿得出手的东西,是为了功利性的宣传或类似的目的,这种评价就没有实质意义,至少对教师(学校、政府)的发展并无实益。家长或社会在考量学校的教育教学质量时,不能完全以教师(学校、政府)评价为依据,至少不能仅凭这种自我评价得出结论。

2.多元主体评价——学生评价

学生以评价的主体身份参与形成性评价,是评价改革的一个重点课题。

（1）学生评价的形式。学生评价分两种情况，一是学生评价学生，二是学生对教师（学校）评价。其中学生评价学生包括学生个人自评、小组互评和群体合作评价等形式。学生自评是学生个人针对自己的学习效果或过程进行的评价，小组互评和群体合作评价是多人合作评价的形式，这两种多人合作评价的主体是同一类主体，即学生。

（2）学生评价的要求。在学生自我评价中，教师应当在教学过程中有计划地培养学生自我反思的能力。教师有必要逐步培育和构建学生的有效评价行为，如及时采集个人表现的信息，记录自己的学习过程，学会进行自我监控，学会描述自己的学习行为。小组内部的合作评价是课堂形成性评价的难点。学生在课堂上是不善于进行合作评价的。但是，教师应当有计划地培养学生良好的合作评价行为。这需要一定的时间，需要在每节课上引导学生自主管理小组活动，自主实施小组评价任务，自主积累过程评价信息和实证材料。而所有这些"自主"都需要在教师的有计划的行为中进行训练。群体合作评价因参与的人员增多而难度加大，但这样的评价对学生合作能力的培养更有意义。教师在进行全班合作评价时应进行周密的规划，准备更加完备的评价工具，提供更为详细的具体指导，同时，还应做好组织工作。此类评价活动实际上与教学活动是一体的，评价活动本身就包含着教学内容。

学生对教师（学校）的评价，主要要求评价要客观。学生可以对教师的教学方法、态度、能力等方面进行忠实的评价，切忌带情绪地进行有失公允的评价。学生对教师的评价建议在高学段进行，低学段学生因认知能力所限，一般不建议对教师进行评价，即使评价，也不宜作为对课堂教学或教师业绩评定的主要参考。

3. 多元主体评价——家长评价

家长评价是学生家长单方组织或参与的评价。

（1）家长评价的两种情形。具体如下：

1）家长单方组织的评价。家长单方组织的评价是指家长作为唯一主体进行的评价。

2）家长参与的评价。家长参与的评价是指家长作为联合评价主体参与的评价。家长作为联合评价主体的时候可能与教师(学校、政府)一起进行评价,因此家长参与的评价与教师(学校、政府)参与的评价常常重合,唯一的区别只是哪方作为组织方或主导方。

(2)推行家长评价的要求。在对教师(学校、政府)教育教学质量评价中,家长评价不可缺位。缺少家长的评价,将导致教师(学校、政府)教育评价的局限性,影响培养全面发展人才目标的实现。家长的评价影响广,作用大,必须进行规范,在规范中鼓励,在鼓励中规范,以期更好地发挥家长评价的作用。

4. 多元主体评价——第三方评价

第三方评价在国外已经成为常态,美国、德国、英国和澳大利亚等国家在评价教育过程中,都不同程度地采用了第三方评价。第三方评价因其典型的独立性、客观性而广受推崇。

教师(学校、政府)教育教学的第三方评价属于典型的社会评价,从特性上看,第三方评价是独立于政府教育行政主管部门和教师(学校、政府)的外部评价。

(1)第三方评价的类型。从评价的机构看,第三方评价包括专业的教育评价机构的评价、非专业的教育评价机构的评价以及媒体评价等,又可以分为第三方自主评价和第三方受托评价两种类型。

1)第三方自主评价。第三方自主评价是指第三方机构基于研究或其他目的对教师(学校、政府)教育教学质量进行的评价,在评价过程中,是否得到教师(学校、政府)的允许和协助不影响第三方自主评价。

2)第三方受托评价。第三方受托评价是指第三方接受教师(学校、政府)教育行政主管部门或其他机构的委托对教师(学校、政府)教育教学质量进行的评价。第三方受托评价通常是通过委托合同约定委托方与受托方的权利义务,通常是有偿的。接受委托的第三方一般都是具有较强的教育评价能力、具备相应的评价资质、业务声誉良好、评价结果客观公正的机构。有时候,媒体和家长协会等组织也会接受相关机构的委托对教师(学校、政府)教育教学质量进行评价,但这类评价的效度与信度都不如专门的评价机构,所以第三方受托评价通常产生于委托方在评价工具、评价技术、评价能力、评价人员或评价时间等方面存在不足的情形。第三方受托评价是评价教师(学校、政府)教育教学质量的大趋势。

(2)推广应用第三方评价的要求

1)确保评价的客观性和公正性。第三方评价之所以备受推崇,主要的原因是其评价具有客观性和公正性。所有的评价贵在客观与公正,第三方评价因其评价主体是与评价对象、服务对象没有直接利益关系的"旁观者",具备保障评价客观、公正的身份特性。保障第三方的这种身份特性,其实就是确保第三方的独立性。

第三方的独立性是其建立社会信任和赢得支持的关键。然而在国内,独立性恰是第三方机构的致命短板,由于第三方机构总是与评价对象之间存在特殊的利益关联,或者受评价对象的干扰过大,导致很难保证独立性,评价结果也就呈现明显的倾向化。如果评价机构沦为替评价对象背书的工具,第三方评价也就失去了存在意义。

2)培育良性的评价市场。国外的第三方评价机构以民营机构居多,甚至有些国家的第三方评价机构都是民营机构。中国推广应用第三方评价先要从转变政府职能入手。在对教师(学校、政府)教育教学质量进行评价的过程中,如果评价的行政色彩浓重,评价的结果则难以做到透明和公正。培育良性的评价市场需要政府放松管控,最大限度地开放教育评价市场,给第三方评价组织更大的发展空间,从政策或资金方面大力鼓励和扶持第三方评价组织的发展壮大。鼓励民间创办公益性或营利性的评价机构,特别鼓励创办和经营民营教育评价结构。在教师(学校、政府)需要进行教育教学质量评价时,通过公开招标等方式,将评价工作委托给中标的第三方评价机构。激励第三方机构提升业务水平,提高评价质量,促进良性教育评价市场的形成。

3)充分利用第三方评价结果。相对于封闭的、自我主导性的评价方式而言,第三方的评价结果具有更强的客观性和公正性。充分有效地利用第三方机构的评价结果,实现评价结果数据与委托评价机构的教育教学或管理人员的利益关联,与政府的绩效关联,以此促进第三方评价的发展。充分发挥评价结果的导向、约束与激励功效,可以推动小学语文教学评价工作的进步,促进小学语文教育的内涵建设。

**(二)采用科学灵活的多种教学评价方法**

形成性评价关注学习过程,有利于及时揭示问题、及时反馈、及时改进教与学活动。终结性评价关注学习结果,有利于对教学活动做出总结性的结论。形成性评价和终结性评价都是必要的。应加强形成性评价,注意收集、积累能够反映学生语文学习与发展的资料,可采用成长记录袋等各种方式,记录学生的成长过程。对学生语文学习的日常表现,应以表扬、鼓励等积极的评价为主,采用激励性的评语,从正面加以引导。

要坚持定性评价和定量评价相结合,全面反映学生语文学习的状态及水平。评价方法除了纸笔测试以外,还有平时的行为观察与记录、问卷调查、面谈讨论等各种方法。语文学习具有重情感体验和感悟的特点,更应重视定性评价。学校和教师要对学生的成长记录和考试结果进行分析,评价结果的呈现方式除了等级或分数以外,还可用代表性的事实客观描述学生语文学习的进步,并提出建议。

各种评价方法都有其一定的适应性,在评价的客观性和深刻性上也各有差别,因此,评价设计要注重可行性和有效性,力戒烦琐,防止片面追求形式。

1.小学语文考试内容的改革

(1)小学语文考试内容改革的基本要求。《语文课程标准(2022 年版)》分别对识字与写字、阅读、习作、口语交际和综合性学习提出了评价的实施建议,具体指出了语文各部分的价值取向和要求。教师实施教学评价,就要先认真体悟这些实施建议所蕴含的语文教学评价理念和指导思想。

汉语拼音学习的评价,重在考查学生认读和拼读的能力,以及借助汉语拼音认读汉字、讲普通话、纠正地方音的情况。

识字的考试内容不仅包括学生的识字量,还要关注学生对识字的兴趣和自主识字的能力。

阅读的考试内容,既要关注评价学生的阅读能力,也要关注评价学生的阅读方法和阅读习惯。在考查精读内容时,要关注学生的阅读量、阅读速度、情感体验以及对创造性的理解。根据各学段的目标,具体考查学生对词句的理解、对文章的把握、对要点的概括、对内容的探究以及对文章的感受。在考查泛读内容时,重在考查对文章大意的把握程度以及从材料中捕捉重要信息的能力。

写作的考试应综合考查学生写作水平的发展状况,重视学生的写作兴趣和习惯,鼓励表达真情实感,鼓励有创意的表达。

口语交际的考试强调综合考查学生的参与意识、情意态度和表达能力。

综合性学习的考试,应着重考查学生的语文综合运用能力、探究精神与合作态度,着眼于促进学生提高语文水平的效率,并有助于他们扩大视野,更好地掌握学习语文的方法。

在考试内容的设计上,要严格依据《语文课程标准(2022 年版)》,对标准明确的在书面考试中不考查的内容,应该避免。比如,《语文课程标准(2022 年版)》只要求"能准确地拼读音节,正确书写声母、韵母和音节",而不要求默写音节,那么考试内容中就不应出现音节默写的内容。

(2)小学语文考试内容改革的基本思路,主要包括以下五个方面:

1)基础知识的考试要简而不略。"简"就是题型简简单单,内容突出重点;"不略"就是简而有度,要抓住关键。

2)口语交际能力的考试要在语言活动中进行。口语交际能力考试可以采用多种形式进行,将教师平时观察与学生自评相结合,鼓励学生与家长参与综合评定,力求真实、全面。教师可以用评语的形式对学生口语交际能力予以评价。

3)阅读能力的考试要体现整体把握与重点探索的结合。阅读能力的考试要在整体把握与重点探索的结合上下功夫。在阅读中要将整体把握思想内容与探究重点词句结合起来,防止对思想内容的浅尝辄止,防止过度发挥考试的指挥棒作用。

4)写作能力的考试要活而有度。《语文课程标准(2022 年版)》倡导自由表达,鼓励有创意的表达。写作能力的考试应贴近学生的生活和学习实际,让学生容易动笔,乐于表达,有话可说,自由表达。

5)综合性学习的考试重在参与。综合性学习的考试一般不宜采用书面形式,对综合性学习的考试应在活动中考查,考查学生参与活动的精神、参与能力和合作精神。要注意吸收来自各方面的评价意见,用评语的形式予以评价。在保护学生自尊心的基础上给予鼓励,客观地指出其不足和应努力的方向。

总体上,小学语文考试内容的改革应按照《语文课程标准(2022年版)》的学段要求,结合教材的要求,突出考查学生的语文素养。

2. 小学语文试卷结构的改革

小学语文试卷的结构基本上以"字词句基本知识、阅读、作文"的结构形式为主,除这种普遍结构外,还有"听力、阅读、作文""阅读、作文""语言积累、阅读、作文",甚至仅考"作文"等形式。各类试卷结构形式均有利弊,需要根据实际情况做出选择。

小学语文试卷结构的改革,要综合考虑如下要素:

(1)小学语文教学目标要素。语文课程评价的根本目的是促进学生学习,改善教师教学。语文课程评价应准确反映学生的学习水平和学习状况,全面落实语文课程目标。这是小学语文试卷结构改革的基本出发点。

(2)内容要素。小学语文试卷的结构要严格按照《语文课程标准(2022年版)》中"课程目标"和"评价建议"的有关条款确定。一般来说,内容要素具体包括识字与写字、阅读、写作、口语交际和综合性学习五个方面。

(3)题型要素。小学语文试卷题型得到不断创新,呈现多元化发展趋势,语文试卷中出现了填充题、图文转换题、口语交际题、仿句题等新题型。但根据小学语文学科的知识特点及测评要素的要求,试卷一般还是由选择题、填充题、表述题和作文题组成。

(4)分数要素。语文课程致力于培养学生的语文素养。语文素养是学生掌握其他课程的基础,也是学生全面发展和终身发展的基础。语文课程的多重功能决定了它在九年制义务教育阶段的重要地位。考虑到语文学科的课程性质及其重要地位,语文考试宜实行闭卷方式考试(有条件的地方可采取开卷的方式考试),其分数的设定可依据考试目标不同而有所差别,一般而言,小学语文毕业考试(会考)可设计为总分150分或120分,常规学期、学段考试则为100分。

(5)时限要素。在构建小学语文学科的考试时限要素的时候,要考虑到小学语文学科的课程性质及其重要地位、考生的身心素质和年龄特征以及《语文课程标准(2022年版)》所规定的语文学科课时量等基本因素,同时应结合试卷长度、题型要素、难度要素综合考虑。一般按学段分别设置小学语文学科考试的时间为一二年级为60分钟,三至六年级可以为90分钟。

此外,根据不同学段的目标要求,试卷结构改革中还需要考虑试题难度和试题量等要素。

### (三)综合运用各种小学语文教学评价工具

具体的教学评价工具使用的场合总是有限的,为避免单一或少数评价工具的不足,在教学评价过程中,必须综合运用各种评价工具。教师在设计选用教学评价工具之后,在教学过程中需要根据学生的年龄特点,使用激励性的语言、图片、贴(卡)片、数字、简笔画,甚至小红花、小红旗、表扬信、家长通知单(短信)等任何可用的评价工具,客观、灵活、形象地评价学生的点滴进步与发展。

### (四)构建小学语文教学全程评价机制

#### 1. 前评价机制

前评价机制一般指对教学设计与方案的评价,主要从设计与方案是否符合学生学习的原则和要求,是否以培养学生全面发展为目标,是否与教材以及学生的实际情况相适应等方面进行评价。

#### 2. 中评价机制

中评价机制一般是对教与学过程的评价。主要评价教学设计的质量和教学模式的质量。对教学设计质量评价的要点是设计是否贴近课程教育教学的实际要求,是否有利于学生习得知识。对教学模式评价的要点是模式是否突出科学性、开放性和发展性。

#### 3. 后评价机制

后评价机制其实是一种外部反馈机制,注重从家长与社会获得评价,要点是培养的学生是否具备相应的能力和素质,教师的"教"与学生的"学"是否都实现了相应的目标,以及获取家长与社会对教师教育教学质量的总体评价。

### (五)小学语文教学评价的实施建议

1. 关于识字与写字的评价

对识字的评价,要考查学生认清字形、读准字音、掌握汉字基本意义的情况,以及在具体语言环境中运用汉字的能力,借助字典、词典等工具书查检字词的能力。第一、第二学段应多关注学生主动识字的兴趣,第三、第四学段要重视考查学生独立识字的能力。

对写字的评价,要考查学生对于要求"会写"的字的掌握情况,重视书写的正确、端正、整洁,在此基础上,逐步要求书写流利。第一学段要关注学生写好基本笔画、基本结构和基本字,第二、第三学段还要关注学生的毛笔书写,第四学段还要关注学生基本行楷字的书写和对名家书法作品的临摹。义务教育各个学段的写字评价都要关注学生写字的姿势与习惯,引导学生提高书写质量。第三学段要求学生会写 2500 个字。对学生写字学习情况的评价,当以《语文课程标准(2022 年版)》附录中"义务教育语文课程常用字表"为依据。

评价要有利于激发学生识字、写字的兴趣,帮助学生养成写规范字的习惯,减少错别字。

2. 关于阅读的评价

对阅读的评价,要综合考查学生阅读过程中的感受、体验和理解,要关注学生的阅读兴趣与价值取向、阅读方法与习惯,也要关注学生的阅读面和阅读量,以及选择阅读材料的能力。重视对学生多角度、有创意阅读的评价。语文知识的学习重在运用,其概念不作为考试内容。

能用普通话正确、流利、有感情地朗读课文,是朗读评价的总要求。根据阶段目标,各学段的要求可以有所侧重。评价学生的朗读,可从语音、语调和语气等方面进行综合考查,评价"有感情地朗读",要以对内容的理解与把握为基础。

对诵读的评价,重在提高学生的诵读兴趣,增加积累,培养语感,加深体验和领悟。在不同学段,可在诵读材料的内容、范围、数量、篇幅、类型等方面逐渐增加难度。

对默读的评价,应从学生默读的方法、速度、效果和习惯等方面进行综合考查。

对精读的评价,应重点评价学生对阅读材料的综合理解能力,要重视评价学生的情感体验和创造性的理解。第一学段可侧重考查对文章内容的初步感知和对文中重要词句的理解、积累;第二学段侧重考查通过重要词句帮助理解文章,体会其表情达意的作用,以及对文章大意的把握;第三学段侧重考查对文章表达顺序和基本表达方法的了解领悟;第四学段侧重考查理清思路、概括要点、探究内容等方面的情况,以及读懂不同文体文章的能力。

对略读的评价,重在考查学生能否把握阅读材料的大意。对浏览的评价,重在考查学生能否从阅读材料中捕捉有用信息。

对文学作品阅读的评价,着重考查学生感受形象、体验情感、品味语言的水平,对学生独特的感受和体验应加以鼓励。第一学段侧重考查学生能通过朗读和想象等手段,大体感受作品的情境、节奏和韵味;第二学段侧重考查在阅读全文基础上对重要段落和语句的细致阅读,具体感受作品的形象和语言;第三、第四学段,可通过考查学生对形象、情感、语言的领悟程度,以及自己的体验,来评价学生初步鉴赏文学作品的水平。

评价学生阅读古代诗词和浅易文言文,重点考查学生的记诵积累,考查他们能否凭借注释和工具书理解诗文大意。词法、句法等方面的概念不作为考试内容。

要重视学生课外阅读的评价。应根据各学段的要求,通过小组和班级交流、学习成果展示等方式,了解学生的阅读量和阅读面,进而考查其阅读的兴趣、习惯、品位、方法和能力。

3. 关于写作的评价

对写作的评价,应按照不同学段的目标要求,综合考查学生写作水平的发展状况。第一学段主要评价学生的写作兴趣;第二学段是习作的起始阶段,要鼓励学生大胆习作;第三、第四学段要通过多种评价,促进学生具体明确、文从字顺地表达自己的见闻、体验和想法。对作文的评价须关注学生汉字书写的情况。

写作的评价,要重视学生的写作兴趣和习惯,鼓励表达真情实感,鼓励有创意的表达,引导学生热爱生活、亲近自然、关注社会。

写作材料准备过程的评价,不仅要具体考查学生占有材料的丰富性、真实性,也要考查他们获取材料的方法。要引导学生通过观察、调查、访谈、阅读等途径,运用多种方法搜集材料。

重视对作文修改的评价。要考查学生对作文内容、文字表达的修改,也要关注学生修改作文的态度、过程和方法。要引导学生通过自改和互改,取长补短,促进相互了解和合作,共同提高写作水平。

评价结果的呈现方式,根据实际需要,可以是书面的,可以是口头的;可以用等级表示,也可以用评语表示;还可以采用展示、交流等多种方式。

提倡学生在成长记录中收存有代表性的课内外作文和有价值的典型案例分析,以反映写作的实际情况和发展过程。

4. 关于口语交际的评价

对口语交际的评价,须注重提高学生对口语交际的认识及表达沟通的水平。考查口语交际水平的基本项目可以有讲述、应对、复述、转述、即席讲话、主题演讲、问题讨论等。

对口语交际的评价,应按照不同学段的要求,综合考查学生的参与意识、情意态度和表达能力。第一学段主要评价学生口语交际的态度与习惯,重在鼓励学生自信表达;第二、第三学段主要评价学生日常口语交际的基本能力,学会倾听、表达与交流;第四学段要通过多种评价方式,促进学生根据不同的对象和内容,文明地进行人际沟通和社会交往。评价宜在具体的交际情境中进行,让学生承担有实际意义的交际任务,并结合学生在日常生活和学习活动中的表现,综合考查学生真实的口语交际水平。

5. 关于综合性学习的评价

对综合性学习的评价,应着重考查学生的语文综合运用能力、探究精神与合作态度。主要着眼于学生在综合性学习过程中的表现,如是否能积极参与活动,是否能主动提出问题,还有搜集整理材料、综合运用语文知识探究问题、展示与交流学习成果等方面的情况。第一、第二学段要较多地关注学生参与语文学习活动的兴趣与态度;第三、第四学段要多关注学生在语文活动中提出问题、探究问题以及展示学习活动成果的能力。各个学段综合性学习的评价都要着眼于促进学生提高语文水平的效率,并有助于他们扩大视野,更好地掌握学习语文的方法。

评价要尊重和保护学生学习的自主性和积极性,鼓励学生运用多种方法,从不同的角度进行探究。要充分注意学生解决问题的思路和方法。对有新意的思路和表达以及有特点的展示方式,尤其要给予足够的重视。除了教师的评价之外,要多让学生开展自我评价和相互评价。

小学语文教学评价要体现语文课程目标的整体性和综合性,全面考查学生的语文素养。应注意识字与写字、阅读、写作、口语交际和综合性学习五个方面的有机联系,注意知识与能力、过程与方法、情感态度与价值观的交融、整合,避免只从知识、技能方面进行评价。

# 第七章

## 小学语文识字、写字和口语交际课程的教学设计

## 第一节　新课标视角下小学语文识字与写字课程的教学设计

### 一、小学语文识字与写字教学的意义与目标

#### （一）对识字的理解

首先，从汉字学角度来看，汉字是复合体，它是由三个基本要素组成的，即音、形、义。要对所认知的字进行了解，就需要在识字过程中分别认记音、形、义三个要素本身，特别是字形本身的结构关系，另外，还要知道音、形、义三者之间是存在一定联系的，是不可分割的。

其次，从心理学角度来看，识字指的是汉字音、形、义三个基本要素之间联系的形成过程，这个联系过程可以在三个要素的任何一方进行。当人们感知汉字的某一要素时，能够准确地再现其他两个要素：见形而知声、义；闻声而知义、形；明义而知声、形。

最后，从教学法的角度来看，识字除了要求读音、辨形、明义外，还要会写、会用。

## (二)识字与写字教学的意义

### 1.识学教学的意义

(1)有利于激发小学生识字积极性。想要进行良好阅读,学生首先要做的就是认识字,只有认识且掌握了大量的汉字,学生才可以顺利阅读和习作,反之则会出现一定的阅读障碍。一般情况下识字的过程是比较枯燥无味的。因此,教师应提前进行备课,用一些新颖的授课形式进行讲解,应培养学生学习汉字的兴趣,使学生拥有主动识字的愿望,使其更好地学习。

(2)有利于激发小学生的爱国主义情感。汉字是我国人民交流的工具,是我国民族文化的载体。其形、义、音的统一,是我国民族文化智慧的结晶,是我国民族文化的价值所在。在识字过程中,学生可以感受到中华文化的博大精深,培养学生的自尊心、自信心。

(3)是提高学生认知能力的必要条件。在识字教学过程中,教师不仅对汉字的读音进行讲解,而且要对字义进行解释。这样学生就要学会观察、比对、分析,通过联想建立音、形、义三者之间的联系。识字教学过程扩展了学生的词汇量以及知识面,进而发展了学生的认知能力。

### 2.写字教学的意义

写字是巩固识字的有效手段,其与识字的关系非常密切,它是语文基本功之一。学生能掌握学过的字,又能将其书写迅速、整洁、端正,这样不仅可以提高写作业的效率,而且对今后的学习及工作有很大的帮助。学生通过长期的写字训练,能够潜移默化地陶冶自己的情操,培养自己的艺术审美能力,进而提高自己的语文素养。

## (三)识字与写字教学的目标

### 1.识字教学的目标

新课标的总目标中指出:"认识3500个左右常用汉字。"以下内容是各学段目标。

(1)识字教学的第一学段。第一学段是指一到二年级。这一学段要求学生对学习汉字产生一定的兴趣,且有主动识字的意愿;认识常用汉字1600个左右;学会汉语拼音并学习独立习字。

(2)识字教学的第二学段。这一学段指的是三到四年级,这一学段的教学目标是学生对学习汉字有浓厚的兴趣,养成主动识字的习惯;累计认识常用汉字 2500 个;会使用字典、词典,有初步的独立识字能力。

(3)识字教学的第三学段。这一学段指的是五到六年级,这一学段的教学目标是学生有较强的独立识字能力;累计认识常用汉字 3000 个左右。

2. 写字教学的目标

新课标给予写字教学特别的重视,要求小学生要在每天的语文课中安排十分钟,进行写字练习,还要达到以下各个学段的教学目标。

(1)写字教学的第一学段。这一学段的教学目标是学生会写 800 个左右的字;初步感受汉字形体美;掌握汉字的基本笔画和常用的偏旁部首,可以按照相应的笔顺规则进行硬笔书写,不增减笔画,字的形状和部件的位置不变,结构匀称,间架适度;养成良好的写字习惯,写字姿势正确,书写规范、端正、整洁。

(2)写字教学的第二学段。这一学段指的是三到四年级,这一学段的教学目标是学生会写 2000 个左右的字;能使用硬笔熟练地书写正楷字,做到规范、端正、整洁;能用毛笔临摹正楷字帖;写字姿势正确,有良好的书写习惯。

(3)写字教学的第三学段。这一学段指的是五到六年级,这一学段的教学目标是学生会写 2500 个左右的字;硬笔书写楷书,行款整齐,力求美观,有一定的速度;能用毛笔书写楷书;写字姿势正确,有良好的书写习惯。

## 二、小学语文识字与写字教学的内容与方法设计

### (一)识字教学的内容和方法

1. 字音教学

(1)利用形声字的声旁记忆字音。有些形声字的读音,和声旁作为独体字时的读音相同或相近。教学时,教师最好先让学生读准作为声旁的独体字,再让其学形声字。例如,先教"月",再教"玥",启发学生懂得右边的"玥"表音,所以"玥"读作"yue",以后教学"钥"等字时,教师应引导学生注意它们的声母、韵母和"月"相同,只是声调不同。这样,学生通过学习一个

字,掌握了一些字,从实际中逐步了解了形声字的构字特点,学会了识字方法。由于语音的不断变化,现在人们对于很多形声字已经不能靠声旁来确定它们的读音了。因此,教师要提醒学生不要盲目地根据字的偏旁或某一部分随意读出字音。此外,字音教学还要注意强调应按普通话语音读出字音,要不断排除地方口音的干扰。

(2)要指导学生据词按义定音多音字。一些字作为不同意义的词或构词成分出现时,读音不同。多音字并不算太多,但因为它们构成不同的词时读音不同,所以要掌握多音字的读音还是有一定困难的。因此,教师需要把它们放到具体语言环境中,指导学生根据相应词的意思进行读音的确定。

例如,"一条凶猛的猎狗,正在看守着院子"中的"看"读一声"kan","一条狗看向蜻蜓"中的"看"读四声"kan"。教师应先指导学生比较两句中的"看"的音和义以后,再分别组词。读一声"kan"的可以组成"看门""看守""看护"等;读四声"kan"的可以组成"看海""看过来"等。这样,学生不但在具体语言环境中理解和掌握了"看"的读音和用法,而且能逐步摸索出多音字在读音上的一般规律。为了使学生对多音字的多种读法和用法学得活,用得准,还可以把多音字编入一句话或一段话里,让学生分辨多音字的音和义。

(3)加强同音字的归类对比。汉字有几万个,而普通话的基本音节只有400个,这就产生了大量的同音字。例如,"丰""风""疯""锋""峰""蜂"等字都读一声"feng",但是它们的字形和字义都不同,如果乱用同音字,就会出现错别字,影响表情达意。同音字有音同形异和音同形近两种类型,若用不好,就容易张冠李戴。

1)音同形异。音同形异的同音字有很多,如"单"和"丹"等。对这种同音字进行教学时,教师应注意结合该字所构成的词句来讲解,使学生在字义和字形上进行就近结组讨论和对比,并要求学生说出各字词的相应用法。

2)音同形近。音同形近的同音字也有很多,如"火"和"伙"等,对于这些字学生更容易混淆。教学这类同音字时,教师要根据形声字形旁表义、声旁表音的构字特点,以熟字带生字,分别组词理解字义,着重分析字形中不同的地方。此外,教师还可以采用组词、选字填空、编歌诀等训练形式,把同音字放到一定的语言环境中,让学生去辨别。

2. 字形教学

(1)循序渐进。教师在进行字形教学过程中,可采用由简单到复杂、循序渐进的授课方式。

1)独体字教学。在识字过程中,教师应先教学生进行所学字笔画以及笔顺的学习,要正确指导学生对所学字进行字形分析。

2)合体字教学。关于合体字教学,教师应使学生简化学习,在学生进行完笔顺笔画学习后,再将复杂结构的字进行偏旁部首的分析,利用偏旁部首来加深学生对所学字的印象。

3)字形教学。在字形教学中,教师应激发学生的联想能力,培养学生自主分析字形的能力,使其看到某个字就能联想到已经掌握的熟字,并在此基础上能够准确说出这个字的结构。

(2)重视形近字的比较。一些汉字在形体上只有细微的差别,如"口""日""目"等。随着学生识字量的增加,形近字不断出现。小学生观察事物不精细,对相似的事物难以区分。在识字和写字时,常常由于字形相近而张冠李戴,经常出现"未""末"不分,"徽""微"难辨,"折""拆"乱用,"敞""敝"混淆的现象。为了防止学生写别字,教师就必须帮助他们辨析形近字,在教学字的音、形、义的过程中,突出比较差别细微的部分。有的教师在指导学生比较形近字时,根据学生知觉选择性的规律,用彩色粉笔标出容易混淆或忽略的部分,以增强知觉的明晰性。这样有利于提高学生精细辨认和识记字形的能力。

(3)利用汉字构字规律分析、辨认和记忆字形。汉字中有象形字、会意字和形声字。象形字指的是描绘客观事物的形象,随着物体的曲线运笔的字,如"土""叶""森""口"等,教师针对这些字就可以结合看图的形式进行讲解,使学生思考这些字是怎么来的。会意字指的是将两个或两个以上相关的字组合在一起,组成具有新意义的字,如"看""明""笔"等字,教师可以运用会意字的构字规律来分析字形。形声字指的是用一个音符和一个声符组合成的新字,如"晴""睛""清"等形声字,针对这些字,教师可以启发学生分析形旁,从义辨形,指导学生根据汉字的构字规律,使用想象力与联想力对其进行学习、理解、记忆。

3. 学义教学

（1）运用直观教具帮助学生理解字义。低年级学生主要是通过具体形象来认识客观事物的。因此，直观教学就凸显出了它特有的优势。什么是直观教学方式呢？简单来说，教师在进行授课时，要把抽象概括的知识变成学生看得见、摸得着、听得到的东西，使学生有一目了然的感觉，且要让学生的感觉器官得到充分的参与实践，从而获得清晰、明确的概念。例如，很多学生都没有见过珊瑚，教师又不容易讲清楚到底什么是珊瑚，就可以让学生看实物。再如，学生虽然天天接触各种蔬菜，但对于什么叫茎、什么叫果实，并不很清楚。有一位教师在教授《菜园里》（人教版一年级上）一课时，出示画有茄子根、茎、叶、花的挂图。教师一边指导学生看图，一边让学生学习"根""茎""叶""花"，教"果实"时，则可以用投影片来演示，让学生懂得茄子花谢以后结了茄子；接着再放映出茄子剖面图，里面有种子，在学生有了感性认识的基础上，教师再指出，植物开花以后结的果子就是果实。

（2）指导学生联系生活实际理解字义。有些字词较难理解，联系学生生活实际，用具体的事例来说明，往往能取得事半功倍的效果。例如，对于"团结"这个词，教师可以举同学有困难互相帮助、有事分工合作的事例，让学生理解它的意思。对于"颠簸"一词，教师可以启发学生说一说自己在崎岖不平的道路上乘车或在大风大浪中乘船的感受。对于"筹备"一词，教师可以引导学生回忆庆祝节日或组织活动前的准备情况。在此基础上进行教学，不仅使学生更加形象生动地了解了所学词的意思，而且锻炼了学生自主思考的能力，进而培养了学生独立理解词义的能力。

（3）指导学生联系上下文理解字义。联系上下文理解字义的方法更为生动形象，教师可指导学生运用此方法进行字词的理解学习。例如，对于《翠鸟》（鲁教版三年级上）一课中的"鲜艳"这个词，教师可以这样指导学生理解：先让学生读一读描写翠鸟羽毛颜色的句子，使学生知道翠鸟头上的羽毛是橄榄色的，还有翠绿色的花纹，背上的羽毛是浅绿色的，腹部的羽毛是赤褐色的，再让学生把这几个句子连起来读一读，想一想，学生就能体会到翠鸟羽毛的颜色又鲜亮又美丽，对"鲜艳"一词也就理解了。另外，将所学字词放进文章中让学生进行理解也十分重要。例如,一年级的《小猫钓鱼》中有"又"字。如果教师直接告诉学生"又"表示重复或继续,学生不容易掌握。教师可以先让学生读读书上的句子,使学生知道猫妈妈第二次钓着一条大鱼,所以用"又"字。在学生初步懂得"又"的意思的基础上,教师可以再指导学生用这个词练习说话,例如,"树上原来有三只小鸟,后来又飞来两只小鸟。""我们班又得到一面红旗。"

(4)利用汉字构字特点进行字义教学。教师在教学象形字时,可以抓住某些象形字还保留实物形态表示意思的特点,用图画和分析字形的方法帮助学生理解字义。如教"伞"字时,可以"人字头像伞布,下面的点、撇和一横像伞骨架,中间一竖像伞把"来启发学生;教会意字"笔"时,先让学生观察一支毛笔,让学生知道笔杆是竹子做的,笔头是毛做的,竹字头下面放个"毛"字,就是"笔"字,然后启发学生说说自己平时用的还有哪些笔,这样从具体到抽象,从个别到一般,学生既掌握了"笔"的字形,又扩展了对"笔"的外延的认识。

4. 不同形式的识字教学

为了培养学生识字能力,激发学生识字兴趣,根据学生认识事物的规律、学习语文的规律和汉字本身的规律,新课标的教材中采用了多种识字形式,主要有看图识字、归类识字、随课文识字。以下是对看图识字教学进行的简要分析。

低年级学生具体形象思维比较活跃。看图识字的形式可以使要形成的概念形象化。这种识字形式生动有趣,符合儿童认识事物的规律,有利于提高识字教学效率。

简单来说,看图读拼音识字借助的是图片的魅力,以及拼音这一辅助工具。在小学语文课本中,几乎每一课都有与课文内容相符的图画,还会附上相应课程要学的生字。大多数学生所学的生字是日常生活中运用较频繁的字。教师应按照由简到繁、由易到难的顺序进行学习编排,尽可能使字与字之间,字与课文主题之间产生联系,要把识字和认识事物、识字和初步的阅读训练紧密结合起来,使学生在识字的同时复习巩固汉语拼音,让学生的语言和思维得到发展,观察能力和阅读能力得到初步的培养,为以后的学习打下基础。

在教学过程中,教师要通过指导学生看图,让学生理解短文的意思,在看图的基础上学词学句,从而把培养学生的观察能力和词句训练结合起来,把学习语文和认识事物结合起来,然后再进行识字教学,让识字与学词学句联系起来。这样在语言环境中识字,不仅能够使学生把字的音、形、义结合起来,而且能够使学生在学词学句和识字以后,加深了对短文以及个别字、词、句的理解。

**(二)写字教学的内容和方法**

1. 铅笔字部分

对于初学写字者来说,铅笔是最适合的工具,它使用起来比较方便,而且笔下不会有滑感。在写字教学过程中,教师要进行细致、科学的指导,尤其是在学生刚开始练习铅笔字书写时,教师应教给他们写字的基本知识和方法,在循序渐进地练习写字后,逐步落实写字的各项基本要求,为学生以后练习写钢笔字排除不必要的隐患。

2. 钢笔字部分

对于写字的初学者来说,铅笔是再好不过的书写工具了。学生从小学三年级开始,就应进行钢笔字练习了。钢笔和铅笔在书写方面还是存在一定区别的,但它们都属于硬笔书法。教师应对学生进行较为系统的比对说明,以及针对钢笔的运用进行详细解说。

3. 毛笔字部分

(1)教给学生正确的写字姿势和执笔方法,具体包括以下三个方面。

1)坐姿要求:在毛笔字整个书写过程中,学生应端坐于桌前;两脚自然分开,气息下沉,胸口与桌子间约一拳距离;身子要保持端正,不要左右摇晃或是懒懒地趴在桌子上;两肩要平,头部微微向前倾。

2)手指与两臂要求:两臂自然撑开,应保持放松的状态,身体肌肉不要紧绷,尤其是臂部,将全身的气力送到点画的尽处。右手食指弯曲,最好成"九"的形状。用中指第二个关节将笔杆右边外侧稳稳按住;拇指第一个关节应向外凸起,使用整个手指肚进行笔杆按压,对着食指上节,握紧笔杆;中指和食指需分开一定距离(不要太大,稍微离开既可),并在下面夹住笔杆;无名指和小拇指距离掌心不要太近,以免影响书写效果。

3)持笔距离要求:持笔距离不宜过低,在书写较小的字时,持笔约离笔头一寸;在书写中楷时,持笔要比写小字时稍高一些;在书写大楷时,持笔约离笔头两寸的距离,有时甚至还要再高一些。持笔距离要求不是固定不变的,需要根据学生书写的情况而改变,学生应灵活运用。

(2)教给学生正确的运腕和运笔方法,具体包括以下两个方面:

1)运腕。运腕是以手执笔,运用腕关节的力量来写字。对于毛笔写字来说,腕部是关键。在整个书写过程中,腕部要保持放松状态,切不可太过用力致使手腕僵硬,否则,写出来的字就会太过古板。但这里所说的放松不是指写作全程的放松,在每一笔要结束时,应适当加一些力度,这样写出来的字才更加传神。腕部应随运笔的需要,进行提按、顿挫等摆动。在写较大字的时候,腕部的幅度相对比较大一些,反之则相对小一些。

2)运笔。首先,逆锋起笔,起笔时笔锋要有拉伸感。在进行向左向右提笔时,要有欲左先右,或欲右先左的动作。在进行向上向下笔画字时,要有欲上先下,欲下先上的动作。在进行毛笔书写过程中应做到起笔藏锋。其次,回锋收笔,通常情况下,每在一个字即将收尾时,都要将其笔进行收起动作,将笔略微提起,其间小臂应保持平稳状态,最后加以笔锋回转。再次,毛笔保持正直,四面吸匀墨汁。最后,学生能做到以上三点,并且在书写时适当运用笔锋,在行笔中做到快慢轻重、行驻有节,这就算掌握了运笔的基本要领。

(3)循序渐进地提高学生写毛笔字的能力。教师指导学生写毛笔字,不但要使学生掌握正确的写字姿势、执笔和运笔的方法,而且要通过指导"摹"和"临",循序渐进地提高学生的写字能力。

1)"摹"就是摹帖,它的作用在于让学生学到范本上的笔画、结构等。摹帖包括描红和仿影。描红是指直接在印好的红色范字上,按字的笔画和结构描写的方法。描红之前,教师可以先讲讲如何起笔、行笔、收笔,使学生初步懂得运笔的方法。指导学生描红时,教师应遵循三点要求:①让学生默记所写的红色范字的形态;②让学生看看是由哪些笔画组成的,这些笔画是什么样的；③让学生按正确的笔顺进行描写。学生在描红时送笔要慢些，所写的笔画要一笔成形，努力做到红色恰好被墨汁覆盖；写出的笔画如果和范字有出入，也不要重描，在描下一个字时要注意改进。

仿影是指用半透明的纸蒙在范字上，按照在纸上显现出的字迹来写的方法。学生应注意仿影时不能写写描描，填填补补。教师除了要指导学生掌握如何起笔、行笔、收笔以外，还要启发学生动脑，思考范字的笔画安排和字的结构形态，免得学生离开了范字就不知道如何下笔。

2)"临"就是临帖。临帖是指以范字或书法名家的碑帖作为范本，让学生照着写的方法。汉字的笔画安排和布局比较难掌握，而临帖能帮助学生解决这个问题。为了便于学生掌握字的间架结构，不至于写得过大、过小或者歪斜散乱，教师一般让学生在田字格上临写。临帖之前，教师要指导学生仔细观察字的形态和点画的写法以及结构的安排，使学生做到心中有数，然后再下笔。临帖时，学生要努力做到一气呵成，不要看一笔写一笔，也不要因为写得不像，就描来描去；每临一遍后，要对照字帖研究改进，逐步做到写出的字和字帖上的范字相仿。常用的字帖有唐朝书法家柳公权的《柳体字帖》、唐朝书法家颜真卿的《颜体字帖》和唐朝书法家欧阳询的《欧体字帖》。教师可根据自己所擅长的字体和学生的实际情况选用其中一种，一经选用之后，教师应该要求学生坚持临写下去，不要随意更换字帖，否则学生不容易把字练好。

## 三、小学语文识字与写字教学应注意的地方

### （一）识字教学应注意的地方

#### 1. 掌握识字工具

掌握识字工具是十分必要的，学生可以根据汉字笔画笔顺、偏旁部首和间架结构等认识汉字、了解汉字，并在出现错误时进行及时改正。但这些并不在考试范围内，它只是起到帮助学生识字的作用。在整个教学过程中，教师应重视学生拼音能力的提升，在学生学会拼音后，可让学生运用字音工具。

### 2. 激励学生自主学习

目前,部分教师在教学过程中,只重视自己的教学任务,自己在讲台上滔滔不绝,往往忽视了学生的主体地位。教师应在起到主导作用的同时,还要带动学生积极性,在日常生活中对每个学生都进行较为仔细地观察。了解学生的性格特点、兴趣爱好等,在原有教学内容基础上,不断提出新要求。教师应勇于创新课堂授课方式,使学生由被动学习变为主动学习,树立"我要识字"的意识,在无形之中让学生从实际中感到自己的能力在不断提高,从而产生收获的喜悦感。

### 3. 注意与其他内容相结合

(1)与写字的结合,具体包括以下三个方面:

1)写字练习要及时。俗话说:"好记性不如烂笔头。"想要巩固认识的字,最重要的一步就是用手去写。学生识字后,长时间未练习书写,就很容易出现提笔忘字的情况,对所学的字形难以记起。若学生识字后及时进行书写练习,就会使视觉分析器和动觉分析器协同工作,将所学字形、字意等传递给大脑,使所学字形在头脑里留下深刻印象,从而能够被清楚记住。

2)科学、及时的复习。短暂的书写练习只会让大脑进行一段时间的记忆,小学生想要真正了解并记住所学的字,就要在读准字音、理解字义、掌握字形的基础上,进行反复的写作练习来进行巩固。由于小学生几乎每天都在学习新的字词,此外,他们还需要认识3000个左右的汉字,学会2500个左右形体复杂的汉字,并将那些音同义异或形近而音义不同的字分辨清楚,不是件容易的事,因此,为了将学生的遗忘率降至最低,教师就要重视复习工作,要赶在学生遗忘开始前进行相关复习。但不可进行一次性复习,要分类、分量进行复习,不要给学生带来负担,从而导致学生对写字产生排斥心理。在此期间,教师可以进行课堂设计,设计一些有趣的复习形式。

3)关于错别字的纠正。通常情况下,纠正错字主要是指分辨字形;纠正别字,主要是指区分字与字的意思,分解字义。首先,教师应加强正音和正字工作,总结出日常使用中频繁出现问题的字,有针对性地进行正音和正字工作。其次,教师应有针对性地进行纠错,应及时解决在教育学生的过程中遇到的问题,使学生遇到不会或是不明白的生字时勤查字典,尽量避免学生出现同类错误。

（2）与听、说、读、写的结合。识字教学过程中的听、说、读、写是相互联系的，也是人们在生活中缺一不可的。只有将识字教学过程中的听、说、读、写进行适当结合，才能达到识字的根本目标。教师教会学生识字并不算最终的结束，还应指导学生朗读课文，且使学生在朗读中要注意把每个字音读准，把字、词、句的意思整理清楚。这样学生就可以在朗读中看字、读字、听字，使学生所学的字得到良好巩固。在复述课文时，学生与教师还应注意运用学过的字词。

（3）与音、形、义的结合。对于低年级学生，语文教师应只要求其认识字，教学时的重点是解决字音，渗透字形和字义，不必分析字形；等到以后要求写这个字时，再指导学生具体观察分析字形，让学生把字写正确。

**（二）写字练习及教学应注意的地方**

1. 写字练习应注意的地方

（1）年龄问题。根据国外学者的研究，五六岁儿童的手指尚处于发育阶段，不宜进行正式的书写，正式的书写练习应从七岁开始。

（2）练字过程，具体包括以下四个方面：

1）写字练习的整个程序。学生入学后，应先练写字姿势和执笔方法，再做点线、图形练习，接着练习基本笔画，最后练写识字教学中涉及的生字。

2）用笔顺序。学生应先用硬笔练习，后用软笔练习；先用铅笔，后用钢笔，最后用圆珠笔。

3）字形的顺序。一般情况下，学生应先写独体字，当独体字写好后，再书写合体字，要时刻遵循先写简单字后写复杂字的原则。

4）本子的顺序。学生应先用"回宫格"的本子，再用"方格"的本子，后用"横字格"的本子，最后用无格的本子。

（3）橡皮的使用。学生在进行书写的时候，往往对橡皮产生依赖心理，这就会对写字的速度与质量产生直接的影响。因此，学生在书写的过程中应少用橡皮或不用橡皮。

（4）手指手腕操。由于学生年龄较小，身体各器官的发育还不是很健全，因此，在学生较长时间写字之前，教师应引导学生做手指手腕操，以提高学生的写字质量。

（5）写字品质与速度的关系。一般来说，写字品质比写字速度更重要。

（6）写字练习时间与效果的关系。需要注意的是，并不是练习得越久就越好，分散练习比集中练习效果要好。学生每天练习写字的时间以 10～15分钟为好。

2. 零字教学中应注意的地方

（1）与识字结合。写字教学的目的是使学生写好字，学会运用书面语言。要书写正确，先要发音正确，并正确理解字义。小学生通常会将易混淆的同音字、形近字写错。所以教师指导书写时，应先使学生复习字音、字义，认清字形，再动笔。虽然识字教学重在识，写字教学重在写，但写字教学不能只抓笔顺、间架结构等书写问题，也要遵循音、形、义相结合的原则。例如，学生易把"燕"和"葵"都写成草字头，针对这种情况，教师可以适当联系字义分析字形，让学生知道"燕"字和"日、月、水、火"一样是象形字，但"燕"字中的"廿"不是草，是小燕子的嘴，学生就不容易混淆了。

（2）加强示范和指导，具体包括以下两个方面：

1）学生在写字的过程中，临摹是一种比较好的方式，这就需要教师进行正确示范。但示范的前提条件是，教师首先要有一定的写字功底，要能写一手好字。所谓的写一手好字并非字写得漂亮这般简单，而要做到书写规范、正确、匀称、美观等。

2）教师除了要具有较强的写字功底外，还应具有良好的指导能力。因为教师在教学生写字过程中不可能一言不发，只写字让学生来模仿。教师在教学生写字的过程中，应对学生练习书写的字的各种结构特点，每一笔的位置和形状，每一部分的位置和特点，以及书写的要点等各方面进行详细讲解，只有加强示范和指导，才能确保写字课教学质量的不断提高。

（3）培养学生的写字姿势和写字习惯，具体包括以下两个方面：

1）培养学生正确的写字姿势。将字写好的前提条件是拥有正确的写字姿势，在写字过程中坐不正、歪头、驼背，甚至将身子趴在桌子上的姿势都会对写字造成不良影响，使字迹歪七扭八、不工整。另外，小学是一个相对特殊的阶段，这一时期学生的骨骼正处于骨化逐渐完成的过程中，还没有完全长好,相对来说比较柔软,很容易出现弯曲变形的现象。在这个时期,教师如果不将培养学生正确的写字姿势作为重点,学生在今后的学习过程中就很容易出现脊柱侧弯和眼睛近视的问题。

由此可知,培养学生正确写字姿势是至关重要的,是不容忽视的。教师要从一年级就开始指导学生运用正确姿势去写字。一般来讲,学生在写字时要注意将纸张放正,头部不要向左右歪扭,头与桌面要保持一定的距离,胸与桌子要保持一拳的距离,不要紧贴桌侧,写字时要保持认真静心的状态,拿笔时要注意手要高于笔尖一寸左右。

2)培养学生良好的写字习惯。在写字过程中,教师还应教育学生爱惜写字工具,并耐心指导学生如何进行写字工具的使用以及如何进行写字工具的保养等。当然,这不是短时间内就能形成的习惯,教师和学生都不应急于求成。

(4)注意写字时间的分配。众所周知,练字是需要时间积累的,但这并不代表一次性练习时间越久就一定能达到期望的效果。教师要对学生练字的时间进行合理安排,每次写字的数量要适度。如果一次性将写字量安排过大,不仅会造成学生疲劳,还会使学生产生一种应付心理,会使其形成写字潦草的习惯,成为今后学习过程中的一个隐患。因此,每天写字的时间可由学生自己安排,但教师要提醒他们不要平时不写,临时突击练习。

(5)指导写字,重在激励。每个学生有其各自的优点与不足,教师不应区别对待学生,也不应指责批评学生的不足,而应循序渐进地进行相应的引导,经常赞扬学生,如此一来,既可以培养学生的自信心,又可以在无形中提高了学生的学习兴趣,为以后的教学打下良好的基础。

(6)趣味练习,巩固识字。具体包括以下两个方面:

1)图画的形式。教师应以趣味性的作业激发学生学习的兴趣,可以让学生进行图画形式的练习,例如,让学生按要求涂色;先在一幅七色彩虹的画上分别写上想要授课的内容,然后让学生对其进行色彩填充;等等。

2)参照物比对的形式。教师也可以让学生进行参照物比对形式的练习。例如,教师在黑板或白板上写出“柠檬、西瓜、李子、草莓、西柚、小鸡、鸽子”,然后准备相应的图片,邀请学生将黑板或白板上所写的内容进行图片的比对,再将找出的图片分别贴到黑板或白板上,最后将这些图片进行水果和动物的分类。

相对于传统填鸭式教学,新课标所提倡的形式新颖、有趣的练习,不仅使学生在实际操作的过程中巩固识字,而且使学生能在涂涂画画、做游戏的过程中认识新事物,锻炼了学生分类思考的能力。

# 第二节 新课标视角下小学语文听说教学的教学设计

听说教学不同于书写与阅读教学,它是借助于人与人之间的有声语言与口头交流展开的。因此,听说教学是小学语文教学中的一个独特的探究领域。在整个小学语文教学中,听说教学与阅读、作文教学关系密切,相辅相成,相互作用,但又各有职责,不可替代。

## 一、小学语文听说教学的意义与目标

### (一)小学语文听说教学的意义

#### 1. 小学语文听说教学的内涵

小学语文的听说教学,是指小学生在教师的指导下,通过具体生动的交际情景、交际活动的设置和开展,从中学会用规范、流利、灵活的口头语言来表达自我、表达观点,从而达到培养学生口语表达水平及交际能力等目的的教学活动。从听说教学的构成要素来看,它既是"说—思—想—听",即以思想观点交流为内核的听说过程,又是语文教师在口语交际活动中引导小学生学会如何说话的过程。

#### 2. 小学语文听说教学的现实意义

在小学语文教学中,听说教学对小学生发展具有非常重要的意义,是小学生学会完整语言活动的必要环节。

首先,听话、说话是小学生正常生活、参与社会的需要。在人的正常交际生活中,听占45%,说占30%,读占16%,写占9%。也就是说,听话与说话是小学生日常生活中的主要活动,学会听话、说话,对小学生语言发展而言意义重大。

其次,听说的自身优势,决定了听说教学对小学生成长的重要性。听说教学具有声音媒介的优势,即表达速度快、表达效果直接、反应迅速及时等。因此,小学生学会了听说,就能够发挥出语言的大部分功能优势。

再次,在现代信息技术支持下,人的交际范围更广。利用社交媒体,人们已经能够在千里之外用口头语言进行交际、处理工作,听说的优势正在扩大,随之,小学生听说教学对其个人发展的作用也在提升。

最后,听说教学是培养学生全面语文素养的重要一环。小学生的语文素养包含的一个重要组成部分就是口语表达能力,只有小学生熟练地掌握了听说读写能力,全面完整的语文素养才会在他们身上形成。可以说,听说教学与阅读写作教学,共同构成了小学语文教学的主题。然而,在当代小学语文教学中,口语交际几乎成为小学语文教学的一块"短板",是一个被忽视的领域,期待语文教师对之予以充分重视。

**(二)小学语文听说教学的要求**

1. 规范学生的口头语言

要规范学生的口头语言,首先要训练学生说普通话。学生在入学以前,一般说的是方言。入学以后,学校和教师应要求他们学说普通话,而且在课内课外、校内校外都要坚持说普通话。教师要以身作则,用普通话讲课,用普通话与学生交谈,努力创造一种人人都说普通话的环境。学生在入学前已经能说许多话,但也存在许多语言不规范的现象,如语句不完整、重复啰唆、不必要的口头禅等,教师要注意随时纠正学生不规范的语言。

2. 提高学生的语言交流能力

语言交流能力包括了倾听能力、表达能力以及应对能力。教师应引导学生在听人说话的过程中,能够领会到对方语言中要表达的主要内容;对人说话时,要做到能够清楚地表达自己的观点,并且能够根据交际对象与场合发表自己的观点,在交流的过程中要使用普通话。

### 3.培养学生良好的语言交流习惯

在进行语言交流时讲究文明礼貌,是现代人文明素养的一个重要体现。教师在进行听说教学时,应培养学生以下良好的口语交际习惯:倾听别人说话时要认真、耐心,并且要集中注意力,边听边思考;在对人说话时要尽量使用礼貌用语,音量要适度,态度要大方;如果有不理解的地方要及时虚心向对方请教,有不同的理解时要与别人商讨。

### (三)小学语文听说教学的目标

#### 1.听说教学的总目标

新课标要求,口语交际教学要促使小学生口语交际素养达到的水平:①具有日常口语交际的基本能力;②在各种交际活动中,学会倾听、表达与交流;③初步学会文明地进行人际沟通和社会交往。

#### 2.听说教学的学段目标

在不同学段,小学生口语交际素养的培养目标是有层次性的,具体要求如下。

(1)第一学段(一至二年级)。在该学段,小学生口语交际教学要达到以下六个具体要求。

1)学说普通话,逐步养成讲普通话的习惯。

2)能认真听别人讲话,努力了解讲话的主要内容。

3)听故事、看音像作品,能复述大意和自己感兴趣的情节。

4)能较完整地讲述小故事,能简要讲述自己感兴趣的见闻。

5)与别人交谈,态度自然大方,有礼貌。

6)有表达的自信心。积极参加讨论,敢于发表自己的意见。

(2)第二学段(三至四年级)。在该学段,小学生口语交际教学的具体目标相对于上一学段有所提高,具体包括以下三个方面:

1)能用普通话与人交谈,在交谈中学会认真倾听,领会要点,并能就不理解的地方向人请教,就不同的意见与人商讨。

2)听人说话能把握主要内容,并能简要转述。

3)能清楚明白地讲述见闻,并说出自己的感受和想法。能具体生动地讲述故事。

（3）第三学段（五至六年级）。在该学段，小学生口语交际教学要达到的目标有以下六点：

1）小学生与人交流时，能尊重、理解对方。

2）乐于参与讨论，敢于发表自己的意见。

3）听他人说话认真、耐心，能抓住要点，并能简要转述。

4）表达要有条理，语气、语调适当。

5）能根据交流的对象和场合，稍作准备，作简单的发言。

6）在交际中注意语言美，抵制不文明的语言。

在小学语文口语交际教学中，语文教师只有清楚以上这些目标，并自觉践行这些目标，才可能确保小学语文口语交际教学的顺利展开，完成小学语文听说教学的目标。

## 二、小学语文听说教学的基本规律、途径与方法设计

### （一）听说能力结构的模式

通常情况下，听说能力结构有两种研究角度：第一种是从分析的角度进行研究，这种角度下的模式被称为听说能力结构的分析模式；第二种是从综合的角度进行研究，这种角度下的模式被称为听说能力结构的综合模式。

1. 听说能力结构的分析模式

听说能力结构的分析模式是将听说能力分为听和说两个环节，也就是言语表达与言语接受两个环节。

（1）听的能力结构。在口语交际过程中，听的能力是保证交际顺利进行并取得积极效果的前提和基础。听的能力结构包括以下五个方面：

1）言语的感知与记忆能力。该能力即听清语音、语调、词汇，识别细节、要点，记忆内容等的能力，从而理解话语所负载的信息。

2）言语的理解与组织能力。该能力即对听到的言语信息进行分析、综合、领会的能力，包括理解词义、句型，把握顺序排列，概括中心，猜测隐语，推断结论等的能力。

3）言语的反应与品评能力。该能力指针对对方说话的目的或意图，鉴别其观点是否正确、内容是否真实、论据是否充分的能力。

4）言语的创造能力。该能力指对所听到的材料进行组合、加工和迁移、应用的能力。听者听到的材料是零碎的，或是片面的，将这些材料进行组合、分类，使之有序，就需要听者创造性的劳动。

（2）说的能力结构。在口语交际过程中，人们运用口头语言表达思想、交流情感，说的能力结构有其特殊性和复杂性。口语交际中说的能力结构包括以下五个方面：

1）语言材料与法则的内部储存能力。该能力指对词汇、习语、语法等语言材料和法则的积累和运用的能力。

2）组织内容的能力。该能力指根据特定的语境或规定的问题，兼顾听话对象的特点，确立话题和观点的能力。

3）选择表达方式的能力。该能力指根据不同对象、不同情境选择说话方式的能力。

4）语音语速的能力。该能力指根据不同对象、不同情境调整语音与语速的能力。

5）运用体态语的能力。该能力指恰当地运用面部表情，采用合理的手势和姿态，能更有效地表情达意的能力。

2. 听说能力结构的综合模式

听说能力结构的综合模式是将口语交际看成一个动态的复合系统，将它作为一个整体加以考查和研究。口语交际能力应包括四个方面：

（1）语言能力。语言能力指对语言本身的控制与调节能力，包括语音、词汇、语法等的能力。其中语音能力是教学的重点，语音能力主要指通过语气、语调、重音、节奏、语速的变化，来表达丰富语义、情感的能力。它是准确理解和表达话语意义所需要的基本能力。

（2）社会语言能力。社会语言能力指能够依据上下文、情境、民族文化等各种语境因素，理解与运用适合不同社会场合和语境的言语，进行物境观察、心境体味、情境融入的能力。

（3）语篇能力。语篇能力指能将语言的形式与意义组织起来，在语境中运用语言,形成语感的能力。

(4)策略能力。策略能力指运用语言策略和非语言策略,应付和解决由于外在条件或其他方面能力欠缺导致的交际困难问题的能力。其中语言策略包括问题解决的策略、话语反馈反思策略、话语调整策略、指向交际目的策略等。

### 3. 其他模式

儿童的言语交际能力是一个具有层次结构的系统,它可以分为三个子系统:讲话者的能力、听话者的能力以及交际的知识和策略。这三个方面的能力又由许多子能力构成,从而形成一个倒树状的结构。

(1)讲话者的能力。讲话者的能力即儿童使用语言向听者传达信息的能力,包括言语产生能力、言语表达能力、考虑听者的能力和言语监控能力。

(2)听话者的能力。听话者的能力包括言语理解能力、言语反馈能力和密切注意讲话者交流内容的能力。

(3)交际的知识和策略。交际的知识和策略包括信息本身的知识、交际过程的知识及交际的社会文化规则的知识。

### (二)小学语文听说教学的基本规律

所谓规律,就是事物现象在发展中表现出来的一些相对稳定、重复出现的特征。在小学语文听说教学的相关理论与规律的基础上,提出以下五条听说教学规律。

### 1. 同步性规律

小学生听说交际素养的发展是在与小学生的其他语文素养的交互作用中发展起来的,与其他语文素养同步推进、协调发展,是增强小学语文听说交际教学效果的重要思路。实践也表明,将小学生听说能力培养与读写能力培养孤立起来的做法,肯定是不合适的。小学生听说交际教学的同步性规律要求语文教师必须自觉地将对小学生听说能力的培养与读写能力的培养协同起来进行。

首先,听说读写四种能力构成了小学生语文能力、语文素养的整体。一方面,听是说的基础,读是写的基础,听说是读写的基础,听说在前,读写在后;另一方面,听说读写四种能力相互制约,相互作用,相互促进,相辅相成。

正是由于听说与读写能力间的这种密切关系的存在,小学语文听说教学必须坚持与小学生读写能力的培养相协同的原则。

其次,听说能力与读写能力是完整语言学习的必需构成要素。在语文教学中,书面语言是"读写的语言",口头语言是"听说的语言",两种语言都是由这种思想贯穿起来的。口头语言是在要求学生直接的交际过程中,通过口说、耳听形成的;书面语言则要求学生必须经过专门的训练才能掌握。口头语言可以伴随手势、表情,带有很大的情境性,因而允许省略、压缩;书面语言却没有这样的条件,但是可以被修改、推敲,因而比较精确、连贯。两种语言形式间的内在关联就决定了,把听说能力与读写能力进行协同教学与培养,不仅对小学生语文素养的形成很有帮助,而且对于小学生听说能力与读写能力的提高也很有帮助。

再次,四种语言能力是在交互作用中推动小学生语文素养最终形成的,而单项的训练只会使语文教学走进死胡同。仅仅关注小学生的口语交际素养的培养,而不进行读写能力的培养,小学生的口语交际能力发展会受到制约,反过来亦是如此。只有借助于听说教学,来间接促进小学生读写能力的发展,或借助于小学生读写能力的培养,来间接促进小学生口语交际素养的提高,小学语文教学才可能走上一条良性互动的道路。

最后,听话教学与说话教学必须用一体化的方式来推进。将听话教学与说话教学同步进行,舍弃将二者分解开来的教学方法,是教师培养小学生听说能力的基本理念。听话教学与说话教学一体化的物质基础,就是小学生的日常交际生活与课堂上师生展开的现场语言交流活动。将听话教学与说话教学统一起来,使之相互促进、相得益彰,走向共赢的口语交际教学新路子,是当代小学语文听说教学改革与发展的重要趋势。

2. 生活性规律

小学生的听说素养在生活中生成,在生活中发展,这已成为人们的共识。在日常生活中,人们需要语言,才会产生口语交际活动;在学校生活中,师生间的口语交际是语文教学活动的主载体,是培养小学生听说素养的重要资源。因此,将听说教学与学生生活结合起来,把日常生活引入小学生的口语交际时空,把口语交际引入小学生的日常生活之中,使之相互促进,是小学语文听说教学持续发展的内在规律。

首先,在生活中学习口语表达,是小学语文听说教学的基本要求。无论是自然的日常生活,还是师生在课堂中创设的日常生活,都是师生间开展听说教学的重要舞台与练习基地。在听说教学中,教师要引导小学生走出课本的狭小空间,要坚持把小学生的生活与口语交际活动联系起来,使之融为一体的教学原则。

其次,听说教学与小学生生活之间的联系是多样化的。一方面,听说教学源自生活的需要,小学生学习口语交际,学习语文,是为了满足生活的需要;另一方面,小学语文听说教学的最终目的是让学生学会顺畅地用口语来表达对美好生活的向往,表达自己对他人生活的关心。因此,听说教学必须以小学生生活为内容,口语表达与接收只是其形式。厘清听说教学与日常生活间的关系,是小学听说教学设计科学化的基础。

再次,日常生活与听说教学间的关联点是主题会话,这是一种基于日常生活的听说教学的基本形式。在主题会话中,听说的内容源自生活,生活的表达途径是口语,听说是小学生交流生活、表达生活、分享生活感受的重要途径。借助主题会话来体现、践行口语交际教学的生活化理念,是小学语文教师应该采取的一种常规听说教学方式。

最后,在生活情境中鼓励学生使用口语进行表达,是将听说教学自然化的一般手段。任何口语交际活动都在特定语境中发生,都需要生活情境的支持。在特定生活情境中,小学生会产生交际的热切愿望,教师只要对之因势利导,听说教学就会自然而然的产生。

3. 主体性规律

听说教学的效能如何取决于小学生参与听说教学的水平与程度。因此,将小学生视为听说教学的主体,使其在教学活动中自主发言、自由参与,是小学听说教学的客观要求。听说教学的主体性规律,就是让小学生成为口语交际练习、口语学习活动的主体的规律,它要求在小学听说教学中落实小学生主体地位。

首先,听说教学中要坚持"三个尊重"的原则。在此,"三个尊重"是指听说教学的设计与安排要最大化尊重小学生的口语表达愿望,最大化尊重小学生的口语表达方式,最大化尊重小学生的口语表达风格。"尊重"的实质是承认、落实小学生作为听说教学的主体身份,为激发小学生在听说教学中的创造力提供条件。

其次,要借助小学生的语言习得本能展开听说教学。每个小学生都有获得语言的天赋,都有自我表现的欲望,听说教学要产生实效,就必须尊重他们的这些天赋与欲望。进而言之,听说教学的推动力是小学生学习口语的热情,引导这种热情的释放方向,是教师主导口语教学的方式。听说教学的目的之一是让小学生习得规范、礼貌、理性的口语表达方式,诱导小学生放弃口语表达中的那些不妥、不文明、不优美的表达。逐步达到听说教学的目的,是教师掌控听说教学的切入点。总之,没有小学生的主体性参与,听说教学就可能"悬浮"于学生经验与需要之上,导致听说教学的低效或失效。

最后,听说教学的主要任务是给小学生提供丰富的口语交际环境与交流素材。听说教学需要丰富的生活素材、课程资源与表达范例,为小学生提供这些素材、范例,做好小学生口语交际练习的服务者,是小学语文教师在听说教学中扮演的主要角色。

### 4. 顺序性规律

小学语文听说教学只有基于小学生的语言、认知、思维等的发展顺序,才能够走在小学生口语自然发展之前,对小学生语言发展产生自觉、积极的促进功能,产生听说教学的实效。小学生语言、认知、思维等的发展顺序,就决定了小学语文听说教学的内在顺序。

首先,小学阶段是学生口语发展最为迅速的一个时期,是对他们进行口语训练的关键期,需要小学语文教师给予特殊关照与培养。在这一发展阶段,小学生非常渴望得到来自教师的口语指导,而且,这一指导往往能够对他们的口语发展产生事半功倍的效能。抓住小学生口语发展的快速期进行施教,是小学语文听说教学的科学性所在。

其次,小学语文听说教学具有阶段性,教师在不同学段理应对学生提出不同的要求。

最后,口语教学的阶段性需要序列化的教学方案设计。基于上述阶段性要求,小学语文听说教学的安排应该按照循序渐进、梯次推进的思路来设计。尤其是在不同阶段,听说教学要突出针对小学生的训练重点,结合教学重点来安排小学生听说教学活动,大力促进小学生听说教学的进程与方案,更加符合小学生心理与语言发展的内在顺序。

5.情境性规律

听说教学的情境性规律要求语文教师要在教学情境中进行听说教学,尽量利用仿真或真实的交际情境来刺激小学生的口语交际愿望,提高他们的口语交际素养。

首先,在小学语文听说教学中,师生间的口语交际活动,是在交际情境中发生的,脱离交际情境的口语交际教学是费力的,而且很容易引发小学生的口语理解困难,阻碍他们口语交际素养的生成。

其次,听说教学的实质是在语言情境中,师生之间展开双向交流互动。在交际情境中,教师与学生围绕某一话题展开讨论,各自阐明自己的观点、抒发自己的情感,展开双向交流与互动,并借助口语的形式将之表达出来,这就是听说教学的真实写照。尽管外在交际情境始终是以"隐身"的方式存在于听说教学中,但是这种情境对小学生口语交际中理解的形成产生至关重要的影响。

再次,小学语文听说教学的三大工作内容就是创设语言情境、利用语言情境、控制语言情境。相对而言,具体的口语交际活动是由小学生自己去发起并进行的。在创设语言交际情境中激发小学生的交流欲望,在利用语言交际情境中促进小学生的口语理解,在控制语言交际情境中控制讨论的方向,这正是小学语文听说教学与听说情境相依相生的关键所在。

最后,小学语文听说教学的直接目的是让小学生说出合乎真实情境的妥当话语。说话不仅要符合语法,符合表达意图,符合伦理规范,而且要符合特定的语言交际情境。在什么地方说什么话,怎么说话,说到什么程度,这是对小学生口语表达艺术的全面考验。总之,语言交际情境是完整的听说教学必须考虑的一个重要因素。

### (三)小学语文听说教学的途径

#### 1.日常口语交际活动

日常口语交际活动是对小学生开展听说教学的基本途径,是能够有效提高小学生口语交际素养的一条教学途径。日常口语交际时刻在小学生的身边或身上发生,学校日常口语交际活动就是小学生锻炼口语交际能力的常规途径。进而言之,在一切学校教育教学活动中,都贯穿着针对小学生的听说教学活动,时时处处存在着听说教学的契机。在学校日常生活中,规范小学生的日常语言,为小学生口语交际素养的提高创造条件,是语文教师利用日常口语交际服务于听说教学的有效出路。

#### 2.口语交际课

口语交际课是语文教师自觉培养小学生口语交际素养的重要平台。在口语交际课中,提高学生的口语交际水平,是学校教学活动的优势。不同于日常口语交际活动,口语交际课的开展要体现小学生课外口语交际活动,尤其是日常口语交际活动的示范性与辐射性,带动小学生口语交际素养的整体提升。小学口语交际课的主要功能有激发小学生自觉锻炼口语交际能力的意识与愿望,为学生提供一个口语交际活动的典范,为小学生口语交际素养的提高发挥专业引领职能。在课堂中开展听说教学的方式是多样化的,如复述法、问答法、主题演讲法、课堂讨论法等。

#### 3.课外语文活动

课外语文活动是小学语文听说教学的辅助途径,是最具活力的一条教学途径。小学生的课外语文活动对小学生口语交际素养的培养发挥着特殊功能。小学课外语文活动的形式是多样化的,如故事会活动、集体集会活动、文艺活动等。在各种课外语文活动中,只要坚持弘扬小学生主体性的精神,鼓励他们主动参与口语练习,听说教学的效能就很容易体现。

#### 4.各科教学活动

实际上,各科教学活动也是锻炼小学生听说能力的重要途径。其他各科教学都是提高学生口语素养的平台,所以在这些课堂中,教师要让学生积极主动地锻炼自己的口语交际能力。在各科教学活动中,语文都是口语交际教学的契机,只要教师善加利用,小学生就能够在课堂中迅速得到口语交际能力的锻炼,有效提高小学生口语交际素养。

5.情境的创设与开发

语文学科具有相当广泛的包容性与开放性,这使得课堂之外的活动都可以成为口语交际的内容,例如,交际内容可以是"多彩的春天""家乡的物产""家庭生活"等。从语言学上讲,话语发生的场合、空间环境,往往包含着与话语有关的潜在信息,课堂教学这种特殊的环境却造成了某些信息的缺失。于是,解决交际空间的特定性与交际内容的丰富性所形成的矛盾,便成为一堂口语交际课成功的关键。事实上,很多教师口语交际教学的探索已经表明:在更大程度上使学生跳出自己所置身的课堂环境,自然地进入作为目标活动的口语交际情境之中,可以有效地解决上述矛盾。使学生跳出自己所置身的课堂环境,自然地进入作为目标活动的口语交际情境之中,有赖于情境的创设与开发。这种创设与开发则要求尽可能考虑儿童的心理因素,避免因为与儿童心理需要的错位而导致的交际无效。

**(四)小学语文听说教学中的口语交际方法设计**

1.口语交际与汉语拼音教学

学生在入学后首先接触的语文学习内容就是汉语拼音,汉语拼音是我们用来学习文字的最有效工具,其作用是非常重要的。儿童入学后,他们需要经历从以游戏为主的活动到以学习为主的活动的重大转变,所以当他们首先接触到拼音时,会感觉到拼音十分抽象以及乏味。由于刚入学的儿童还不识字,所以他们学习拼音的过程需要以口语作为媒介。教师要让刚刚入学的儿童顺利地学习语文的第一关,就必须要把握好六七岁儿童的心理特点,依据他们的心理特点进行拼音教学。

2.口语交际与写作

学生入学后,口头语言和书面语言要协调发展。在学习语文和其他科目的过程中,学生口头语言所使用的词汇逐渐增多,句式逐渐丰富,书面语言中的词汇量和句式也就会水涨船高。要使学生口头语言和书面语言协调发展,教师首先做的是指导学生不断地、有目的地对现有的口头语言进行加工、改造。低年级学生的书面语言还不熟练,教师需充分利用"练说"来指导他们写话。中、高年级学生在有针对性的"练说"之后,也会提高写作能力。

说与写组合的训练,各个年级均可安排,常用的方式有五种:①说后抄写。学生练说后,教师将学生说的话语写在黑板上,让他们抄下来,这就是最初步的写话练习。②说后写话。练说后,教师指导学生把话写下来,怎么说就怎么写。③先重点练说后写作。中、高年级学生在写前如有困难,教师便可指导他们有重点地说,然后再写。④口头作文后练习书面作文。⑤按照书面提纲进行练说。这就是先写后说的形式。当学生口头表达的内容较多时,教师可指导学生先列出书面提纲,使讲述有条理。

说与写组合的方式多用于中、高年级的阅读课、作文课和低年级的说话课。在训练中,教师要引导学生理清思路,学说通顺连贯的话。如果练说的话较多,写下来还有困难时,写的要求可放低一些,教师有时可指导学生只写其中的某一部分或主要内容即可。教师还要根据儿童说、写的反馈信息,切实进行评析,提高学生说、写组合训练的效率。

3. 口语交际与阅读

在小学语文的教材中,每一篇课文都蕴含丰富的知识。教师可以在课堂上尽可能多创造环节与机会,让学生们进行口语交际,可以交流在本节课堂上学到的知识,也可以表达一下自己的感悟与体验。教师可以在他们进行交际的过程中,引导他们做到言之有物、言之有序,提高他们的口语交际能力。

4. 口语交际与综合性学习

口语交际教学具有独立性,不一定要与综合性学习结合起来,但综合性学习可以为口语交际提供丰富的内容、真实的情境,使口语交际更容易实现真实性和交互性。

语文综合性学习可以催生各种口语交际类型的形成,如果有意识地加以利用,能够提高口语交际的效率和质量。综合性学习中的口语交际从不同的角度可以分为不同的类型。从交际主体的需要看,可以分为被动交际和主动交际;从交际的对象看,可以分为同伴交际和社会交际;从交际行为的产生看,可以分为预设交际和随机交际。语文综合性学习对口语交际的建设性意义在于促进学生主动交际、社会交际、随机交际的行为发生,之所以说这些具有建设性意义,是因为它们与学生的内在需要相联系。无意识口语交际的综合性学习,客观上也会产生许多交际行为,而教师如果有意识地将综合性学习与口语交际结合起来,则会发现综合性学习具有形成各种交际点的可能性。这也就是说,语文综合性学习与口语交际是有机融合的,教师在开展综合性学习活动时应有"乘机"进行口语交际的意识,使探究活动与口语交际相得益彰。

## 三、小学语文听说教学应注意的地方

### (一)逐步提高学生的听说能力

小学阶段的口语交际训练要准确地把握起点和要求,教师应在学龄前儿童已有听说能力的基础上逐步提高要求,防止出现起点和要求定得过高或过低的倾向。

在实际教学中,常见的现象是一年级学生口语交际的起点和要求偏低,有的教师将听说的要求等同于读写的要求,也从练习说一个词,练习说一句完整的话开始。其实,听说训练的起点和读写训练的起点是不一样的。对刚入学的小学生来说,他们之前几乎没有接触过书面语言,读和写基本上才刚刚起步,而他们已经有了好几年听和说方面的实践,已经掌握了许多词汇和句子,已经具有一定的听、说能力。显然,如果一年级学生的口语交际训练像读和写的训练那样,从词和句的训练开始,要求就偏低,不利于促进学生口语能力的发展。正是根据这样的思想,新课标对低年级口语交际的要求是"能认真听别人讲话,努力了解讲话的主要内容。听故事、看音像作品,能复述大意和自己感兴趣的情节。能较完整地讲述小故事,能简要讲述自己感兴趣的见闻。与别人交谈,态度自然大方,有礼貌。有表达的自信心。积极参加讨论,对感兴趣的话题发表自己的意见"。要使学生了解别人说话内容,教师就需要训练学生既要把每句话听清楚,又要把每句话联系起来想一想,看看说的是什么内容;要使学生完整地讲述小故事,教师就需要训练学生既要把每句话说清楚,又要能将一句一句连起来。这样的训练要求比较切合低年级孩子语言发展的实际。

## （二）营造民主氛围

小学语文听说教学展开的前提是学生想说、敢说，其次才是会说、善说。因此，营造一定的口语交际氛围，是诱发小学生口语交际愿望的必需条件。

第一，只有营造和谐、民主的教学氛围，学生才敢在训练中大胆地说话，获得锻炼的机会，他们口语交际的能力与水平才能得到提高。相比较而言，在相对专制的教学氛围中，小学生怕说、不敢说，课堂最终必然沦为教师的"一言堂"，小学生会失去许多口语交际的锻炼机会。

第二，要持续保持相对宽松、民主、踊跃发言的教学氛围，语文教师对小学生说话中出错的现象要宽容，鼓励学生大胆地说并勇敢地纠正，达成预定的锻炼目标。

第三，教师要帮助小学生看到说话给自己生活带来的正向变化与积极影响，增强他们参与口语交际练习的勇气与信心。

## （三）教会学生学会倾听

听说教学不仅要教会小学生会说、善说，而且要教会他们会听、善听。善于倾听，既是一个人的美德，又是一个人准确把握对方说话信息与主旨，构建顺畅口语交流活动的条件。

第一，倾听是小学生学会听和说的起点，是语文教师必须进行专门训练的一个语言项目。在各种口语交际场景中，语文教师一定要善启善导，促使小学生在倾听他人对话中掌握一些基本的倾听技巧与倾听方式，不断提高学生倾听的能力，使之形成善于倾听的美德。

第二，在口语交际活动中，教师要善于利用激励，如表扬、欣赏等手段引发学生倾听兴趣，强化小学生的倾听兴趣与欲望，促使其做一个善于倾听的好学生。

第三，在日常口语交际中，有许多倾听的方法值得借鉴，如边听边想法、听后思考法、主线捕捉法等，这些方法是保证小学生在倾听中既掌握对方谈话中的表面意义，又掌握对方谈话中意欲表达的言外之意，最终达到对对方谈话全面、深入、到位的理解。

第四，教师应利用口语交际教学引导小学生掌握基本的倾听程式，这需要借助一般训练程式进行。首先，教师应引导学生抓住别人说话的主题。其次，在学生大致听懂的基础上，引导学生能够说出、复述别人说话的要点。再次，培养学生听出别人说话的缺点与问题的能力。最后，引导学生批判性地听话，做一个有创造性、善质疑的倾听者。

### (四)教学生把话说清楚

引导小学生把话说清楚，既是小学语文听说教学的基本要求，也是开展小学语文听说教学时遵循的一条基本要领。为此，语文教师应该从以下四个方面努力。

第一，尽可能在仿真交际情境中引导小学生说话。这种情境能够引发学生听、说、思、感等多种感官参与说话活动，使学生捕捉全面的语言信息，给学生的说话提供立体、全方位的锻炼机会。

第二，创设情境，让学生学会创造性地说话。创设情境是在口语交际课堂教学中常用的一种教学途径，是教师掌握口语交际教学主动权的必需方式。在人为创设的生活场景中，语文教师既可以自主开展生活化练习，突破真实生活情境的限制，又可以引导学生借助情境的辅助功能，把话说清楚。

第三，教师要经常组织有趣的课外活动，让学生在活动中说话。开展语文课外活动，把说话活动向课外延伸，是提高说话教学效果的有效途径。语文教师应该积极创造条件，为小学生开展语文课外活动提供便利，以增加小学生口语练习的机会。

第四，利用媒体课件和影视短片来帮助学生学会生活。这是相对现代化的口语交际教学途径，需要语文教师在实践中大胆采用、积极改进，充分发挥多媒体设备对小学语文听说教学的积极效能。

### (五)结合各种语文教学活动与环节

小学语文教学是一个有机体，无论是阅读教学、作文教学，还是识字教学、综合实践活动，它们都是小学生开展听说教学的重要途径。小学语文教师要善于在各种教学场合，开展直接或间接的听说教学活动，增加学生听说教学的机会。

第一，教师要主动在汉语拼音教学中培养学生听说能力。例如，教师在遵循听说教学先行的原则下，自觉增加师生间的听说教学活动，让小学生在识字之前,先学会用口语交际途径来进行拼音写作、拼音会话练习,培养小学生听说能力。

第二,在识字教学中培养学生听说素养。语文教师可以让小学生针对生字展开对话练习,可以引导他们利用生字进行口头造句、口头说话,使听说教学有机地融入识字教学中。

第三,在阅读教学中培养学生听说素养,这是语文教学整体性特点的内在要求。人的阅读能力与听说能力应该是同步发展的,小学生阅读能力的提升、阅读量的扩充,自然有助于小学生说出更加丰富多彩、富于变化的话语,而听说能力的增强,又能够提高小学生阅读的能力,阅读教学只有与听说教学得以同步推进、科学结合,才可能促使小学生的听说素养与阅读素养都得到充分发展。

第四,在写话和习作教学中培养学生听说素养。写话与习作教学是小学语文听说教学的延伸,而小学生写话能力与作文能力的增强,势必会反过来增强小学生的听说能力。在习作教学中,语文教师要善于适当插入听说教学环节,以促使小学生的这两种能力协同发展、相互推动。

第五,在综合性学习中培养小学生的听说素养。综合性学习是一种相对开放、联系生活实际的新课程形态,需要语文教师给予充分关注。小学生对综合性学习充满向往,他们的参与热情较高,语文教师如果能够将之灵活地整合进听说教学系统中来,小学生的听说素养将会获得一个更为有利的发展平台。在综合性学习中,语文教师可以采用辩论、演讲、朗诵、调查汇报、生活经验交流等形式,促进小学生听说能力的发展,甚至可以通过开展课前"小演讲""新闻报道"等活动,来提高小学语文听说教学的实效,提高小学生对听说教学活动的热情。

### (六)采用灵活多变的教学形式

在日常语文教学活动中,语文教师可以采取灵活多样的形式来提高小学生的听说素养。

第一,举行看图说话表演赛、故事大王比赛等,激活学生的思维,激发学生的说话兴趣,锻炼学生的听话能力。

第二,在看图说话教学中,配以科学的学法引导,促使学生变得乐说、会说、善说,乐听、会听、善听。

第三,口语训练形式尽可能多样化,如"看—说—写""听—说—写""读—说—写""画—说—写""做—说—写"等,均可采用。

第四,为学生提供听说活动的典型范例或典型素材,让学生在观察、理解、模仿中学会科学地听、科学地说,学会使用关联词说出较为复杂的话,促使他们的说话方式更趋科学化。

第五,在听说活动中巧用点拨、评价,以保持小学生持续的说话热情。一方面,在点拨学生的说话方式、表达技巧中,能够体现出教师在听说教学中的重要性,有助于构建良性的师生关系;另一方面,在点拨学生的说话不当时,还可以提高小学生的说话艺术与表达能力。因此,善于点拨,辅助小学生学会说话,是教师开展听说教学的一项基本功。

# 第一节　新课标视角下小学语文阅读课程的教学设计

阅读教学是语文教学的中心环节,也是培养学生阅读和鉴赏水平的重要环节。探究提高阅读教学质量的教学设计,有利于提高小学语文教学的质量。

## 一、小学语文阅读教学的意义与目标

### (一)阅读教学的新视角——主线教学

1. 主线教学概述

每门学科都有特定的问题和视角,"学习语言文字运用"是语文教学的"独当之任",它理应成为语文课程的特定视角,指引语文课程发展的方向。只有以"学习语言文字运用"为视角展开语文教学,训练学生正确理解和运用语言的能力,语文核心目标才会突显并得以强化。一旦偏离"学习语言文字运用"这条主线,就会引发教学目标不明、内容不准、思路不清等问题。因此,语文教师应善于"博观约取,以约驭博",准确把握教学活动的"主线",借助"主线"的导引,让核心教学目标清晰起来,让教学内容聚拢起来,让教学重点突出起来,让学习思路简明起来,并以"主线"思维关注语文的知识生成,关注学生的言语活动,关注学生的思维发展,关注学生的情感、态度与价值观。

基于上述思考,语文课程应以"学习语言文字运用"为主线,以"提高学生人文素养"为副线,以主线为核心建构语文课程脉络,力求明明白白教语文,清清爽爽学语文。于是,"主线教学"应运而生,人们希望它能够给语文课改注入一种新的思维,提供一种新的视角,打开一扇新的窗户。

**2.小学语文阅读主线教学的内涵**

(1)阅读。现代社会,阅读作为一种智力技能,已成为许多人不可缺少的一种生存手段和生活方式。"阅读"一词在《现代汉语词典》的解释是"看(书报等)并领会其内容",这种解释普遍适用于各种阅读方式。

新课标再次强调了阅读的重要性,阅读是人们通过语言文字认识世界,是人们获取信息和获得审美体验、发展思维的重要途径。同时,新课标还着重说明了学生的阅读实践不能让教师来完成,应当让学生主动去阅读,在阅读过程中亲自感悟、积极思考并体验,在情感的获取过程中有更深层次的理解,享受审美情趣。主线教学关注的是教学层面的阅读,因此,可以将阅读界定为读者对文本意义的整体把握,使文本主要信息不断再生、整合、聚焦、扩展和丰富,凭借已有经验对文本核心价值进行重构的过程。

(2)阅读教学。阅读教学是语文教学的一个子系统,是语文教学的组成部分和中心环节,同时又是相对独立的整体。

阅读教学至少包含三个要素:一是对话的主人——学生;二是对话的组织者——教师;三是有一定目的指向的对话资源——文本。

在教师与文本、教师与学生、学生与文本、学生与学生相互的对话过程中,阅读教学的第一要义是学生与文本的对话,是学生自主建构文本意义的过程,是把静态的文字符号还原为鲜活生命的过程,更是一种学习方式、一种思维方式的个性化建构过程。可见,学生与文本的对话在阅读教学中最为重要,是阅读教学的主要对话,是师生对话、生生对话的基础。而师生对话是阅读教学的次要对话,其作用是帮助学生将意义建构、情感体验、问题质疑等交融起来,提升学生自读、自悟、自得的质量。师生对话中渗透着许多阅读策略,学生在教师的引领下自主建构文本价值的同时,也在自主建构一种新的阅读方法。

（3）小学语文阅读主线教学。小学语文阅读主线教学是指以先进的语文课程理念和阅读教学思想为指导，有效吸纳其他的教学经验，从重构教学内容和优化教学结构出发，对阅读教学现状进行反思、调适和提升，从而优化阅读教学的过程。小学语文阅读的主线教学主要依靠文本自身特色、学生的实际情况和教师所教授的重点，按照所勾勒的教学重点进行重组，从上到下依次展现，对教学重点进行统一的贯彻和融合，从而构建起学生和教师之间、编者与文本之间的一座桥梁。

## （二）小学语文阅读教学的意义和目标

### 1. 阅读教学的意义

阅读教学是语文教学的基本环节，是形成学生语文能力的重要基础，是母语教育的主要载体。阅读教学在小学语文的课堂上占用比例最高，耗费时间最长；阅读教学所达到的效果如何、能否在设定的时间内完成教学任务等，在很大程度上都关系着语文教学的好坏，在小学语文的教学课程中具有极大意义。

（1）阅读教学能培养学生的语文能力。

1）培养阅读能力。学生阅读能力的培养是阅读教学的基本任务。学生通过日常的训练，掌握阅读技巧，实现有目标、有规律的阅读，为培养必备的阅读能力打下基础。

2）提高识字能力。阅读教学是识字的重要途径。学生在阅读课文中可以认识新的字词，复习学过的字词，扩充自己的词汇量，丰富心中已经建立的词语资源库，在与人交往的过程中熟练应用并接收新的词语应用技巧。

3）磨炼口语交际能力。教师在训练学生阅读能力时，通过说话、倾听等交流可以逐渐提高学生的口语交际能力。在阅读教学中，学生应认真倾听老师的讲解、描述和分析，在交际和辩论中，学生还应该先尝试自己提出问题，再进行讨论和回答，提高自身的口语交际能力。

4）提高语言表达能力。阅读是写作的前提，阅读教学不仅可以让学生学会如何使用规范化的语言，而且能够培养学生理解和正确使用语言文字的能力。在阅读教学中，学生可以学习如何更新自身词汇量，学习词语的结合与重组、遣词造句、布局谋篇的方法;在阅读过程中,学生了解作者的生活状态,想象作者生活中的琐碎,从而提高认识和表达能力。

(2)阅读教学能丰富学生的精神世界

1)开阔视野。阅读教材涉及面甚广,包括自然科学、社会科学等学科的知识。小学语文的课文具有极强的包容性,在内容上也极富趣味,对于学生丰富情感、开阔视野有着非常重要的作用。

2)涵养品格。语文教材中的许多课文都蕴含着作者一定的思想感情,都会对读者多多少少产生一定的影响,并会对学生产生人文教育功能。语文教材中除了一般课文,也存在着很多科学性、说理性文章,这些文章的存在能够帮助学生初步形成科学的世界观和方法论,而大部分的文学名篇,能指引学生树立正确的"三观"。

3)陶冶情操。语文教材的课文,涵盖了自然界、艺术界等各个领域的美好。阅读教学活动是充溢着情感的活动,因而容易引起学生情感上的交流,使他们从课文的语言上,句子的结构中,充分感受阅读的魅力。

2. 阅读教学的目标

(1)小学语文阅读教学总目标。新课标中规定的小学语文阅读教学总目标为,"具有独立阅读的能力,学会运用多种阅读方法,有较为丰富的积累和良好的语感,注重情感体验,发展感受和理解的能力。能阅读日常的书报杂志,能初步鉴赏文学作品,丰富自己的精神世界"。

(2)小学语文阅读阶段目标。新课标中将小学课程目标分为三个学段,分别提出了每个学段的任务,充分发挥语文课程的整体性和阶段性,使各个学段之间互相有联系,最终全面实现总目标。

相对于总目标,各学段目标的梯度、层次及有关表述更为清晰,可以增加课程目标的适切性和教学实施的可操作性。就阅读而言,根据学段目标可知,除正确、流利、有感情地朗读贯穿每个学段的教学目标外,第一学段注重阅读的乐趣,第二学段注重略读和默读,第三学段则注重一定速度的阅读和浏览。这三个学段的侧重点显示了阅读阶段目标的层次性,如果紧扣本学段有关阅读的阶段目标,就能准确定位当前阅读教学的阶段性任务,合理满足学生阶段性发展需求。

如果教师对每个学段的教学目标了然于胸,注重教学目标的整体性和计划性,尊重本课特点,兼顾单元重点和年级要求,制定每课时教学目标时就会有所侧重,准确定位当下的任务,进而循序渐进地展开教学活动。

(3)小学语文主线阅读教学的目标。主要包括以下四个方面。

1)实现阅读教学语境化。将教学活动置于某个语境之中,促使学生的言语实践演化为内通外联的意义链,形成灵动的统一体是阅读教学语境化的基本含义。学生的言语实践应被置于整体语境之中,这一基本规律在主线教学中是通过整体把握视点体现的。整体把握视点在教学活动中断续穿插、适时聚焦各个教学点,可以将整体把握视点所体现的语意投射于各个教学点,使各个点的教学折射出整体把握视点的语意,促使整个教学活动处于整体把握视点所体现的语境之下。

创设和运用整体把握视点,就是为了帮助学生在对话中寻找整体语境,稳定言语实践的语境,使学生的言语实践拥有相同的依托和共同的目标趋势,让学生在整体把握视点所体现的语意中知文意、得文言、悟文神、习文法,同时,提醒学生遣词造句时应注意语境,这样才会准确得当,恰如其分。

2)实现阅读教学结构化。阅读教学结构化是指教学内容在整体把握视点的穿针引线下,由散到聚,由点成线,促使教学内容有序呈现,形成一定的结构,外显教学点之间的聚合关系,内引学生的学习向深度推进,促使学生在学习过程中发现各个教学点的关联,生成线索化的认知结构。

结构是功能的基础,什么样的结构决定了什么样的功能。任何事物都是由一些要素按照特有的结构组合而成的,优化要素的结构就能提高整体功能。因此,教师应关注教学内容的确定性,关注教学内容的层次、关系、结构等,关注教学活动的整体框架,尽可能地减少阅读教学的随意性、盲目性、模糊性。

另外,教师还应利用教学内容的关联性,增强教学内容的连续性,使学生有条不紊地自读自悟,建立句子之间、段落之间的结构关系,感受教学活动的连贯性,体悟教学点之间的逻辑,在彼此交融中,形成结构化的语文知识模块,以整体把握文本。

3)实现阅读教学简约化。阅读教学简约化是指教学活动要重点突出,主次分明,层次清晰,结构清爽,进而促使教学目标简明,内容简要,过程简化,环节简洁。

主线教学力求按照文本主要的言语形式和人文意蕴采取重其所重、轻其所轻的策略,大胆取舍文本内容,以最简单的方法呈现给学生,有的放矢地将相关资源活化为学习资源,引导学生围绕文本核心教学价值展开针对性的品读,集中精力解决一两个主要问题,实现一课一品,课课有得,为学生简单、轻松地学习创造条件。

可见,主线教学凭借整体把握视点,突出主干,理清主从,消枝去叶,剪裁提炼,化繁为简,融通相关教学资源,可以促使纷繁的教学内容简单明了,复杂的教学过程简约明晰,多样的教学方法简便易行,进而将文本核心教学价值突显出来,促使学生凝神聚思,聚焦重点,品读体悟。

4)实现阅读教学感性化。阅读教学感性化是指文本核心教学价值被显性化为某些可见、可闻、可感的表象或意象,增强学生的感受力,帮助学生直接走进文本,直观对话文本。主线教学侧重从形象入手,致力于将体现文本核心教学价值的文本内容转化为可感的资源模块,将意蕴深刻的语句置于具体的整体把握视点之中,这有利于学生生成相应表象,还原文本的语境。

主线教学在整体把握视点的引领下,省略中间的讲解、分析、推断等环节,引导学生直接接触语言文字,这有利于调动学生的相关表象,强化学生新旧图式的同化或顺应。主线教学注重运用换位感受、比照参读、想象体验等直觉思维,将学生的言语实践置于诗意之中,让直觉感知贯穿于教学,促使文本核心教学价值生成表象外显出来,这有利于学生生动、形象地体悟文本主旨,习得言语形式。

## 二、小学语文阅读教学的过程设计

### (一)找准阅读的重点教学目标

要找准阅读的重点目标,应该首先了解教学目标的性质,阅读教学目标是隐藏在课文里的,需要仔细地阅读和寻找。例如,小学数学、思想品德等这些课程每节课的教学目的都十分明确,但语文教材的呈现方式是课文,课文并不会告诉教师它的教学目标,这让很多教师都会产生误解。

1. 从新课标的学段中找准目标

语文教学的基本宗旨源于新课标,新课标中的学段目标,不仅是新课标的核心内容之一,也对阅读教学提出了一系列具体要求,成为教师教授课文的基本依据。

语文教师不明确学段目标的原因是没有找到正确的引导方向。语文教师总是一味地用观摩课的态度去导课、评课,基本很少用年段目标去指导、评价,因此,导致了教学目标严重缺失。

教师在教课文的过程中,要分学段明确阅读教学目标,寻找侧重点,最终实现对教材的整体设计。

2. 从教材编排意图中发现

任何语文教材的编写都有依据。比如,人民教育出版社出版的(以下简称"人教版")高段教材都存在隐性的教学要求。因此,语文教师应认真阅读教材,仔细揣摩并发现教材的编排意图,并从中寻找阅读重点目标。

3. 从课文特点中揣摩

要想确定一篇课文的重点教学目标,教师不仅要关注学段目标和教材编排意图,而且要观察并思考揣摩课文有何特殊之处。

4. 结合学生实际

教学需要因人而异,所以学生的实际语文学习状况也成了确定教学重点目标不可缺少的因素。例如,班上的学生语文能力较强,教师就可以把教学要求调高;反之,可以适当降低。

**(二)围绕重点设计教学主线**

1. 根据目标设计教学

教师在教授任何一篇课文的过程中都要进行反复揣摩,找准重点目标,培养学生的语文能力。教好一篇课文的前提是准确地确定重点目标。针对一个课时,教师应只确定一个重点目标,并兼顾一般目标。

等目标确立好后,教师应保持教学主线和重点的一致性,避免脱节的发生并开始围绕重点设计教学主线。教学主线也是教学的基本方面,一个课时的教学过程中一般会有3~5个基本环节,这些环节的构成应该有其特殊性和高效性,并尽可能围绕一个重点目标展开。

要紧抓教学主线,教师可指导学生从课文的重点词语入手,从而实现对文章内容的掌握;也可以在掌握过程中理清脉络,学会寻找文章的蛛丝马迹;还要时刻在阅读中仔细思考,增强动手能力。这一过程是学生自我成长的过程,虽然实现过程中可能有困难,但最终效果是非常可观的。

2. 采用科学有效的教学方法

(1)举一反三。举一反三是设计教学主线的常用方法。这一方法经常出现在童话课文中,教师可指导学生自己学习并归纳总结,也可以培养学生联系上下文的能力,让学生自己领悟其中深意。

(2)以新联旧。众所周知,很多课文都具有相似性。随着年龄的增长,学生接触的课文不断增加,进入高年级后,更会学习到很多相似类型的文章。一旦出现这种情况,教师可以帮助学生学会联系曾经学过的同类课文,从而让学生加深对文章共同点的认识。例如,联系《草船借箭》《鲁本的秘密》这类有悬念设置的课文,通过新旧的结合,使学生快速掌握悬念设置方法。这样的例子在小学课文中尤其多,学生只要对每类文章都掌握一点,那么对后续的学习有很大帮助。

(3)逐步升级。这是一种由简单到困难的设计过程。在低年级的教学过程中可以先进行阅读朗诵的课程,教师要循序渐进地引导学生,要求学生做到正确、流利并且有感情地朗读。等到学生的年级再高一点,教师提出的要求可以增加难度,例如可以让学生在阅读之前就对文中不理解的地方提出疑问。这样一来,通过巧妙地提出疑问与解答的过程,能够培养学生敢于质疑的精神。

(4)读中学写。教课文的方法并不是只有阅读、发问和讨论,动手写也是非常关键的。学生在阅读过程中,碰到重要的字词句要时刻拿笔记下来,这样可以增强记忆能力,这种做法非常重要。因此,教师在教学主线中,可以尽量弱化学生的发问和讨论,重视读与写。

3. 加强情感价值观的引导

教师要以语文能力的培养作为教学主线进行研究,不摒弃各类价值观和任何情绪上的引导,并且还要把这种引导当作自己的责任。语文能力的培养除了语言文字方面,还包括情感、态度与价值观等方面。脱离了人文内涵,语言文字也变得索然无味。因此,在教学时,教师要自觉地展开这方面的引导,力求做到在讲求实效的基础上也要适度、合理地进行情感价值观方面的教育。

### (三)注重课堂的有效性

#### 1. 教学环境的有效创造

(1)以学生为中心。教育环境的构成是学校进行教学活动的先决条件。如果把教师和学生比喻成舞台上的演员,那么教学环境就是展示他们风采的舞台。在以学生为中心的课堂中,好的教学环境的建立为学生提供了良好的氛围,也为教师之后的教学提供了选择和灵感。学校环境也应将各种有趣的互动提供给学生,并在此基础上满足学生的其他需求,使其更好地融入学习。

(2)有机构成学习环境。要想构成好的学习环境离不开具体场景的建立、师生之间的团结合作与和谐的沟通过程。

1)具体场景的建立。在学生的学习过程中,构建具体场景能够帮助学生更容易理解所学内容,是构成良好学习环境的重中之重。

2)师生之间的团结合作。团结不仅发生在工作伙伴之间,教师和学生以及学生相互之间也要讲求团结合作。只有合作才能确保学生学习过程的顺利展开,才能使学生获得对世界丰富的认知。相互间的团结合作应当贯穿于学习过程的始终,这也对之后的学习有着重要意义。

3)和谐的沟通过程。团结合作最离不开的就是和谐的沟通过程,只有良好的沟通才能促进学生的发展。沟通的过程是循序渐进的,作为最基本的方式,和谐的沟通能帮助沟通双方打开新世界的大门,并在整个群体内实现资源共享。

#### 2. 处理好整体与部分的关系

教科书中的一篇篇课文,都是以一个个整体存在的,而文学作品更是充满生机的有机体。对语言的整体把握是指对语言的形式、内容、文字符号及其蕴含的事物、现象、行为、思想、感情、观点乃至方法的整体联系性把握,最终落实到对语文知识和语文能力的综合运用上,教师要能独立地去解决在协调阅读和语文关系中所遇到的实际问题,完成并实现最终任务和目的。整体把握的大概意思就是把握认识事物等在课文中建立起的语言环境,了解作者想要真实表达的情绪。如果只在课文的修辞、句式上下功夫,就达不到整体把握的目的了。

教师不应把课堂当讲堂,进行琐碎的字、词、句的分析,而应该紧抓课文的整体性,把握好课文中出现的整体目标,使学生全面接触课文、理解课文。

## 三、基于言语内容的小学语文阅读教学设计

### (一)言语内容教学的意义

文本的言语内容就是指"在具体的言语活动中,言语与言语环境结合在一起而产生的意义",即文本的内容以及所传达的思想、情感、意志等。理解课文内容、领悟思想感情是阅读教学的重要方面,这个方面回答的是"是什么"和"为什么"的问题。"是什么"指的是文章内容,包括所记叙的人物、事件以及故事情节;"为什么"指的是隐藏在这些人、事、物背后的思想,是文章的灵魂,也就是文章的中心思想。

基于言语内容的阅读教学对丰富学生知识经验,发展学生思维,陶冶学生情感,提高学生思想认识有重要意义,基于言语内容的小学语文阅读教学的意义,具体包括以下四个方面。

1)扩展学生的视野。小学语文教材内容丰富,涉及自然科学、社会科学等学科知识,因而在语文课上,对文章内容的学习能开拓学生的视野,增长学生的知识。

2)发展学生获取信息的能力。阅读最为基本的功能就是帮助读者获取信息,获得间接经验,尤其是在信息高速发展的时代,阅读更加成为每一个公民必备的基本素质。小学语文课程通过对学生理解词句、提取信息、概括内容等能力的培养,发展学生获取信息的能力。

3)训练学生的思维能力。语言和思维有着密不可分的联系,离开思维,语言就成为一堆没有任何意义的抽象符号或音节;离开语言,思维也就

失去了传递和交流的可能。因而,学生对文本言语内容的阅读也是了解作者思路,学习作者思维,发展判断、推理等逻辑思维能力的过程。

4)培养正确的情感态度、价值观。这一目标无疑需要学生通过对文章内容的深入探究,对作者情感的细致体察,以及对作品主题和社会现实的联系思考来实现。

**(二)基于言语内容的阅读教学措施**

基于言语内容的阅读教学在某种意义上来说,其选文在题材方面应是学生可以理解但又不是很熟悉的。如果学生非常熟悉文本的题材,那么不需要教学,学生就能理解和感悟其内容和主题。为此,这类阅读教学重在引导学生对文本进行阅读理解和感悟,使学生经历从语言文字入手,到理解文章内容,再到探究文章主题的复杂过程。这类阅读教学具体的教学措施如下。

1. 概括段意

概括段意实质上是将全文归纳成简单的写作提纲,段意是作者写作提纲的再现。从这个提纲可以清楚地了解作者谋篇布局的方法及作者的思路,为进一步总结全文的主要内容及中心思想奠定了基础。善于概括段意,就能抓住文章的要领。

明确概括段意的标准是掌握概括段意方法的前提。正确概括段意应符合三条标准:一要围绕中心,抓住重点。每篇文章都是围绕中心组材的,每一段都是为中心服务的。段意必须围绕中心,抓住重点。二要语言简练。概括必须精要,如果十分烦琐,它就不能被称为概括。三要注意段意间的内在联系,段意既然是全篇文章的写作提纲,每段段意就应是全文链条上的一环,段间是相互关联的,表现在能从段意间看出各部分的内在联系。同时,在表达形式上,概括的角度应一致,句式、句子长短应尽可能相近,读起来给人以脉络清晰的感觉。教师可以指导学生掌握以下三个概括段意的方法。

(1)从自然段关系入手概括段意。结构段是由自然段组成的,从自然段关系入手,学生易接受、易掌握。此法分为三步:概括自然段大意;分析自然段间关系;概括段意。依照自然段间的不同关系,学生应灵活、巧妙、正确地概括段意。

自然段若独立成段,段意就是自然段段意;自然段间是总分关系,段意应落在总述的内容上;自然段间是并列关系,概括段意时应将并列的几个内容都概括进去;自然段间是因果关系,一般把结果作为段意的重点;自然段间是顺承关系,概括段意时应按事情发展线索,抓主要内容。这里要提醒学生,通观全篇是前提,概括前要通读全篇,了解梗概后再从自然关系入手概括。

(2)从段篇关系入手概括段意。这种概括段意的方法要求抓住每段与全文主要意思紧密相关的内容来进行概括。运用此法的基础是全篇要读懂、每段要读懂。概括的关键是做到两个"准":一是对全文主要内容要抓得"准",二是对每段中与全文主要内容紧密相关的内容要抓得"准"。

(3)从全文结构线索入手概括段意。不同结构的文章有不同的线索,概括这些文章的段意时也表现出各自的特点。

1)概括按事情发展顺序组织材料的文章的段意。这类文章是按事情发展组材的,其段意须体现事情的全过程及各个发展阶段。事情是由人做的,所以还要在段意中突出人物的表现。概括每段段意应抓住三个要点,即在什么情况下,是谁,干什么(怎么样)。

2)概括按时间先后顺序组织材料的文章的段意。这类文章可以叙事记人,也有写景的。既然按时间先后分段,段意就要突出时间的阶段性和连续性。

3)概括按空间位置变化组织材料的文章的段意。采用这种结构的多是游记、写景、参观一类文章。既然结构线索是空间位置的变化,段意就要突出地点的转换,概括时应具有以下要点,即谁,在什么地方,看到什么样的景物(或参观什么地方)。

4)概括按总分关系组织材料的文章的段意。概括这类文章段意比较容易,只要紧紧围绕总述的内容分别概括每段的段意就行了,关键是理清文章的脉络,找准文章的线索。文章的线索既可以作为分段的依据,又可作为概括段意的前提。由此可见,分段与概括段意两方面的训练应是相互联系的。

2.归纳文章主要内容的方法

概括文章的主要内容是小学高年级的阅读重点训练项目,是阅读能力的重要体现,也是理解文章的重要标志之一。学生抓住了主要内容,就可以简要地理解文章主旨,为进一步总结中心思想打下基础。在已经进入信息时代的今天,人们需要接收的信息多且杂,善于抓住主要内容,是速读的重要方法。

归纳文章的主要内容,需要明确三点:一是要从整体出发,着眼于全篇,不能以次要充当主要,以局部代替整体;二是要从内容角度出发,归纳的应是文章的内容,主要内容与中心思想虽有联系,但不是一码事,前者指的是作者写的是什么,后者则主要回答作者为什么写;三是既然是归纳,语言要简明扼要,应是对全文的浓缩。

在引导学生明确归纳文章主要内容概念的基础上,学生重点应该学习的是怎样归纳主要内容,具体的归纳方法如下:

(1)段意勾连法。学生在理解课文时一般都要经历先整体再部分,最后回归整体的过程。段意勾连法首先要求学生做的是给课文分段,大概读懂每段表达的意思后,再来概括课文的整体内容,借助小段分析整篇。学生要学会详略得当,语句通顺。

(2)词语连接法。课文的总体是由字、词、句的连接构成的,先在文章中寻找合适线索的重点字词,再加以串联,那么课文的主要内容也就显现出来了。

(3)问题综合法。归纳文章主要内容还可以从问题着眼,先自提问题,再联系文章回答,由此综合出文章主要内容。

(4)文题扩展法。题目是文章的"眼睛"。某些文章的题目直接点出了主要内容。只要联系文章,将文题加以扩展,就能归纳出文章的主要内容。文题扩展法比运用以上三种方法归纳主要内容,语言要准确。

3.总结中心思想的方法

总结文章中心思想是阅读一直以来的重点和难点,它首先要求学生能分清中心思想和主要内容。中心思想指的是作者通过主要内容想表达的观点。中心思想和主要内容最大的区别就是,中心思想注重为什么,主要内容注重是什么。所以,教师在引导学生搞清什么是中心思想以后,还要教给他们总结中心思想的方法,这样学生才能形成阅读能力。总结中心思想的具体方法如下：

（1）分析题目，总结中心思想。有时文章的题目往往揭示了重要观点，是对整体内容的高度概括。

（2）分析开头与结尾，总结中心思想。有的文章开头就合盘托出了中心思想。

（3）分析文章的写作手法，总结中心思想。有些文章常常运用抒情议论的写作手法抒发情感，只要稍做研究便能发现其所要表达的中心思想。

（4）分析重点词、句、段，总结中心思想。文章的中心思想就是通过重点词、句、段集中表现出来的，从重点词、句、段分析就能总结出中心思想。

（5）分析文章中人物的言行和心理，总结中心思想。阅读以写人为主的文章时，学生应注意分析人物言行和心理，抽取人物的性格特征，就能正确地把握中心思想。

## 四、基于言语形式的小学语文阅读教学设计

### （一）文本言语形式的内涵

言语形式是指言语活动的方式，是将语言内容和语言形式与言语活动中所出现的语境因素结合起来，并用语境因素进行转化和加工的过程。文章体裁、修辞手法、结构层次、音韵节奏、标点符号等都是言语形式的主要表现形式。

文本的言语形式是一个内涵十分广泛的概念。在实际的阅读过程中，只要与"怎样写"有关的因素都可以被看作文本的言语形式。

#### 1. 文章体裁

文章的体裁，一般简称文体，是作者根据表达的需要来选择的。不同的体裁对同样的写作对象会产生截然不同的表达效果。记叙文着重叙述事件的起因、经过、结果，说明文则说明事物的性质和特征，诗歌则通过含蓄的、富有韵律的语言表达某种思想感情。

中国现行的小学语文教材已经按照不同实际，编入了各类体裁的文章。但不同文体的文章在教学重点和学法上各有差异。

2.选材与结构

选材与结构是指文章具体写哪些事物,按什么顺序来写以及各部分的详略安排,等等。在阅读教学中,教师应引导学生对独具匠心的文章布局进行揣摩,一方面帮助学生把握作者的写作意图,深化学生对文章内容和主题的理解;另一方面让学生学习谋篇布局的多种方式及其表达效果,鼓励他们在自己的写作中尝试运用。

3.修辞手法

尽管小学阶段的教学目标不要求学生完全掌握常用的修辞手法,但修辞手法的学习对学生阅读理解和表达能力的训练有重要作用。小学的阅读教学重在指导学生通过诵读或对比体会常用修辞手法的表达效果。

4.用字遣词

写文章讲究反复推敲,教师应引导学生阅读语言形式精巧的文章也应当着眼于每一处细节,有时一字之差便可以体现作者遣词造句的精妙。

**(二)侧重言语形式的阅读教学措施**

言语形式的教学包括感知、对比、尝试运用等环节。教师要按照文本的特点,将文本中的特定言语形式通过朗读和书写等方式,引起学生关注,使其深入体会其特点和效果。

1.理解词语

理解词语在读懂文章中起着关键性作用,是阅读能力的体现。理解词语的方法有以下四种。

(1)勤用词典法。字典、词典或网络搜索是独立阅读的好帮手,学生在阅读过程中,看到解释不了的词语要经常查阅。

(2)结合上下文法。当词语在文章中使用时,有其特定语境。词意与语境密切相关,结合上下文进行分析就能够更好地理解词意。教师要教学生碰到不懂的词,会根据上下文琢磨它的意思。有的词语的原意在课文中发生了变化,仅靠查工具书是不能解决问题的,必须联系上下文去理解。

(3)解释观察法。有时,一些词语已经概括了某个事物或场景的特点,在这种情况下,教师要教会学生通过观察、图解等方式,将与概括相关的内容勾画出来,这样就能顺利读懂词语的意思了。

(4)词语替换法。中国语言博大精深,反义词、近义词更是数不胜数,想要准确地理解词意,可以在理解的过程中进行同义词替换,替换后词语的意思就显现出来了。

2.理解句子

鉴于课文句子的不同特点,应采取不同的方法。教师通常可教给学生以下五种方法。

(1)图示展现法。课文中的某些句子描述的是事物、场景、状态,具有形象性,同时又往往与学生生活较远。教师要使学生理解这类句子可以教会学生图示展现法,使学生边读边看插图,或边读边画示意图。

(2)词语突破法。句不离词,破词能解句。只要明确关键词语的含义,学生也就能理解句了。词语突破法的具体操作步骤要分三步:①在第一次阅读中就要抓住关键词语;②深度挖掘关键词语在文中的意思;③结合以上内容,理解全句的意思。

(3)上挂下联法。句不离文,学生必须紧密联系上下文才能掌握有些句子的句意。这就需要用上挂下联法,把句子放到全文中去思考。

(4)成分扩缩法。课文中常有一些长句,这些长句的特点往往是句子的附加成分较多。要使学生理解这类句子,教师可教学生先缩句,抓句子的主干,使句子由长变短,再扩句添枝叶,逐步恢复句子原状,句意也就显现出来了,这就是“成分扩缩法”。

(5)转变句式法。课文中存在的很多句子都添加了华丽的辞藻,运用了恰当的修辞手法,这可能会影响学生对句式的直接理解。教师可以指导学生先将文章的原句进行一定程度的改写再去比较。

3.掌握分段的方法

分段是把文章分成意义上比较完整、相对独立但又与全文有联系的单位的过程。这个单位不是指自然段,而是意义段。给文章分段要理清课文的结构,掌握文章各部分之间的内在联系,犹如透过皮肉看到骨架一般,是深入理解课文的过程。要使学生学会给课文分段的技能,就应从以下两个方面努力。

（1）教学生掌握文章的结构规律。文章的结构有其自身的规律，学生掌握了规律，分段才能建立在科学的基础上，学生才能提高分段的准确性。要掌握分段直接相关的结构规律，应做到以下两点。

1）掌握分段的依据。学生可以按一定标准将一篇文章划分为几个部分。这个标准就可作为分段的依据。学生明确了分段依据，分段的准确性会大大提高。由于文章的结构不同，分段的依据也有所不同。学生可以将文章按时间顺序、事情发展顺序、不同内容、空间位置转换和材料的逻辑关系等进行分段。

学生在确定分段依据时可以采取三种方法：一是抓贯穿全文的线索。有些文章似乎存在着几种分段依据，也可以说有几条线索，出现大线索套小线索的现象，遇到这种情况，教师应引导学生抓住贯穿全篇的那条线索，并将之作为分段的依据。二是抓符合作者思路的线索。有些课文存在几条贯穿全文的线索，遇到这种情况，教师应引导学生抓符合作者思路的线索，并将之作为分段依据。三是具体问题具体分析。遇到有特殊线索的文章，教师应引导学生认真阅读，具体问题具体分析，千万不要拿常见的分段依据硬套。

2）注意分段的标志。分段的依据揭示了文章段落间的内在联系，这种内在联系往往从字里行间显露出来，这就是段落的标志。学生如果掌握了它，就可提高分段的质量和速度。常见的分段标志有时间词语，地点词语，总起、总结句段，过渡句、过渡段，小标题、空行。需要注意的是，凡以总结上文为主的过渡自然段应归上段，凡以引起下文为主的过渡自然段归下段。

总之，明确依据、找出标志都是为了掌握文章的结构规律。依据是文章的内在联系，标志则是依据的外在表现。明确依据是分段的关键，找出标志只是分段的辅助手段。教师要提醒学生注意，决不要拿到一篇文章，粗浅感知后便忙于找标志分段，而忽略了确定分段依据。在实际运用时，学生应先明确依据，后找标志，二者又均以读懂课文为基础。

（2）教学生分段的正确步骤。学生分段的过程是较复杂的思维过程。要想使学生分好段，教师除了要教学生掌握文章的结构规律外，还要使其按合理的步骤分段。

1)通读全文,读懂内容,确定依据。分段属于篇章训练,缺乏对全篇的了解,就很难做到准确分段。因此,教师要教会学生首先从全文入手,初步了解全文的主要内容,找出分段的依据。这是分段的前提。

2)细读小段,理解内容,找出标志。学生有了通读全文的基础,就要按照确定的分段细读课文,明白每小段的意思,并从段落间的连接中找出分段的标志,这样就为分清起止做好了准备。这一步是分段的重点步骤。

3)精读全文,按依据分起止。依据确定的标准,参考发现的标志,分析各自然段内容间的区别和联系,从而分清各段的起止,这是分段的关键步骤。要分准起止,也需要有正确的方法,常见的有两种。一是自然段归并法。这种方法从自然段着眼,将相邻的意思相同的小段合并为一段。二是提取中心段法。这种方法从全文主要内容着手,首先通读全文,找出线索,抓住主要内容和叙述主要内容的中心段,再分析其他部分,分段即可迎刃而解。

以上的分段步骤实质上体现了这样两个过程:从阅读文章的角度看,是由整体到部分再回到整体的过程,前两步为基础,后一步为关键;从思维的角度看,先是对全文做综合思考,再对小段进行精细分析,最后对全篇综合分析,划分出段落,这是一个综合—分析—综合的过程。

# 第二节　新课标视角下小学语文写作课程的教学设计

写作课程在语文教育中具有举足轻重的作用和意义,小学语文写作教育是写作教育的基础阶段,老师应予以充分的重视。

# 一、小学语文写作教学的意义与目标

## （一）小学语文写作教学的意义

小学语文写作教学是小学语文教学的重要组成部分，它对于学生的语文能力和素质教育具有重要意义。

首先，写作教学能够在一定程度上促进学生书面表达能力的提高。每个人在生活、学习和工作中都需要书面表达能力和口头表达能力。相比于口头表达，书面表达更加简洁、严密、准确。培养学生的书面表达能力是写作教学的目标和任务。这种能力也将伴随学生终生，使其不断受益。

其次，写作教学有利于学生健康个性的养成和发展。写作是表情达意的工具。具有自我教育的功能。要表达热爱生活的情感，就要留心观察事物的变化，敏锐地发现美的事物，留心观察生活，用心体验生活，感受生活中的美，把自己对生活观察所得的"情""意"，用文字表达出来。什么该写，什么不能写，需要学生用审美能力进行判断。这种判断过程是学生的自我发现，能够表现学生的健康个性。所以，写作教学是培养学生健康个性的重要途径。

最后，写作教学是培养学生创造思维、培育创造力的重要途径。写作教学培养学生写作能力，而写作能力需要以思维训练作为支撑。思维是想象和观察的基础，这种思维训练主要训练学生的创造性思维。使学生多角度、多方式进行思考、探索问题，得出新的见解，这就培育了学生的创造力。因此写作教学也是培育学生创造力的重要途径。

## （二）小学语文写作教学的目标

### 1. 写作教学的总目标

"能具体明确、文从字顺地表述自己的意思。能根据日常生活的需要，运用常见的表达方式写作，发展书面语言运用能力。"是新课标提出来的语文写作总目标。

总目标十分简明地阐述了小学阶段写作教学的最基本要求。与以往的小学语文教学大纲相比，新课标在总目标要求上有所降低，定位更加准确。

首先,总目标符合小学生作文起步的学段特点。总目标将一二年级作文定位为"写话",将三到六年级作文定位为"习作",名称的不同,意在突出小学写作教学的基础性及小学作文起步训练的特点。其次,总目标突出了最基本的写作能力要求,即在写作内容方面要求做到"具体明确",在文字表达方面要求做到"文从字顺",在表达技巧方面应根据表达需要运用"常见"的表达方式来写作。这样的表述向执教者明确说明了小学阶段是学生练习写作的起步阶段,不要对这一阶段的学生写作过分苛求。最后,总目标对作文要求的降低还有利于在初始阶段减轻学生对作文的惧怕心理,减少教师教学时的精神羁绊。

2. 写作教学的阶段目标

(1)第一学段目标。新课标中第一学段目标特别突出了小学生积极情感态度的培养,提出要让学生"对写话有兴趣"。尽管这只是低年级写作教学的隐性教学目标,但应该看到这关系到未来作文教学的成败和作文教学的成效。在对"写话"活动的认识上,新课标特别强调写的内容应主要围绕学生自己的观察和体悟、情感和感想,这样的要求有利于减少作文的神秘感,使学生自然而然地学习写作。

(2)第二、第三学段目标。与第一学段写作教学目标相比,第二、第三学段写作教学目标不同于第一学段,它在第一学段的写作目标上有所提高,主要体现在以下五个方面。

1)要求提高对写作活动的认识。从要求学生明白写作就是"写自己想说的话""写出自己对周围事物的认识和感想"到"懂得写作是为了自我表达和与人交流"。这样的要求使学生写作的主动性更强,使学生更加积极自觉地投入写作活动中。

2)提高了作文素材搜集方面的要求。从第二学段的"留心周围事物"到第三学段的"养成留心观察周围事物的习惯,有意识地丰富自己的见闻,珍视个人的独特感受,积累写作素材",可见新课标对学生搜集、储存素材等写作能力和习惯培养的高度重视。

3)对小学生写作能力的要求逐步提高。新课标第一学段写作目标对学生写话要求较低,仅要求学生能将学到的词语加以使用。第二学段写作目标希望学生达到的标准是能写下自己的见闻、感受和想象,写清楚自己觉得新奇有趣的或印象最深、最受感动的内容,并且可以使用简短的书信便条与人书面交际。第三学段的写作目标则是要求学生能够写出内容具体、感情真实的作文,在作文中根据需要进行分段表述并能够进行读书笔记和常见应用文写作。该学段的写作目标一方面提出了写作文体方面的要求,另一方面提出了写作技能方面的要求。不仅如此,在第二、第三学段,新课标对写作的数量和速度分别提出了十分明确的要求,要求中、高年级的学生"课内写作每学年 16 次左右",要求高年级学生"40 分钟能完成不少于 400 字的写作",这些都体现出写作要求的提高。

4)修改写作能力与习惯的要求有所提高。新课标对学生修改作文能力和习惯的培养十分重视。第二学段的写作目标强调学生"学习修改写作中有明显错误的词句",学习正确使用冒号、引号等标点符号,第三学段的写作目标则进一步要求学生能够修改作文,语句要通顺,书写要规范整洁。

5)提倡在写作过程中学生间的交流、合作与分享。由第一学段运用日常积累的词语写自己的话到第二学段与他人分享自己的作品和写作过程中的快乐,再到第三学段"主动与他人交换修改",三个学段写作目标的不同突出了学生写作过程中相互合作对写作行为的激励作用,突出了写作过程中学生学习方式的根本转变。

## 二、小学语文写作教学的过程设计

### (一)写作指导

写作指导对学生写好作文具有重要意义。学生处于学习写作的阶段,写作时会存在很多困难,教师通过恰当的指导,可以使学生明确作文的目的,即为什么写;可以使学生获得作文的材料,即写什么;可以使学生找到完篇的方法,即了解怎样写;可以使学生增强写作的信心,激发写作热情。

写作指导的要求:首先,教师既要做内容上的指导,又要做形式上的指导。内容上的指导是教给学生如何确定题旨,选取材料;形式上的指导则是帮助学生确立结构,选择表现方法,锤炼语言。其次,教师既要做普遍指导,又要做个别指导。普遍指导是解决全班学生的共性问题,个别指导则是解决不同学生的个性问题。再次,教师既要集中指导,又要分散指导。集中指导是指作文教学课上的指导,分散指导则是指在平时阅读教学、口语交际、综合性学习和课外活动中对学生写作方面的指导。最后,教师既要对学生作文进行指导,又要引导学生积极主动地进行创造。教师指导要适度、精要、得法,不要越俎代庖,束缚学生的创造性,要让学生的聪明才智得到充分发挥。

作文指导的一般步骤:第一步,布置写作任务,交代训练目的和要求,激发写作热情;第二步,复习相关写作知识或提供范文;第三步,启发谈话,打开学生思路。

**(二)写作批改**

1. 教师批改方法

在写作批改过程中,教师要检查写作的效果,通过作文与学生交流,了解学生的表达能力和思想内容,为学生提供指导和支持,从而为学生发展指明方向。因此,对于学生的写作,教师批改是必不可少的。一般的写作教学按照教师指导、学生写作、教师批改、教师评讲的顺序进行。

(1)特定批改法。新课标要求教师要联系课文和学生实际对学生某一方面写作技巧进行有意识的训练。

(2)分组批改法。学生完成写作后,教师将学生分成小组,按小组详细批改学生作文。

(3)部分批改法。在批改学生作文时,教师选择性地批改有问题的部分,其他部分不做处理。

(4)符号批改法。教师用批改符号将学生作文中的优缺点标注出来,不做文字修改。

(5)只批不改法。教师用批注注明修改意见后交给学生做相应的修改。

(6)当面批改法。教师面对学生当面批改作文,更便于学生及时理解批改意见。

(7)范例批改法。教师在课堂上以范例的方式当众批改几篇。教师既能通过此方法直接指导学生写作,又能够让学生参与作文批改中来。

2. 学生自改写作的方法

批改作文是对学生写作的反馈,在这种反馈中,教师及时纠正学生在写作中存在的问题,从而使学生写作能力不断提高。除教师批改外,学生可自行修改或同学间相互修改。

(1)重读修改法。学生在修改时注意力不集中,修改往往效果不好,因此,教师应让学生在修改时出声朗读,以便于集中注意力,从而保证修改效果。

(2)浏览修改法。学生在成文后整体浏览文章,检查叙述顺序是否得当、故事情节是否完整等问题。

(3)细致修改法。学生整体浏览文章后要细致地检查文中是否有错别字、用词不当、病句以及标点符号使用是否符合规范等问题。

学生互改写作的方法主要借鉴学生自改的方法。在互改写作的过程中,学生除了帮助其他同学认真修改其写作中的不妥之处外,更要借鉴别人的优点和长处,达到取长补短的作用。同时,互改作文有利于同学之间加强了解,有利于增进感情和合作。

**(三)写作讲评**

写作讲评能提高学生的写作水平。它是教师在批改学生的作文后对学生写作的再次指导。讲评应始终遵守正面讲评的原则,注意保护学生的积极性,培养学生鉴赏他人写作的能力,使学生善于在学习与比较中取长补短。

1. 鼓励学生,正面讲评

通过讲评,学生能够发现自己在作文中存在的问题和不足,及时查漏补缺,为以后写好作文打下基础。心理学研究发现学生的学习兴趣和学习信心是相互统一的。要提高学生的写作兴趣,教师就需要对学生予以肯定,教师可以从两个方面着手。一是教师应以发展的眼光去讲评学生的写作,尽可能挖掘写作中的闪光点,进行充分肯定,让每个学生都有成功的体验,从而树立信心,努力写作。对学生写作中新颖的题材,真切的描写,甚至写得较好的一段话、一句话乃至一个词,教师都应加以肯定,激发他们的写作欲望,提高他们的写作兴趣。教师批改写作时,一旦发现闪光点不妨就用相关符号进行表扬。讲评时,教师组织小组合作学习,让学生自豪地交流自己的得意之处,同时还要鼓励学生自己发现教师没有发现的闪光点,其他同学若能发现别的优秀之处更要大加赞赏。二是教师应在讲评中多指导、帮助学生。写作讲评其实是二次指导。学生在写作过程中存在不少问题,教师应有重点地安排写作训练,在指导过程中要顾及学生的学习信心,既要指出学生的不足,又要保证学生的积极性。

2. 相互交流,合作讲评

新课标改革重点突出合作学习,合作学习是提高学生课堂参与率、使交流渠道更加多样化的重要手段。学生之间相互合作和师生之间相互合作能使写作方面的交流更加直接高效。合作讲评有以下三种方式。

(1)学生之间相互合作讲评。学生的认知能力受制于阅历和知识水平,而且他们对作文的评价能力有待提高。据此,教师可以组织学生在学习小组中传阅作文,互相阅读,互相评议。例如学生在合作讲评"假如我会克隆"的作文过程中,会发现自己写作的选材范围很狭窄,想象不够丰富,其中克隆的原因和克隆后的美好前景没有写具体。在发现缺点的同时,学生也会看到周围同学写作中显示的突出优点,在今后学习中会注意借鉴。在学生畅谈自己的见解基础上,教师应再选派代表做总结发言,主要就本小组同学写作做点评。优秀的学生作文在这种集体交流中得以展现,同学之间相互点评,优秀的修改意见也能得到展现。

(2)师生合作讲评。美国教授格雷夫斯认为写作教学的基础是师生之间的正常磋商。教师在讲评过程中要以与学生平等的身份出现在课堂上,参与学生的讲评,可以产生与学生共鸣的教学效果。教师和学生可以持有不同观点,双方据此辩论,观点会越辩越明。这种方法能使师生间的交流更加深入,从而达到更好的讲评效果。

(3)创新活动,采取开放讲评。传统讲评课一般由教师主要根据某次学生写作中存在的普遍问题,确立一个主题进行讲评。这样的讲评没有学生个性化的创造活动,比较单调、乏味——有些内容或许与学生自己的写作没有什么关系,自然引发不了学习的兴趣。鉴于此,教师可以营造自由、欢乐的讲评氛围,建立平等、民主、融洽的师生关系,从各个角度、不同层面,以不同形式进行讲评,让学生的想象力、创造力、表现力在写作中竞相迸发。学生可精读自己或他人的作文,根据写作的特点抓住一个或几个突出的方面讲评。教师组织讲评时,可以先让学生讨论讲评的方法,然后让学生在自我摸索中突显讲评的重点,一般一篇作文可以从选材、立意、构思、语言表达等方面来讲评,也可以就整篇文章、一段文字、一句话、一个词进行讲评,要欣赏、表扬,也要批评、指正,尽量突出写作的创造个性与自己的独到见解。讲评时,教师可以采取丰富多彩的形式,可以放手各小组组内组织讲评,也可以搞活动做游戏,在有趣的活动中讲评写作的优点与不足。例如三年级第二单元的作文要求写同学外貌,朗读作文时不妨隐去同学名字,玩一玩"猜猜他(她)是谁"的游戏。讲评过程中,教师还可以让学生民主推荐优秀作文,供全班同学欣赏。

## 三、基于言语内容的小学语文写作教学设计

### (一)写作的言语内容的内涵及其与形式的关系

#### 1.写作的言语内容的内涵

言语内容是指词、句、段、篇等言语单位所传达的意义。它和言语形式是一组相对的概念。言语内容通常被称为言语的"意",言语形式通常被称为言语的"言"。"言意转换是一切言语实践的本质所在。"写作的言语内容其实就是指写作结果——语篇(包括词、句、段、篇、书籍等各级写作结果)的内容,也就是语篇的意义层。言语内容是一个有机的整体。比如说,一个段落有 10 个句子,其意义层不是 10 个句子意义的机械相加,而是 10 个句子在特定的上下文整体语境中组织成的一个连贯完整的意义整体。更通俗地说,言语内容就是指"写了什么",它通常包含人们所说的写作话题、范围、内容、主题、观点、思想、意义等。

#### 2.写作的言语内容与形式的关系

人们在写作时,总是先有需要表现的内容,然后才会考虑为表现这样的内容需要什么样的言语形式。从这个意义上说,内容先于形式,内容决定形式,形式为内容服务。南朝梁时期文学理论家刘勰在《文心雕龙》中说:"心

生而言立,言立而文明,自然之道也……故形立则章成矣,声发则文生矣。夫以无识之物,郁然有彩,有心之器,其无文欤!"以此说明内容先于形式而存在的道理。刘勰在《文心雕龙·情采》中这样论述文章所表达的思想情感与文采的关系:"故情者,文之经,辞者,理之纬;经正而后纬成,理定而后辞畅,此立文之本原也。"这段话中两个"而后"也强调内容先于形式而存在的道理,认为文章是先有情感而后流淌成文章。他还用"立文之本原"强调了内容的表达是写作中决定性的因素。

在写作中,内容是决定性因素,但这并不意味着内容比形式更重要,正如前面所提及的,写作内容很重要,是因为但凡写作总是先有要表现的内容,而后人们才会去寻找相宜的形式,就像先要有水,而后才能寻找装水的器皿。

**(二)基于言语内容的写作教学**

基于言语内容的写作教学可以分为课内和课外两大板块。课外板块的作用主要是促进学生写作素材的积累,并在学生积累写作素材的同时,培养学生的语感和写作兴趣。课内板块的作用主要是在写作过程中唤起、激发学生的写作积累,使学生有内容可写。

1. 基于言语内容的课外写作教学

对于写作教学来说,课外的"写"是"养",课内的"写"是"教",七分靠"养",三分靠"教"。因此,教师应当要促进学生在课外长期自主地写,帮助学生维持写作兴趣,发展写作能力。

在学生积累写作素材的过程中,教师是不可或缺的推手。一名成熟的小学语文教师,要细心留意学生写作中所使用的有新鲜感的词句,并且及时予以表扬,把学生偶尔心血来潮的新词使用变成一种习惯与爱好。

在写作积累方面,教师普遍的做法是让学生写日记、周记、随笔,或者让学生写读书笔记、读后感、读书卡片、读书小报等。毫无疑问,上述的写作活动的确是促兴趣、增积累的有效方法。但是,再好的方法如果变成枯燥而单调的硬性任务,则有可能激起学生的逆反心理,学生在写作中就难免有敷衍塞责的行为。在这里,要提醒教师的是,比写作积累的结果更为重要的是,教师要千方百计地去了解学生写作的过程以及背后的情感态度与价值观,因为后者是促使学生长期自主学习的主要因素。所以,教师不妨用几道阅读题代替读书笔记,去了解学生的阅读情况。

很多学生怕写周记,原因在于其写作动机低,找不到写作的触发点。而教师通常只看到日记类写作随心所欲的一面,却看不到自由的另一面是选择的艰难,学生往往为不知道写什么而苦恼,而教师觉得奇怪的是,学生爱写什么就写,为什么还会无话可说呢?

其实,对于课外的写作积累,教师不能仅是命令、监督、检查,而应该在写作积累的形式与内容上积极创新,通过创设一定的活动,激发学生的写作动机,解决学生不知道写什么的苦恼。

2. 基于言语内容的课内写作教学

许多教师会有一种错误的推测,认为学生如果写他们自己喜欢和熟悉的东西,写作内容自然丰富多彩。他们很难理解,对于"暑假的一天""我最爱的一个人"之类的题目,学生还是会陷入无话可说的困境。其实,学生哪怕是写自己喜欢和熟悉的内容,也存在内容搜索和内容取舍之难,需要教师及时施以援手。

针对学生在写前所遭遇的内容搜索和内容取舍的困难,常见的解决方法有以下三种:

(1)写前画思维训练图。对于小学生来说,利用形象的思维训练图激发写作灵感,找到并选择合适的写作内容,可能更具操作价值。思维导图的画法一般分为以下三步:

1)在纸的中央写下题目、给题目画一个圈。

2)想出与该题目相关的主要方面,把它们写在题目的周围,分别用线将它们与题目连接上,形成"树"的主要"枝杈"。

3)想出与各个主要"枝杈"相关的内容(具体观点、细节、实例等),把它们分别写在各主要"枝杈"的周围,再用线将它们与这些"枝杈"连接上,形成长在主要"枝杈上"的更细小的"枝杈"。

根据不同类型的写作可以绘制不同类型的思维训练图,突出该类型写作的一些基本要素。比如,针对叙事类的作文,教师可以教给学生最基本的构思簇形图。还有一种图形,叫魔方六面体,教师可以借助魔方的六面立体结构,帮助学生从不同的角度、侧面去认识、探索写作的题目,开阔思路,搜索更多有用的写作素材。其中,魔方的六个面分别代表内容探寻的一个视角。

（2）教师给予构思示范。构思示范有两种基本方式:一是教师在学生写前通过口头作文,大声地说出自己构思的步骤以及内容的选择与安排,让学生看到教师本人的写作过程与结果;二是在学生写前或写后,教师与学生分享优秀作文。

构思示范是一种非常不错的写作教学方法,尤其适用于小学阶段。构思示范让学生看到教师构思、起草、写作、修改的全过程,这种教学方法在写作言语内容的搜索与处理上,对于小学生来说非常必要。它不仅为学生提供言语内容检索与处理的技巧,而且有效地减轻了学生写作的心理负担,激发他们表达的欲望。

（3）游戏。游戏在小学阶段具有特殊的意义。在小学阶段,学生的好奇心特别强,但他们的注意力却很难长时间维持,而游戏既能有效地激发学生的好奇心与求知欲,同时,还能维持学生的注意力和兴趣。在写作教学中,教师应当认真设计游戏活动,寓教于乐,让学生在快乐的游戏中轻松地解决“写什么”或“怎么写”的苦恼。

国外有个很有名的造句游戏叫“大字标题”游戏:第一个人写下有关一个人的描写,如“声名狼藉的”,再折上纸,传给第二个人,第二个人写上某一类人,如“水管工”,再折上传给第三个人,第三个人写一个及物动词,如“隐藏”,第四个人写动词的受动者,如“教授”,第五个人写地点,如“冰箱”,这样的传递最后就得到一句话“声名狼藉的水管工把教授藏在冰箱里”。小学语文教师可以借鉴这类游戏,将其用在小学低段的句式训练中。

另外,给词想象作文的游戏,学生也很喜欢。教师任意给出 3～5 个词语,如“谎言、土地、漫画、手机”,让学生编一个故事,如果学生不喜欢写长的故事,教师还可利用学生的逆反心理,故意限定字数,不让他们多写;或者故意“逼迫”学生不停地写,不许停下笔,有时会有意想不到的收获。

在炼字上,除了传统的填充法,教师还可以尝试诗歌复原法,这种方法类似文字的拼图游戏。诗歌复原法的具体做法是,教师把一首绝句或律诗拆散,所有的字可以按部首或者拼音排成一列,然后请学生复原。故事接龙也是很有意思的一个游戏。在想象作文中,值得一试。

## 四、基于言语形式的小学语文写作教学设计

### (一)写作的言语形式的内涵

如果说写作的言语内容回答的是"写什么"的问题,那么,写作的言语形式回答的则是"怎么写"的问题。言语形式包括字词的选择与修辞、句子与段落的组织,以及写作的结构、组织与内在的思路、逻辑,当然包括不同文体、语体的基本规范等。

在写作中,相同的内容可以用不同的言语形式表达,就如一段音乐可以用不同的乐器演奏一样。比如,学生向老师请假的形式,可以写一封言辞恳切的信,也可以写一张简单的请假条,还可以通过现代通信方式,发一条图配文的微信给老师;反过来,同样的言语形式又可以表现不同的内容,就如同一件乐器,也可以演奏不同的曲调一样。比如,诗歌形式可以表现哲理、政治、情感、历史等的内容。言语形式与言语内容对于写作来说同样重要,言语形式的优劣好坏直接影响到内容的表达和写作目的的达成情况。

### (二)基于言语形式的写作教学

#### 1. 语言训练

语言是写作的基本单位。无论何种形式的写作,都需要作者讲究语言艺术和技巧。一个人语言能力的提高和语感的获得是一个非常复杂的过程,需要长期的历练和有效的指导。

小学阶段是学生语言发展的重要阶段,是学生语言由习得向学得转变、由口头语言发展向口头语言和书面语言共同发展转变的时期。学生在这一时期开始学习用书面语言表达自己的发现与想法,教师要帮助学生积累词汇、发展语感、锤炼语言,使学生在写作上建立自信、不断成长。

小学生的思维处于经验形象思维和经验抽象思维阶段。小学低段和中段的学生以经验形象思维为主,故句子的训练侧重写具体的事物。所谓写具体的事物,一方面是指让学生写他们自己体验到的、具体形象的事物,比

如,可口的食物、有趣的活动、美丽的风景等;另一方面是指让学生尽量用名词、动词、形容词等修饰语写出自己感觉到的细节,比如,"我看到一个人"显然不够具体,"我在天桥上看到一个乞丐,头发花白,上身赤裸,趴在冰冷的地上,不断地向行人叩头……"就写得比较具体,而这种具体主要借助于对听觉、视觉、触觉等各种感觉的描写而表现的。到了小学高段,学生从经验形象思维向经验抽象思维过渡,这时候,句子的训练可侧重于写抽象的事物。所谓写抽象的事物,是让学生对具体可感的经验进行抽象概括。其中,句子的概括是比较典型的一种方式。小学语文教师在写作教学中常开展以下四个方面的训练:

(1)简单句子的训练和复杂句子的训练。句子的简单与复杂主要体现在语言层次上。语言层次多,句子就比较复杂,反之则比较简单。小学低段侧重于简单句子的训练,中、高段侧重于复杂句子的训练。训练的主要方法有两种:"一是利用扩展的句子成分,二是组织从属句网。前者是利用叠加附加成分的办法组成长句,后者是组成关系比较复杂的多重复句或句群。"

复杂的句子由于语言层次多,对于逻辑性和条理性有较高要求,这类句子的训练有助于提高学生思维的严密性,提高学生驾驭语言的能力。

(2)修辞技巧的训练。语言能力强的表现之一就是善用修辞。所以,必要的修辞技巧的训练有助于增强写作的表达效果。修辞技巧的训练大部分是随文而教,课文中若有比喻句,教师应让学生仿写比喻句;课文中若有拟人句,教师应让学生仿写拟人句。这是小学语言训练尤其是低段写话造句训练常用的模式。这种教法优点是读写结合,模仿起步,教起来方便,写起来也容易。因此,修辞技巧的训练不妨分两步来进行:一是分散教学,随文而练;二是集中教学,围绕某项修辞技巧进行专题式训练。

(3)语言的层级训练。规范、连贯、得体通常代表着语言表达的三个层级:①规范是最基本的要求,意味着要书写规范、语法正确、标点符号运用正确,表意清楚。②连贯一般表现为通顺流畅。但是,什么是连贯、什么是通顺流畅却没有绝对的客观标准,因此,对语言连贯性的训练一般需要完全依赖教师本人的语感。就这点而言,语言连贯训练似乎更适合于写作的修改阶段。教师应凭自己的语感揪出学生写作中不连贯的语言,让学生反复修改。③得体是语言表达的较高要求,它不仅指语言要规范、连贯,而且指语言要符合交际语境的要求,较好地实现交际意图,达到情意的交融。进一步说,所谓得体,是指语言表达适合对象(读者)、符合写作目的、符合作者身份、符合文体或语体的基本规范。得体的要求也是一种综合性的要求,对得体的评判也要依赖教师的语感。

小学写作教学要循序渐进,教师应依次训练学生写规范的句子,写通顺连贯的句子,写得体的句子。在这之上,对于部分语感较强的学生,还可训练他们写富有个性与表现力的句子。

(4)造句练习。造句练习主要有填充、联句、重组、借词造句、借图造句、续写、扩写、仿写及句式练习等。

除了上述内容外,小学语文教师在课堂上开展的语言训练还包括炼字、句子排序、句子串联等,这类训练基本上以句子为单位进行练习。

2. 段落练习

段落练习可分为四种类型:①解释性语段(是什么)练习,例如,写一段话,解释一下什么是"吃亏"。②分析性语段(为什么)练习,例如,为什么有些老师深受学生喜爱,而有些老师却让学生反感? 围绕这个问题写一段分析性的话。③评价性语段(怎么样)练习,例如,针对你近期看过的一本书或一部电影,写一段评价的话。④建议性语段(怎么做)练习,例如,有些同学犯了拖延症,作业总是拖到很晚才做,怎么办? 请你写一段建议性的话。

## 第一节　具身认知视域下的小学语文写话
教学设计

### 一、具身认知应用于小学语文写话教学的可行性与必要性

#### (一)具身认知的意蕴主旨

1. 具身认知的内涵

德国哲学家海德格尔提出"于世存在(being-in-the-world)",对传统的身心二元论提出了批判,他认为:"我们并不是在遭遇一个由抽象数据组成的陌生世界……世界已经被我们的存在或者说我们的身体结构化了。"人处在不断变化的环境中,不管是文化环境、社会环境还是自然环境,在环境中与周围人进行互动,因此人的心智与人的身体和所参与活动有着密切关联。《具身心智:认知科学和人类经验》一书指出:"具身"这个术语在于强调两方面,其一,认知依赖于不同类别的经验,其来源于存在感觉运动能力的身体;其二,个体的身体运动能力蕴含在更加广阔的生物、心理和社会文化环境中……认知结构形成于反复出现的运动模式中。因此可以得出,具身认知的含义包含两个关键因素,即环境和身体。

具身认知相对于传统的离身认知是一种新的研究范式,建立在对离身

认知的批判和反思上。该理论的核心是强调认知其实是具体于身体的认知。第一层含义在于心智和思维的形成和发展会受身体物理属性的限制和约束。第二层含义在于物理属性的身体与周围环境的互动方式决定了认知的种类及性质。换句话说，具身认知所提倡的就是认知并非发生于大脑中的符号加工过程，而是与身体、身体的结构、身体的功能属性、身体的感觉运动系统紧密联系在一起的，"身体是一个具体的身体，是一个鲜活的，与自然、文化环境交互作用的有机体。身体的构造、感觉运动系统等与环境所产生的互动方式决定了认知特性、形式和种类，更甚于决定了有机体具有哪种特殊的和具体的认知能力"。具身认知与传统认知科学本质上的不同在于，认知不再被认为是只寄存于大脑内部的加工过程，而是个体的身体与环境交互作用的结果。但是需要认识的是身体不是认知的"容器"，心智是"镶嵌于"身体中，而身体则是"镶嵌于"环境当中的，"心智是包裹在大脑中……心智是超越了头部和身体的局限进入了外部世界当中"。

2. 具身认知的特征

（1）涉身性。身体在认知形成的过程中扮演着重要的角色，第二代认知科学认为，人体的组织结构、运动系统、活动技能与操作方式等，都是人类认知活动产生和发展的奠基石。心智形成的过程是基于身体、来自身体的，认知、思维、判断、推理、动机、情绪等都受到身体的制约，身体是人类认识完整世界的媒介和载体。认知的涉身属性可以从两个方面来理解：第一，身体的物理特性限制了认知开展的方式和过程，例如感知的极限是由身体所决定；第二，身体为认知提供了认识内容，例如人们常用热情、冷淡来形容人的态度。也就是说，认知是来源于与外界相互作用过程中所带来的身心状态的改变，即形成主体独特的体验。

（2）互动性。具身认知研究中强调认知的互动性，强调人的身体与周围环境、人与人之间发生互动，从而生成认知。从环境方面来讲，交互的环境既包括自然物理环境，还囊括了社会文化环境。对于自然物理环境的理解不能仅将其视为信息的输入与输出之地，真正的信息加工仅发生在大脑之中。相反，要想认识心智产生的过程，就必须认识到身体、环境、心灵之间的交互作用。对于社会文化环境的理解，人的身体不仅时刻在与物理环境进行互动和获取信息,还要与社会文化环境联系起来。例如,人类所创造的概念、思想等成果固然离不开身体的活动,但这些成果的理解和阐释也无法脱离社会情境而单独存在。从人际互动来讲,人的认知得以建构不仅需要身体,更需要通过人际交往和社会互动实现参与式的意义建构。

### (二)小学语文写话教学的功能价值

1.小学语文写话教学的文本分析

写话的正式出现是在人教版二年级教材的语文园地中,根据写话的类型可将其简单分为看图写话和话题写话。

(1)看图写话。从教材中的看图写话的情况来说,存在一个大致的走向便是图片由一幅变为多幅,这个现象的出现也从侧面表明,对学生观察图片的方法、能力要求提高了。

(2)话题写话。话题写话虽然没有插图,但是仍然采用了指导语、示例等方式来对学生的写话训练进行指导,能够适当降低写话的难度,安抚学生的畏难情绪。

2.小学语文写话教学的价值

(1)写话教学是激发学生书面表达兴趣的方式。就低年级的学生而言,写话是其第一次通过书面语言的形式记录生活、表达感受,即使识字量较少,也不能阻止学生表达的欲望。语文特级教师管建刚对写话有一段通俗易懂的描述:写话,就是写平时人们说的话,不求它优美、连贯、有中心,那人们求什么呢? 当然是求学生的写话热情,愿写、敢写。学生的“写话热情”,其实就是学生对写话的兴趣。写话教学是将学生的兴趣放在首位,并且写话的主题皆以生活中常见的情境为依托。也就是说,写话教学可以作为激发学生书面表达的兴趣的一种方式,是因为学生认识到通过写话这种书面的形式能够体验到表达自我的积极的情感体验,也就是兴趣。

(2)写话教学是引导学生感悟真实的生活的方向标。写话作为写作基石,便也不能脱离学生的生活实际。低年级的学生虽已具备基本的语言交际能力,但是积累较少、语言贫乏,而写话却对他们提出了系统使用、规范输出语言文字的要求,那么要想让学生有话可说、有话可写,必须认识到生活才是写作的源头活水,势必要求学生在生活中用身心去体会、去感悟,在生活中积累，才能写出自己的真情实感。感悟生活不仅需要心灵，更需要身体的参与，只有将身体、心智和情境集合成为一个统一的整体，学生才能更充分地体悟生活，发挥自身的联想与想象，以广阔的生活作为灵感之源，激发创作热情。由于低年级的学生是以具体形象思维为主，记忆也多与当时的具体情境有关，因此在写话教学中，教师多会以生活中的具体事物作为支撑，从而唤醒学生相关的生活经验。生活为写话提供了源泉，而写话的要求又让学生更加用心地体悟生活，二者相辅相成。

（3）写话教学是培养学生核心素养的重要途径。核心素养是学生通过课程学习逐步形成的正确价值观、必备品格和关键能力，是课程育人的重要标志，是文化自信、语言运用、思维能力和审美创造的综合体现。语文是一门实践性较强的课程，在语文课程中培养学生的核心素养，需要学生在实践活动中积极地、主动地建构，并体现在真实的语用情境中。写话教学就是一个非常有效的途径。小学低年级的写话是集看、感、想、说、写为一体的语言实践活动，要求学生根据提示语或者图片，联系生活实际，大胆发挥想象，合理组织语言，培养语言建构和表述能力，突出了新课程标准中对语文教学的情境性、实践性和综合性的要求。同时，写话中包含着大量非连续性文本，如图片、表格等"短、简、快"的素材，这便要求学生对其中蕴含的信息进行深入、快速的加工，对发展学生的文本阅读和信息攫取的综合能力提出了较高要求。由此看来，第一学段的写话教学不仅对学生的识字与写作发挥着重要作用，而且更对学生的"识字与写字""阅读与鉴赏""表达与交流""梳理和鉴赏"四类实践活动发挥着进阶性作用，因而写话教学是培养学生核心素养的关键。

**（三）具身认知与小学语文写话教学结合的可行性**

1. 具身认知符合第一学段儿童的身心特点

（1）第一学段儿童思维的直观性。瑞士儿童心理学家皮亚杰提出的儿童认知发展理论在西方心理学界独树一帜，分为四个阶段，第一阶段：感知运动阶段（0～2岁），此阶段的儿童认知发展主要是依靠感知，为之后的思维发展打下基础。第二阶段：前运算阶段（2～7岁），此阶段的儿童发展用符号来表征客观事物的能力。第三阶段：具体运算阶段（7～11岁），虽掌握了一定的逻辑运算能力,但是思维的发展还需借助具体直观的事物,不能延伸到抽象的概念。第四阶段:形式运算阶段(11岁以后),此阶段的儿童能逐渐进行抽象思维和纯符号思维。小学阶段的儿童正处于具体运算阶段,其思维有相当大的直观性,学生在进行认知和学习时,需依赖实物或者情境帮助建立认知结构。

具身认知认为身体影响着认知的形成与发展,认知发生在身体与环境的实时交互过程中,因此具身认知具有涉身性、交互性和情境性等特点。该特点与低年级儿童的认知特点相符合。例如小学生可能无法完成抽象的数学题,但他们可以通过操作实物,如利用数学小棒、掰手指等方法来实现思维活动,这便是身体影响认知的实际表现。再如一年级学习抽象的拼音"Z、C、S"时,教师经常创设情境,用观察蜘蛛、刺猬和蚕的图片的方式来帮助学生学习,学生在与环境交互的过程中提升认知水平,形成认知结构。

(2)第一学段儿童注意力的稳定性较差。注意是人对特定对象的选择和集中。在小学低年级,儿童无意注意所起的作用较大,自我调节能力较差,有意注意仍在发展。同时,心理学研究发现,小学低年级的儿童注意力集中的时间约为20分钟,但是小学一个课时时间为40分钟,如果在课堂上教师不加以引导、激发学生兴趣,那么他们容易被新鲜的、运动着的事物所吸引,由此可见,学生的求知欲较强。因此,教师应当努力激发学生对所学内容的兴趣,开发课程资源,促进课堂不断生长。

具身认知指导下的课堂具有动态性的特征。学生的身体能够加入课堂教学中来,课堂教学是教师和学生两种生命共同体的和谐运动,学生能够在变化的场域里不断接受新的任务和挑战,自然就会避免出现学生无法集中于枯燥无味的课堂中的现象。

2.具身认知与小学语文写话教学具有内在联系

由上述内容可得知,具身认知符合小学低年级学生的身心特征,如注意力具有不稳定性、思维具有弹性等。

此外,一些课文的课后习题中也出现了写话的内容,在进行课文教学的同时也可以贯彻写话的练习。小学语文低年级的写话范围较窄,多以写人、状物、想象、应用类为主,这些写话内容中想象类的内容占据的比例较大。

同时,这些题材皆与学生的生活息息相关,都离不开对生活的观察和体验。这也体现了《语文课程标准(2022年版)》对于写话的要求:"写想象中的事物,写自己对周围事物的认识和感想。"

(1)写话教学的题材体现具身性。在小学教育的过程中,生活化的理念贯穿始终。低年级的写话素材大多是从生活中积累来的,这些题材与学生生活密切联系,学生有话可说、有话可写。以部编版小学语文二年级上册第三单元《我最喜爱的玩具》为例,题目要求为写出"最喜爱的玩具是什么、它的样子是什么样的、它好玩在哪里",这样的题目就是选自生活,是每个孩子都能够接触到的。从具身性的角度来说,可以简单理解为身体参与真实活动或者说通过体验来感知信息,学生通过感知到的信息逐步建立自己的概念体系。

在具身认知视域下,小学教育就是一种生活教育。将知识的学习定义为广泛生活中的学习是非常具有教育意义的,因为这样可以帮助学生对于直接学习抽象的知识进行了平稳过渡。部编版教材中的写话教学素材是十分具有生活气息的,例如,二年级上册第四单元《学写留言条》,教材中虚拟了两个生活场景,第一个是"去办公室还书,老师不在";第二个是"去小红家通知明天上午九点参加书法活动,但家里没人"。两个场景都是帮助学生面对想要探访的对象不在时能妥善应对的方式。以上例子反映了写话教学的素材来源于生活、应用于生活,学生能将自己的真实感受写进文章中,写出"真实"。

(2)写话教学的过程凸显情境性。"话",人们每天都在说,"怎么说就怎么写",这就是写话教学的基本要求。小学生特别是小学低年级的孩子活泼好动,思维以具体形象为主,因此对他们的教学不能简单地以说教的方式,刻板地以抽象符号进行"填鸭"。应当努力创设情境,力图实现从"脖子以上的学习"到"全身的学习"。同时,需要注意的是,写话的课堂教学需要"还原语境",也就是将富有童趣的语言情境发展成为学习的环境。在教学过程中,不仅要给予学生富有挑战性的任务,还要注意为其创造符合低年级孩子心理年龄特征的学习环境,让学生有充分的代入感,使它成为学生畅所欲言的场所。

认知产生于身体与环境的互动，是身体与环境、活动三者协同作用的结果。瑞士儿童心理学家皮亚杰曾指出儿童的认识产生于实践过程中，在实践活动中，儿童通过身体来实现主体、客体之间的联系，在联系过程中实现经验的增长。具身认知理论完美地继承了这一观点，强调认知其实是一种"嵌入"，是将身体嵌入环境，即身、心和环境为一整体。由此可见，认知不能独立于身体、环境而单独存在，认知不仅来源于身体所参与的实践活动，同时也发生在一定的情境之中。在实际的教学活动中，认知发生于特定的时间和空间，受到教学目标、教学内容、活动方式、物理和精神环境等多方面的影响。需要注意的是，这里所指的情境，不仅是人们平时所默认的物理空间环境，还需要有教师和学生共同创建的问题情境、文化场景以及心理情感环境。

### （四）具身认知与小学语文写话教学结合的必要性

#### 1. 在写话中培养学生的语文核心素养

围绕立德树人根本任务，培养学生的核心素养是当务之急。核心素养是学生能够适应未来的正确价值观、必备品格和关键能力，具体来说包括文化自信、语言运用、思维能力和审美创造四个方面。在《语文课程标准（2022年版）》中对语文核心素养进行了更加明确的规定，即学生应当在积极的语文实践活动中积累和建构并在真实的语言运用情境中表现出来的，是文化自信与语言运用、思维能力、审美创造的综合体现。对于写话来说，要求学生"对写话有兴趣，留心周围事物，写自己想说的话，写想象中的事物。在写话中乐于运用阅读和生活中学到的词语"。具身认知视域下，学生在真实环境的活动中将所获得的感官刺激输送至大脑，大脑又将这些信息处理、转化为自身的知识结构，这样的知识结构能够帮助学生应对周围不断变化的环境，在不断变化的环境中再次汲取经验。在具身认知理论指导之下，教学内容与学生经验、学生生活发生联系，以"具身"作为搭建的桥梁，在身心都能沉浸其中的活动情境里，学生能将身体、感官和周围环境进行相互交流，在交互体验中感受知识的生长，实现认知发展的动态平衡，使得社会参与精神和合作能力有效提升。由此可见，具身认知能够帮助改进写话教学、发展学生的核心素养，让学生能愿意写作、乐于写作。

2. 在写话中促进学生感知

具身认知将教育教学活动视为一个身体和心智同时参与的过程,写话教学活动也不例外。中国教育家叶圣陶先生曾描述过这样一种现象:"有些国文老师认为教习国文就是一句句将其讲明,把它们翻译成为口头上的话……不能说这样做毫无帮助,帮助不大罢了。"传统的写话教学中,有的教师会选择看图—说话—出示范文—练习写话—展示评讲的方式开展教学活动,其中也会穿插情境的创设,认识到实践和经验对写话的重要性,但是具身性的整体表现不够,学生感知不足。人们须认识到在语文学习中,特别是在需要学生表达自我的写话活动中,必然要先通过实感,才能有语言来描绘属于自己的喜怒哀乐,这并不像数学学科一样,一定要得出统一的 1、2、3、4来。在具身认知指导下的写话教学便是主张学生将自己的身体浸入到环境当中,通过实时的教学活动、身体体验来获得关于写话对象独特的感受,因而这样的写话活动当然会促进学生的感知。

3. 在写话中激发学生的真实表达

在写作当中,有一个非常重要的词语——感同身受,也就是说写作本身就是具有具身性的,对语言的理解与表达很多时候是需要依靠人的身体经验来进行建构的。瑞士儿童心理学家皮亚杰也多次强调,儿童的认识来源于动作与活动。学生在写话时,很多时候无法写出自己的真实感受,甚至会闹出"刻舟求剑""掩耳盗铃"之类的缺乏生活常识的笑话。但是使用具身认知来指导学生写话,学生便可以通过具体的感官和运动系统来感受生活,了解课本之外的真实世界。在此基础上,学生便可以较轻松地理解进入写作课堂上的词汇、策略,从而帮助学生形成独特的写话经验。同时,即使是在课堂当中,将具身认知与写话教学相结合也可以打破教室的空间壁垒,将师生从固定的位置中解放出来,为双方都提供了深入生活、了解彼此的机会,教师此时再辅之以写话内容的教学,也会更加激发学生的真实表达。

## 二、具身认知视域下小学语文写话教学的理论阐释

### (一)具身认知视域下小学语文写话教学的内涵

要想对具身认知视域下的小学语文写话教学的内涵进行定义,首先要搞清楚写话和写话教学的概念。写话最早可以追溯到清朝末年开始使用白话文的时候,到现在根据《语文课程标准(2022年版)》可知,写话是在兴趣的基础之上,正确运用标点符号,使用日常生活和学习中积累的语句来表达自己所想所感的过程。它具有以下几方面的特点:首先,写话使用的是白话文;其次,写话是在为习作做铺垫,是写作生活中所说的话;最后,写话是小学低年级时简单表达的方式。写话教学是教师在低年级学生的身心特点、学习情况、学习需求等方面的基础之上,按照《语文课程标准(2022年版)》的要求,合理安排教学内容、制定教学方案、设计教学要素、选用适宜教学策略、运用高效教学方法的过程,这个过程的最终目标是指导学生学会写话。

那么在具身认知的视域之下,写话教学不仅具有其本身的特征,更是要染上具身认知的色彩。人们须认识到,将具身认知引入教育教学领域势必会引起该领域的变革。首先,在教育理念方面。传统的二元认识论认为,心智是单纯发生在头部,与身体没有任何联系。同时认为知识是客观的不以人的意愿为转移,不会变化而是稳定的,学习间接的知识而不是主观发现的。学生在这样环境中只是在被动地接受,没有任何具身反应,更谈不上有何共鸣。在第二代认知革命之下,教学开始使用"在做中学"等方式,关注学生的体验。也就是实现从"脖子以上的学习"变为"身心体验式"的学习。其次,在教学过程方面。在传统的课堂中,教师单向输出知识,对学生进行单方面的"填鸭"。而在具身认知视域下,教学过程发生了巨大的改变。教师虽在教学过程中仍起主导作用,但可以利用创设与学生生活息息相关的情境,采用各种途径引发学生的具身体验,将认知、身体和环境三者进行整合,达到生成性学习的结果。最后,在教学方式方面。通过冷热咖啡杯的实验可知,个体对周围环境及人际关系的认知会影响冷与热的身体物理体验,这一实验充分证明了情境对个体认知的重要性。具身认知认为,当没有

条件满足实感具身时,则可创建实境具身和离线具身的情境。实境具身的情境包括视频在线、音乐渲染等;离线具身的情境包括言语创设等。由此可见,具身认知为情境教学提供了理论方面的基础。

综上所述,具身认知视域下的写话教学可以将其定义为教师在具身认知理论的指导之下,根据班级学生特点,通过互动,指导学生学会使用书面语言来表情达意的过程。这是主动体验式的学习过程,教师在本学段学生的身心特点、学习情况、学习需求等方面的基础之上,通过师生双方的互动、生生之间的互动以及师生双方与环境之间的互动,按照相关要求,合理安排写话教学内容、制定写话教学方案、设计写话教学过程、选用适宜的写话教学策略、运用高效写话教学方法的过程,学生在这个生成性的过程中运用积累的语词,用书面的方式表达自己想说的话。

### (二)具身认知视域下小学语文写话教学的特征

#### 1. 身心交融的教学过程

具身认知理论十分重视身体在学习过程中的作用,它认为身体不是思维的积聚之所,而是认知发生和被塑造的地方。小学低年级正是学生想象力极为丰富的时期,作为教师正是要利用学生天马行空的想象力引导学生留心观察生活,以积累更多的表象储备,这对写话来说也是十分有利的。具身认知指导下的教学过程,并不单纯指课堂上那么短的一个课时,而是渗入了学生的日常学习生活。从玩具、书本文具到自然界中的动物、花草树木、雷霆雨露等,学生都在有意无意地观察记录。在日常的观察中,学生通过使用教师指导的观察方法,充分利用自己的手、耳、眼、口、鼻等感官,多看一看、听一听、闻一闻、尝一尝等,说出自己的感悟。在正式写作之前,学生根据教师布置的与写作题目对应的观察任务,使用之前学习的方法,切身观察、体会,积累由身体参与活动所带来的经验与素材。进入课堂后,学生接触的不再是禁锢身心的秧田式座位排列方式,而是在马蹄形等学生可以自由活动、交往程度更高的空间布局中享受学习,在这个环境中,学生可以畅所欲言,甚至用身体动作的方式表现自己想要表达的东西,在课堂上充分活动起来。

2. 师生互动的情境创设

认知是情境的，环境也是认知系统的一部分，离线的认知是基于身体的。这个观点就是在强调环境与人的密切关联和身体、思维在认知互动中的重要性。这里谈到的情境性是指来源于课堂的学习环境，学生只有沉浸在知识情境中才能真正地获取知识。虽然创设情境在写话教学中早已不是新鲜的事情，但是在创设情境时大多是使用多媒体，如观看课件、听音乐、看电影等，这样的形式说到底也只是学生的大脑参与其中，忽视了身体在情境中的重要作用。例如，在写话教学的过程中，学生被要求双手平直地叠放在桌面上，身体端坐在位置上，像这样即使教师创设了多么生动的情境，学生的投入程度都不会太高，没有代入感。在具身认知视域下，学生在写话时不再被动地接受教师在情境中为自己安排的角色，而是主动将自己带入写话中的人物角色，想象自己的表情、动作、思维都和其中的角色一样，说说自己的感受。同时在这样的情境中，教师也不仅仅是情境的制作者，更是参与者，将自己投入写话情境中，师生高效的互动不仅可以提高课堂的活跃程度，还可以对学生起到引导和示范作用。

3. 丰富体验的教学活动

低年级的孩子活泼好动，有研究表明，小学游戏化对提升小学生的学业成就的优势非常明显。学生喜欢活动和游戏，那么在写话教学中引入这样的学习方式是行之有效的。在具身认知视域下，"体验"本也是题中应有之意。例如，在部编版二年级上册中的一则写话《我最喜欢的玩具》中，在班级里可以开展一次"玩具拍卖会"，学生可以将自己最喜欢的一件玩具带到会场中来，然后将这件玩具的优点和玩法一一介绍出来。类似的活动还有很多，其共同特点就是学生能够充分地体验。以这样的活动作为开头，每一个孩子都能充分体验活动的乐趣，在玩中说，在玩中学，真正做到"我手写我心"，从而激发写话的兴趣。但须认识到，这样的教学活动是与教学内容紧密相连的，需以任务为导向，不能为活动而活动，偏离教学实质。

**（三）具身认知视域下小学语文写话教学的理念**

1. 学生的身体回归

从"身"字的词源上来看，古代汉语将其解释为"身，伸也"，即"身"在汉语中包含着一种动态的倾向。但这样的理解与西方语言中的"身"相差甚远。英文中的"body"从词源上来看与德语中的"botahha"密切相关,意为"桶、罐"等容器。可见,在传统意义上,西方是将"身体"视为灵魂的容器,并不具备其他意义,这也与法国哲学家笛卡尔的身心二元论相呼应。在传统的写话教学中,人们也常常关注的是学生写话技能的获得,心智的培养,而对于学生的身体及相关问题在写话中的功能与价值则缺少充分的关心,将身体视为"心灵和理想的对立面",似乎物质的身体在教学中缺席了或者遗失了。随着认知科学的不断发展,人们逐渐认识到身体对认知过程具有重要作用。1996 年,意大利科学家贾科莫·里佐拉蒂做了一项关于镜像神经元的实验,实验表明个体的感觉、行为和认知并不是孤立的过程,三者是交织在一起的。当人们看到或做出某种动作时,大脑皮层相应的认知区域就会被"点亮"。将这项实验的结果迁移到写话教学中,便可更容易理解学生身体回归的重要性。因为学生的身体会对其写话的思维、感觉、行为带来影响。在写话教学中,秉持身体复位的理念,关注学生通过身体体验带来的对教学活动的理解、经验等,而并非注重灌输有关写话的知识。

2. 学生主体地位突显

被誉为"拉丁美洲的杜威"的巴西教育家弗莱雷在其著作《被压迫者教育学》中认为,教育中任何"一方"客观地剥削或者阻碍"另一方"追求作为可负责的人的自我肯定,即称为"压迫"。换句话来说,假如作为教育中"一方"的学生不能充分地体现自己的主体地位,就是"主体性的压迫"。唤醒学生的主体意识需要帮助其形成两种特质,其一是对其"客体地位的反思",其二是对其"主体地位的争取"。反思是主体意识的起源,而争取则是主体意识的实现。那么如何唤醒学生的主体意识,落实学生的主体地位,在教学设计方面要做到这几点:首先,打破教学壁垒,实现师生间的多向交往。学生不再是知识的被动接受者,教学交往使得师生双方能够表达自己的真实想法、感受。在具身认知指导下的写话教学,教师更应当警惕,设法营造平等、和谐、开放的教学环境,鼓励学生参与到教学交往中来。其次,改变教学语言,提升学生的主体尊严。没有自由表达的环境与权利,学生便没有真正的学习尊严。在具身认知视域下,学生被鼓励经历身体的参与,说出自己的真实感受与想法。在多样的活动与情境中,通过多种类型的对话,挖掘学生的内心世界,帮助学生关注知识及其生成过程。最后,增添师生信任,增加学生评价。在具身认知指导下的写话教学中,参与和体验是非常重要的命题。教师在设计课堂时可以适当增添学生间的评价,启发学生从横向和纵向来对同伴及自身的说话、写话进行评价,这也是在帮助学生关注自身和同伴的成长空间与成长过程。

3. 体验课堂中真实的学习

具身认知视域下的课堂教学是面向真实的生活,强调学生在课堂当中的参与互动,关注学生获得的情感体验,以此来促进学生的认知生成与发展。唯有真实最能打动人,写话课堂也是如此。"体验"是一种活动,也是活动的结果。在具身认知理论的指导之下,构建以真实生活为背景的写话课堂,通过体验式的学习,引导学生关注自己、自然、社会的内涵与价值。其中包含两个关键词——真实和体验。真实体现在两个方面:第一,写话教学的目的是生活。写话是一种利用母语文字进行创作的过程,帮助学生利用书面语言具体明确地表达自我。从其他角度上来讲,写话中存在的图片、表格、文字等也是在为学生未来生活如何处理信息打下基础。第二,写话教学的内容贴近生活。低年级的学生参与的写话内容必须和其真实生活密切相关,该年龄段的学生经验较少,只有从他们接触最多的日常生活入手,才能有话可说,有话可写。体验式学习来源于美国教育家杜威的"从做中学",美国教育家大卫·库伯将其分为了四个阶段——亲历、反思、抽象和检验。在写话课堂当中,亲历便是通过设计符合生活的情境,让学生在情境中亲自体验或移情体验,由此来获得直接经验或感受。反思包括"回顾和内省两个过程",即学生亲身经历过后回过头来对自己的思维过程进行反思,内省在这个过程中自己的优势和劣势,避免自己的体验流于形式。抽象即是从感性经验中抽取理性知识,进而构建相应的知识框架,总结学习经验的过程。检验是对自己是否真正获得知识,知识的正确性,知识之间的联系等进行检验。教师在对写话进行教学设计时,要想使得学生在写话课堂中进行真实的学习,获得真实的感受,那么吸纳这四个阶段是必要的。

**（四）具身认知视域下小学语文写话教学的原则**

**1. 以尊重学生的语言范式为基础**

低年级的学生表达非常童真童趣，教师不能扼杀学生的趣味表达或者"异想天开"。学生自出生开始，就开始了表达与交流，在成长的过程中他们与家长、伙伴、老师，甚至是陌生人进行过无数次的倾听与表达，因此也在无数个语言环境中形成了自己的表达范式，或风趣，或严谨，或冷静自持，或热情奔放，这些不同的表达方式凝结了学生一次次对语言的加工与理解。具身认知视域下的课堂教学的氛围是开放民主的，教师的任务是帮助学生建立一个"自适"的环境，这样的环境能够使得学生更顺利地表达，更自信地展现自我。

尊重学生的语言表达并不意味着不对学生的语言进行引导。在语言输出假说视域下，可以获得的教学启示：第一，从学生的原生性表达入手。先是要尊重学生的原汁原味的表达，再鼓励学生将自己的表达与高质量语言（教材、更高水平伙伴等）进行比较，发现自己存在的不足，并主动吸纳材料。第二，从模仿性语言入手。模仿高质量语言（教材、更高水平伙伴等）的表达，以比较、提升自己的表达。第三，开放性表达。教师应保持开放的心态，让学生能够在更高水平上大胆自由地释放自己的潜能。低年级的写话教学需要遵循学生的语言发展的规律，切不可揠苗助长。教师不仅要鼓励学生自由表达，还需要给学生搭建支架，降低写话的难度和坡度，为学生建立说话和写话之间的桥梁。

**2. 关注教学过程中学生的体验**

传统哲学认为经验是"断不出乎特殊、偶然和盖然的水平之上"的。这种哲学思想的出现导致了知识与实践中间有一道难以逾越的藩篱。美国教育家杜威提出"做中学"的方式，以"经验"为核心，将教育重新定义为"学生经验的改造与重组"。这一要求的提出就是要将学生置于教育的中心位置，以学生经验的生长作为教育的目标。德国哲学家海德格尔曾说过，人和世界是不可分割的，人的存在是在世界中存在，人和世界是有紧密联系的。而人与世界互动的方式是通过身体这个中介，以某种恰当的方式与世界中的其他事物互动，在这个过程中人便获得了对客观世界的认知与理解。具身的含义简单一点说就是将身体动起来参与到认知活动中去,具身学习是将身体和心智视为一个整体,身体成为学习活动的核心位置,更大限度地利用身体机能、通过身体传送、彰显身体活力,注重身体的感知、经验、运动、表达和技能,从而实现知、情、意、行的完美统一。

而在"离身"背景之下,课堂中的知识传授大多是教师讲课,学生听课、记忆、训练的单一模式。同时,由于教学效率、学生管理等方面的问题,学生真正实践获得知识的机会少之又少,这实在难以称为"真正的学习"。从另一个角度来看,教育家赞可夫认为,行之有效的教学法必须"触及学生的情感和意志领域,触及学生的精神需要"。在教育过程中,激发和培养学生的情感、态度和价值观念是重要的目标,同时也是实现教学目标的手段之一,但是传统的"离身"课堂由于脱离了学生的实践经验,而缺乏情感的体验。

在具身认知视域下开展写话教学,必然是要建立在学生的实际体验之上。只有学习者亲身的经历和体验才能称得上是学习,是给学生一些事去做,而不是给一些东西去学。部编版教材中可挖掘的写话素材很多,可以通过多种渠道创新写话的方式,丰富学生的情感体验。学生在进行写话时有话可说,实现千人千文,各不相同。具身认知认为人的认知结构具有时间属性,也就是说认知结构并不是到一定时间就固定不变了,而是随着时间的推移、知识的积累而不断修正变化。学生在当前获得的角色感受在一段时间后,经过自身的打磨可能还会有新的体会。

3. 促使真实学习的发生

美国理论心理学家桑普森认为传统的认知主义忽略了来自情境和社会历史文化的影响。在传统的学习环境构建中,在方法学上秉持机械系统观,将学习环境的构建视为机械的无生命的过程,而这种过程带来的结果就是预设好的教学成果。具身认知认为:认知是具有情境性的,因为它是发生在真实的情境当中,叶浩生认为在认知过程中,身体是与情境时刻都保持着对话状态的。在学习者进入课堂之前,各种自然环境、社会环境等已经对其产生了深远的影响,这些影响也在对学习者的认知、情感和行为等方面进行塑造,这些影响又称为先有概念。学习者在与情境相互作用的过程中,知识与情境并不是两条永不相交的平行线,相反知识是嵌入情境中而存在的。知识在情境中被赋予生命,情境又能通过知识而更有意义,在这样的情境中,学习者才能够将新旧知识建立起联系,大脑、身体和环境便能组成一个动态的统一体。在具身认知指导下开展写话教学,情境性原则是必须考虑的,因为情境的创设一般是根据学习者原有的生活经验进行设计,以便激发出学习者的认同感和参与感。特别是对于低年级的学生而言,想要让学生真正学会写话,势必要从他们的生活空间入手,通过学生与其生活环境产生的共鸣,调动学生对写话的热情,提高学习的效能感,促进学习真实发生。

4. 重视学生存在的完整性

学生是有生命意向的个人存在,是身体与心智相统一的客观实在,是身心与环境相统一的客观实在,是一个完整的整体。在传统的教学上,讲授、说教充斥着整节课堂,学生的座位安排呈秧田状,身体被禁锢在方寸之间,这样的安排虽然便于管理,但是也约束着学生的身体与外部世界的接触,限制着身体的活动而仅仅让心智得到发展。人们逐渐认识到学生全面发展的重要性,提倡合作、探究式的教学模式,鼓励学生动手实践,让学生在行动中学习,在实践中成长,在解决问题时得到提升。其实不难发现,教育在向着具身化的方向发展了。写话教学作为语文教学的一个版块,自然也不能被忽略。在具身认知视域下开展写话教学,"整体性"是一个必须提到的词语,不仅包括学生的身心整体性,还包括主体与环境的整体性。身心的整体性其实是指大脑和身体构成了认知的生物系统,而主体与环境的整体性则是构成认知的生态系统。学生身心的整体性说明在认知过程中,不仅是大脑参与了认知活动,身体各种感官也同样不可或缺。同时还需认识到的是,大脑和身体的认知是相互协调、相互补充的。在写话教学的过程中,鼓励学生的身体作为认知和外界环境交流的媒介,从而产生独特的感受。主体与环境的整体性也体现在课程标准中所提出的写话要"留心周围的事物",这一要求为写话教学过程中需遵循整体性原则提供了支撑。因此在认知过程中,不仅是大脑和身体相互补充,学生与环境间也需要相互作用,环境包括物理环境、人文环境,还包括环境中的其他人,如此一来才不会让认知和想象窄化。

## 三、具身认知视域下小学语文写话教学设计

为克服部编版教材中专门的写话内容较少,学生得不到充分训练的问题,本节在教学设计的过程中不仅会选择教材中专门的写话内容,还力求挖掘教材中其他课文的写话素材,具体包括仿写课文、续写留白、话题写话等。

### (一)具身认知视域下小学语文写话教学的前期分析

对学习者进行特征分析是为了使教学能够更好地适应学生认知差异、调动学生的身体参与到体验性活动中去。本节对学习者进行特征分析从两个角度入手:小学低年级学生的心理年龄特征和学生在写话中的表现。

1. 小学低年级学生的心理年龄特征

小学生的注意力品质随年龄的增长呈不断发展的趋势,其中7~10岁注意力品质发展较快,6~7岁发展较慢。小学低年级的学生正处于注意力品质发展较为缓慢的阶段,注意力集中时间短。因此,低年级的学生很容易被运动着的、新鲜的事物所吸引,对抽象、不具体的概念、定义等不感兴趣。

同时,儿童的经验形成依靠身体的参与,不论是实践性的智慧还是而后形成的心理表象,皆是以最初的身体动作为基础。学生并不是通过意识的方式来认知这个世界,而是以身体为中介,要知道是他们的身体第一个闻到、看到、触摸到了世界,身体是这个世界的第一个见证者。对于低年级的学生而言,经验的获得最开始就是通过看、听、摸、闻等身体的知觉活动来实现的,因此他们也有较为丰富的生活经验和知识积累,不像一张空白的纸张,教学设计应以此为起点。

2. 学生在写话中的表现

为了解学生目前的写话情况,从而进行学情分析,教师应关注学生在写话课堂中的表现,如言行、神态等,还应关注学生的写话作品,了解作品中所蕴含的学生的情况。在分析学生作品的过程中,发现了学生写话存在的问题,有助于之后针对性地开展写话教学。

(1)写作动机不足。将写话题目出示后,班级里有的学生写话动机并不强烈,因此在写作时的语言表达并不丰富,甚至会出现句子不完整的现象。

(2)题意把握不准。例如写话的要求是"写一位家人",但是很多学生出现了对多名家人的描写。同时,题目还要求写出该名家人的样子、特征、常做的事情等,学生在其作品中也并未体现出完整的内容。

(3)语言不够生动。儿童在未入学之前头脑中就储存了丰富的想象力,充满了求知的欲望,有着强烈的表达愿望,但是将这种表达的愿望转化为书面语言便出现了语言不够生动等问题。

**(二)具身认知视域下小学语文写话教学目标设计**

1.培养学生对写话的兴趣

"万丈高楼平地起",低年级的写话是其之后习作、写作的基石。这个时期的学生天生有表达的欲望,有着天马行空的想象,"说出来"是他们天生的需求。能够"说出来",再到引导学生愿意将自己的所感所想"写下来",则是一个难度的跨越。同时在《语文课程标准(2022年版)》中也提出了对低年级的学生的写话态度的要求——对写话要有兴趣,能够真实地表达自己的所思、所感、所想,留心生活中的事物,写出的文句具有打动人心的真实感。培养学生的兴趣,不仅是《语文课程标准(2022年版)》要求,更是学生今后行文的坚实基础。因此,带给学生良好的写话体验则是教师应当实现的教学目标。在日常的写话教学过程中,学生对写话是有很大的畏惧心理的,一说到要动笔写作就头疼,更别说有任何兴趣了。若是有快乐的游戏或者极具体验感的活动加持,学生可以玩一玩、做一做、想一想,多种感觉器官共同参与到课堂当中的话,写话的积极性相较于干瘪的说教会有一定程度的提升。

2.注重身心的全面发展

写话是写作的入门,写作起始于写话。不论是写话还是写作,都是一个非常复杂的思维过程。这个过程是学生调动自身的各个感官,将自己源于生活各个方面的体验进行摄取、印制和储存在大脑中,在一定时机之下,经过相应的条件激发写话冲动,经过选择、加工、改造,使得客观事物和主观思想得以碰撞、交流,直至融为一体,最后以文字形式表现出来的思维过程。在具身认知理论指导之下,写话过程中必须要有身体的参与。首先,身体构成了写话过程中人体内部和外部环境的桥梁,为认知活动提供更加丰富的素材和内容。其次,身体是实践活动的载体。无论是在写话教学过程中,还是在对日常生活进行观察、体验的过程中,身体都是必不可少的。此时,认知通过身体与外部世界发生互动,身心共同参与了认知的形成,使人真正能够成为身心合一的整体,成为"有血有肉又有意识的整体"。

3. 基于情境创设的情境目标

将知识置身于情境之中,学生才能够获得真实的体验,才能够真正地掌握知识。在写话教学中,教师最常采用的教学方法就是创设情境法,目的是让学生在情境中发现问题、分析问题,进而解决问题。设计集程序性真实、社会性真实和实践性真实三者有机统一的背景,即在情境中通过身体体验进行知识的学习。在此设立相关的情境目标,是指教师基于一定的教育理念,把握本堂写话课的知识内容,根据具体的学情,将相关的课程内容进行整合,如口语交际和写话教学的结合等,使得这些理论知识能够和生活情境相关联,教师通过适当的增减、重组、改造等方式,将写话知识情境化。但是值得注意的是,此处的情境是一个包含本节课的核心内容、解决核心问题的大情境,而不是一个个细碎的小情境。基于情境创设的情境目标,将图片上所展示出来的画面转换成动态的情境,学生在亲身参与的过程中,感受、体验和想象,可以达到身临其境的效果。

4. 基于动力交互的先说后写目标

在日常生活中,人们时时刻刻在与他人交往互动,即使孤身一人,周围的环境以及人际互动等都在对人们产生影响。同样对于低年级的学生也是如此,他们的心理特点、人格特征在很大程度上是需要在交互过程中得以形成。在写话教学过程中,通过人与人的交互来实现学生语言表达能力的提升,人与人之间交互主要是指学生与学生之间以及教师与学生之间。教学本就是教师和学生之间交往互动的过程,教师作为教的主体,学生作为学的主体,在互动过程中发挥身体的重要作用。在写话教学的过程中,充分发挥师生的身体作用,是实现教学目标的重要方式。在具身认知视域下,动力交互的写话教学目标也是以培养学生会用语言为终极目标。

**(三)具身认知视域下小学语文写话教学内容设计**

具身认知理论有其优越性,同时也有限制条件,根据具体的学习内容进行分析,决定该项教学内容是否能够进行具身化教学设计,是否能够采用围绕身体动作及经验为主的教学活动,而不是盲目地采用具身化教学。写话教学属于语言方面的学习,具身的肢体感受、手势姿态等都对语言的表达、理解有着极为重要的作用。对于具身认知下的写话教学内容而言,可以分为以下两个方面:

1. 语言形式的仿写

低年级的语言表达大多是以模仿为主,对写话方面的教学很多时候是从范文的学习开始,模仿他人语言的精彩之处。通过大量的模仿表达,提高自身遣词造句的能力。包括三种方式:第一,字词方面的仿写。第二,句式方面的仿写。第三,段落方面的仿写。

2. 语言材料的活用

教材中有许多课文虽然不属于写话的版块,但是当中却存在许多学生可以利用的写话材料,教师要用心发掘,在课文学习完成后及时开展相关的写话活动,才能最大限度地发挥文本内容的作用,提升学生的写话水平。

第一,合理想象,延伸故事情节进行写话。教材当中有许多课文虽然结束了,但是结尾处留给了读者无限的想象空间。教师可以利用教材的这一特点引导学生进行合理想象延伸,将作者没说完的话继续说出来、写下来。

第二,基于课文中的故事,创编写话。课文中的情节能很好地帮助学生根据文本内容进行创编,学生与文本内容之间实现动力交互,先说后写,完成写话。

**(四)具身认知视域下小学语文写话教学方式设计**

在以往的写话教学过程中,常见的教学方式有传递—接受式、示范—模仿式等。写话教学中的传递—接受式是指教师向学生系统、直接地传授写话知识的教学方式。示范—模仿式在写话教学中则更加普遍、常见。教师进行有目的的示范,如出示范文等,引导学生进行模仿,从而掌握写话技能的方式。但是在具身认知视域下,写话教学的方式也发生了变革。

1. 从"以教为主"转向"学教生成"

美国心理学家罗杰斯曾说过,没有人能教会任何人任何事物。"以教为主"的课堂教学中,教师是教学中的"牵引力",虽然有其优越性,但如若量把握得不适当,就会造成"灌输式教学"。因此,可以将"以教为主"的教学转变为"学教生成"的教学。这样的教学方式不仅是教师教、学生学,或是学生的疑问带来的对教学的反促,它还包括师生之间的平等互动交往和对话的过程。这种教学方式也与具身认知的生成性特征不谋而合。在具身认知视域下采用"学教生成"的写话教学方式,有两个特征:一是问题性。学教生成的教学方式伴随着问题的出现,以写话课《我的好朋友》为例,核心问题便是"如何介绍自己的好朋友",再将核心问题进行分解成"好朋友是谁""好朋友的外貌""好朋友的性格""经常与好朋友一起做的事"等。当核心问题被分解成为几个小问题后,要解决的便是"如何将这些问题的答案写得更加优美、动人"。在问题的不断产生和解决的过程中,教师的教和学生的学都不断地向其聚焦,连续挑战更会驱动学生的好奇心和主动参与。二是生成性。高效的写话课堂中,教师和学生能够在情境中不断地互动、碰撞思想,但是生成式的写话教学并不是无意义和无方向的,而是学生能够根据当时的身心状况做出不同的反应,教学也由此变动。同样以写话课《我的好朋友》为例,学生不仅能解决核心问题,还能够持续与以往的知识结构联系,例如学生被勾起对朋友的不舍之情,情难自禁地吟诵"桃花潭水深千尺,不及汪伦送我情"等名句,实现学以致用,持续生成。

2. 从"注重知识"转向"注重素养"

写话教学的目的是让学生学会表达,"会表达"是一种能力的体现。在以往的写话教学中,会存在直接教授写话知识的现象,学生当时可能对该话题的写法掌握得非常"熟练",但是当写话主题改变,学生仍会出现读不懂题意、写不出好词等问题,也就是说学生只是学会了写话的"知识",而并没有提升相应问题的"能力",而这样一种能力是需要学生通过外在的行为和活动体验才能生成的。在具身认知理论指导之下,写话教学过程中教师可以创设真实的写话情境。教育是为了学生的未来生活做准备的,缺乏生活意义的写话情境与学生的认知经验脱钩,丧失了育人价值。因此创设的情境不仅是有利于实现写话教学目标的学习空间或学习环境,还是学生现实生活的映照。

### 3. 从"静态学习"转向"动态学习"

在具身认知理论的指导之下,学习应当是一种持续的生成性的学习,而并不是"一系列有意识的决定"。在传统的教学设计当中,学生的学习过程和学习结果都是可以被预测到的,因为对其采用的方式是静态的用耳朵听、用眼睛看的机械模仿。但是在具身认知视域下,写话教学需要采用动态的方式,注重教学内容与学生身体的相关性,强调亲身经验和体会,突显写话教学实践性的特点。从这个角度出发,学生的学习、情感、动作、行为等从一般情况下来说都是不能被完全预料到的,在实际的课堂当中,学习者的状态、学习的心理氛围等随时都有可能发生改变,这些无法避免、难以改变的情况出现势必要求教师应当开放性地接受教学中的突发情况,灵活地将这些"意外"融入课堂,创建民主和谐、生机勃勃的教学情境,在如此的情境中,才能够促进人文交流、情感沟通,提高写话课堂的生成性。例如,教师组织一次介绍水果的写话课,将水果依次摆放在讲台上,让学生选择自己喜爱的水果进行介绍。根据学生的发言,教师可以在多媒体课件中给出相关句式:它的样子就像_____,它穿着_____的衣裳,并将这一页进行保存。在学生品尝水果后,让学生说一说接触到该水果时所引发的身体感受,教师再次给出句式:摸一摸,_____;闻一闻,_____;尝一尝_____。然后将之前制作的内容调出,鼓励学生连起来说一说。在上述案例中,教师的课件是在课堂上与学生一起制作的,是将课堂中学生的表现记录下来,保留了教学的现场性和动态性。虽然说生成式的写话教学对教学来说有一定的困难,但是教师根据实际情况进行灵活调整确实是必要的。值得注意的是,强调写话教学的灵活性,但这也并不意味着教学的任意性,而是强调学生的主体地位,能够在教学过程中与教师一起建构不断生长的课堂。

### (五)具身认知视域下小学语文写话教学环境设计

教学环境是教学开展的必需条件,具有极高的存在和发展价值,具有激励、熏陶、导向、约束等作用。教学环境在多个方面、多个层次对教师、学生的内在精神活动,外在行为品质进行影响和制约,同时师生又可以通过自身的实践努力对其进行改造以适应和促进自身的发展。对于教学环境的概念,众学者对其还没有确切的定义,国外有代表性的两种观点:第一,教学环境是"学习的场所";第二,教学环境是一种"班级气氛"。在具身认知视域下,人们可以认为教学环境就是"倡导视、听、触、动等多感官通道整合的体验技术,给予学生充分的身体自由,能有利于师生、生生之间互动,实现社会化的学习空间(或场所)和座位编排",可以将其分为物理环境、资源支持环境、情感心理环境和社会文化环境。

1. 物理环境

物理空间是人们认识空间的起始。虽然爱因斯坦的理论提出空间是不确定的,但是在人们一般的经验范围中,空间仍被视为客观的、绝对的,这个空间具有均质、恒常、不可压缩等特点。教室空间首先是从物理空间开始的,这个空间主要是指在自然科学中运用物理学、几何学语言描述的空间,例如教室中的座位布置、硬件设施等。在教室之中,多采用秧田式的课桌摆放,教学受秧田式排列方式的影响,首先,不利于各种教学活动的开展。课桌的数量代表了教室之中的空间单元,除座位上和桌椅旁的过道外,学生几乎没有活动的空间,难以为课堂活动提供必要的空间支持。特别是对于低年级的学生而言。其次,不利于学生个性的发展。秧田式的桌椅摆放组成了"教育规训和知识接受的统一机制",从根本上来看,秧田式的座位安排其实是一种"实名制"名单,谁缺席、谁到场一目了然,课桌的方形结构也在无形之中要求学生要守规矩、守纪律。这样固化的空间布置,就是将学生假设成为接受训导、应试要求的被动个体。对于身体来说,无形的规则与威严,有形的排列与布局,都是在对它进行"直接控制、折磨,强迫它完成某些任务,表现出某些仪式和发出某些信号"。

在具身认知视域下开展写话教学,必然会涉及相关教学活动的开展,这便要求学生的身体要充分地利用起来,调动手、眼、耳、鼻等各个感官参与活动。为了更好满足写话教学中实践性、活动性、体验性等课堂实际需求,教室布局必须"因课制宜"创设课堂情境,如调整桌椅排列、增加活动面积等,以及课堂的感知环境。对于座位排列来说,取消习以为常的秧田式排列方式,解构传统意义上的"黑板—讲台"这样"不平等、少互动"的教室布局。摒弃这样的布局,意味着教师将走下"神坛",不再是高高在上,而是与学生一起去发现问题、分析问题、解决问题的伙伴。同时,传统教室布局的解构不仅意味着师生关系的变化,还蕴含着新型学习方式的诞生。近些年来,椭圆形、六边形、马蹄形等的座位排列方式逐渐出现,小组合作学习占领首席地位。在这样的学习模式中,由于课桌摆放方式、师生关系的变化,学生逐渐可以放开手脚,交头接耳、挤眉弄眼、手舞足蹈等曾不被允许的扰乱课堂纪律的现象变为了帮助学生启迪心智、陶冶情操的合理之举。

2. 资源支持环境

资源支持的环境是学习者进行有意义学习的支架与桥梁,主要包括学习资料、多媒体、学习策略等工具。写话教学中学习资料、多媒体等工具都较容易理解和获得,在此对写话教学中使用的教学用具进行阐释。由于教学的需要,教师会在课堂之中使用教学用具来对所学内容进行补充和拓展,教具的选择和使用需要遵循的条件:第一,教具需要吸引学生的兴趣和注意力。教具的主要目的是为辅助教学而存在,因此它的主要功能是教育功能。小学低年级的学生正处于身心发展的关键阶段,在操作教具的过程中,儿童的多种感官、身体肌肉和大脑神经系统等都参与其中,对身体器官的发育有着非常好的促进作用。其次,在观看、操作教具的过程中,儿童的知识结构会得以塑造,感知能力、记忆能力、思维能力、创造与想象能力等都会得到不同程度的提升。同时,通过辨别美与丑、善与恶等使自身的审美能力、道德品质得以形成和发展。第二,需要选择和使用科学的教具。儿童的认知发展具有阶段性和连续性等特征,低年级的儿童还处于前运算阶段,逻辑思维需借助具体事物才能实现,因此采用科学的、尊重客观规律的、能够反映客观事物的教具可以帮助学生建立起科学的知识结构。

在具身认知视域下来看待教具的使用,要考虑到身体操作对学生认知过程的作用。第一,受瑞士儿童心理学家皮亚杰认知发展理论的影响,具身认知理论强调身体与环境之间的交互对个体的认知建立的作用。皮亚杰将儿童的认知过程分为了感觉运动阶段、前运算阶段、具体运算阶段和形式运算阶段。小学低年级的儿童正处于具体运算阶段,其思维的发展需要借助具体的实物操作,与周围环境进行交互作用辅助完成思维过程。正因如此,教具所呈现的外在表征使学习者能够获得对概念的心理表征。第二,具身认知理论对知识的表征是以知觉符号系统来实现的,它修正了传统认知科学忽视身体对概念获得的重要意义的误区。知觉符号系统理论认为对事物的表征包含了个体与世界交互过程中对所接触信息的编码,如视觉、听觉、触觉等多种模态。因此可得知,学生在操作教具的过程中所获的经验也是多模态的,储存的信息也是以多种状态存储,执行身体动作时可以唤起相关的经验。

教具可分为虚拟教具和实体教具。实体教具是利用实物材料或是工具设施制作而成的可操作、可使用的教学工具。虚拟教具是模拟实体教具开发而成的,需要通过网络或者软件进行加载后操作的工具。二者皆有自身的优缺点。在具身认知视域下关注教具的实际操作与使用,教具的意义在于"感觉运动信息能够使知觉符号在任务情境中工作",但需认识到此处的操作并不是一定要使用物质性的实体教具,教具的可操作性和意义性才能使得教学具有有效性。在写话教学中,如《我最喜欢的玩具》中使用"七巧板"这一教具,对于实体教具而言,则可以让喜欢这一玩具的学生操作实际的七巧板,通过调整各个板块的摆放位置,拼凑成不同的物体。对于虚拟教具而言,则可以借助多媒体实现七巧板的移动与组合。两种不同的方式都可以让学生体验整个探究过程,虚拟教具和实体教具的组合使用既可以减少实体教具被用于无关任务情境的情况,又可以保留操作实体教具带来的真实物理感受。由此可见,在写话教学中将二者结合起来使用,可以有效减少学生出现的无关写话任务的行为,也可以增加学生的身体体验,获得相关的知觉信息,为写话提供素材。

3. 情感心理环境

写话课堂中的心理环境是指教师和学生根据本堂写话的内容所构建的精神氛围,情感性是心理氛围中的一个重要特征。虽然从表面上来看,教师和学生在课堂上是分别以教学和学习为主要的任务,但是教师和学生并不是毫无感情的,在课堂当中必然是相互影响的。

(1)教师应摆正对学生的态度。低年级学生的认知水平较低,读写能力不强,对规范地将自己的口头语言转化为书面语言表现困难。这样客观存在的现象,教师应当理性地看待、循序渐进地进行引导,而不是急于求成。

虽然学生的经验不足,但是他们也积累了对生活的理解和感悟,是有血有肉有情感的人。在写话教学过程中,要多聆听学生的语言,尽可能发现学生写话中的闪光点,毫不吝啬地赞扬,哪怕只是用得生动的一个词语,表达流畅的一句话,都可以成为被肯定的优点。

(2)教师应当使用集艺术性与科学性为一体的教学语言。语文课堂在诗性的语言中绽放出自身的智慧,教师的语言艺术水平在很大程度上决定着课堂的气氛和教学效果。教师在教学过程中可以将教学语言分为三类:导入语、提问语和评价语,分门别类地对教学语言进行再构。第一,导入语。好的开始是成功的一半,教师可以根据不同的授课内容选择不同的导入方式,如猜谜式、谈话式、创造情境式等。第二,发现问题、解决问题的提问语。在写话教学的过程中,必然会出现一些让学生感到困惑的问题,教师可以将这些问题转化成师生之间的交流对话,从多个角度引导学生思考,灵活地解决问题。第三,评价语。课堂中的每一次提问都是一次对真理的寻求。写话教学效果的体现,可以使用"评价—修改—再评价"的方式进行。在说话训练的过程中,教师不能随意以成人的表达来对学生的语言进行打击、批评,学生的语言表达反映着他们对世界的认知与理解,看待世界的方式不同,对事物的形容也就不同。在课堂上,教师可以使用极具温柔的鼓励,可以是给予人文关怀的评价,可以是诙谐幽默的引导,还可以是儿童化的肢体语言,将儿童味、语文情自然地流露出来。

(3)构建新型师生关系。构建和谐、相互信任的师生关系对建设良好的写话心理环境具有重要作用。经研究表明,师生关系对学习的绩效具有正向的预测作用,师生关系不仅涉及教师和学生之间的人际关系好坏,还会影响到学生对这门学科的认识。对于写话而言,本就是学生第一次从口头语言到书面语言的转换,自然会有畏难情绪,若是师生关系不够和谐,学生的写话学习绩效也无法提升。

4.社会文化环境

具身认知理论认为,教学不限于课堂,学习不拘于教室,天高地阔、社会生活都可以成为学生获得知识的来源。在写话教学中实现社会化,是指学生将自身的学习习惯、观念、思维模式等融入具体的写话实践活动,切身体验相应的内容。

社会文化环境不仅指社会中存在的文化场所,更是指蕴含着社会文化的课堂。课堂是教育的主阵地,因此在课堂中实现学生的社会化,也是题中应有之意。完成社会化,必然要认识到自己既是一个独立的个体,也是一个共同体的构成部分。日本学者佐藤学认为课堂的三种形态包括原始共同体社会、群集性社会以及学习共同体。学习共同体课堂形态是对话型课堂,对话型课堂中所存在的共同体是异质的,而这种特征也正与具身认知视域下的写话教学不谋而合。

### (六)具身认知视域下小学语文写话教学过程设计

1.创设生活化情境,激发学生写话动机

具身认知视域下的写话训练,具有情境化的认知体验,与写话主题密切贴合的情境是催生学生认知产生的必备因素。在常态化教学中,教师可以在布置好的实体教室中利用多媒体演示等现代技术手段,运用音像、图片、视频等表现形式来为学习者营造与其生活相关的情境,利用直观的形象对学生的感官施加相应的刺激。以部编版小学语文二年级下册写话《猫和老鼠》为例,教师可以创设相应的故事情境,需注意在搭建故事框架时预留相应的空白,此处的空白并不是指教师不清楚故事的走向,而是将空白视为学生无限的可能。无限的可能也绝不是放任学生任意为之,是在适当的时候、适当的位置进行引导和暗示。对于该写话课而言,包含以下步骤。

(1)通过观看《猫和老鼠》的动画片,回顾故事的主要内容和人物关系。首先,在汤姆猫对付杰瑞老鼠的危急时刻,杰瑞会选择逃避的处理措施。此时通过多媒体演示,呈现出杰瑞在躲避时会藏进自己的洞穴、爬上屋顶或者是钻进水缸中,让学生说说躲避之法。其次,躲避不能解决问题时,老鼠大多时候会选择主动对抗,出示杰瑞用拍子打汤姆、用西红柿砸汤姆、用剑刺汤姆、将自己变大来吓唬汤姆等图片,让学生自由地说说、演示老鼠是怎么对付猫的。再次,当杰瑞不能独自应对汤姆时,便会求助小鸟、猫的主人、大狗等帮手,让学生说说、演示杰瑞是怎么求助的。最后,当老鼠成功战胜猫之后,会有一系列庆祝方式,如开心地跳起舞来、独自享用美食等,此时再让学生来说说他们看到的方式。

（2）呈现教材中的图片，展示所创设的情境。教师此时可以用教学语言来继续情境的营造："猫和老鼠的故事陪伴了我们度过欢乐的童年，但是，猫和老鼠的故事并没有结束，你们看，老鼠又遇到了猫！"（出示教材中的图片）"看，在电脑前，老鼠开开心心地在网络中漫游，突然屏幕上出现了它的老对手——汤姆猫！如果你是这只老鼠，你的第一反应该是如何？"让学生说说自己的第一反应，据此开启今天的写话课堂："同学们，我们一起变身为这只小老鼠，看看怎么去对付汤姆猫吧！"

（3）借助日常生活中的实物演示。例如《我最喜欢的玩具》一课中，教师可以先出示自己带来的玩具，展示这个玩具的功能、玩法："这是老师最喜欢的玩具，它的模样是这样的……同学们可以观看老师的操作，先打开开关，然后……我平时会在下班回去之后玩一玩，这样我一天的疲惫就烟消云散了，这就是老师最喜欢的玩具，你们也将最喜欢的玩具拿出来和大家分享吧！"

2. 开展具身活动，丰富主体体验

教学活动是教师和学生在教学环境中开展的实践活动。教师和学生以自身的身体参与教学活动，此处的身体并不是客观的对象，而是多变的、复杂的，时刻体验着教学活动。在以往的写话教学活动中，甚少有身体的参与。但是，写话本就是需要用身体来体验，这样才能写出自己的真实感受。换句话说，写话活动本身就具有强烈的具身性。而写话教学活动的具身性主要涉及三方面的内容：第一，写话教学的身体性。在教学过程中，必须将教师和学生视为完整的生命个体，一个有着自身独立思想的主体必然不是确定的、不变的和已完成的，而是用与之相反的方式参与着教学活动。第二，写话教学的体验性。"体验"是师生的身体体验，杜威认为在教学过程中，要想让学生学会知识，重要的是要"做"，要在"做中学"。第三，教学活动的意义性。教学活动根本上就是人与人之间知识传递和动态交流的过程。想要获得有意义的教学，师生之间必须进行有效互动。互动主要涉及语言互动、情感互动和身体互动，良好的互动需要三方面相互配合、相互促进。在写话教学过程中，教师不该只将目光放在传授"如何写话"上，也需要回应学生"说话"的诉求，努力建构学生愿意参与的语言情境，让"说话"成为学生理解知识、教师讲课反馈、师生情感交融和身体互动等的桥梁。教师在教学中应保持积极的情绪和心态,这样才可以较好地调动学生学习的积极性。教师的表情状态与语言表达的含义要保持一致,这在语文学科中尤为重要。同时在进行表述时教师可以配合相应的身体动作。

具身认知理论的产生依赖于对环境的感知与环境的交融。一个好的环境有利于让置身其中的学生产生一种沉浸的感觉,沉浸感能让写话学习的效果事半功倍。这里的环境并不仅是真实的现场环境,还可以是人为创造地对过往生活的再现,还可以是教师通过教学语言唤起学生过去表象与经验。据此,具身可分为实感具身、实境具身和离线具身三种类型。对书面表达刚起步的低年级学生而言,其写话多依托实感具身和实境具身两种方式。因此,除了用相关的图片、文字等静态方式呈现写话的内容时,教师还要通过角色扮演、口语交际等活动来增强学生的身体对写话内容的多通道感知与情境的动态交互。总之,写话内容的呈现,需注重动静结合、虚实相生,如此才能够引发学生的身体感受,使之所学、所感具象化。例如,统编教材二年级下册语文园地七的《我想养的小动物》,学生需要在描写小动物的基础上写出想要饲养这种动物的理由。在进行课堂教学时,可以将教室布置成一个名为"宠物商店"的"场",将高仿真动物模型或金鱼、乌龟、小兔等性格较为温顺的动物带入教室中。在明确观察、接触小动物的目的后,学生通过看一看、摸一摸、玩一玩、想一想、画一画、说一说、写一写等寓身学习活动,涉身到真实、有趣的活动中,有话可说,有情可抒。

3. 引导学生修改,强化认知

对于一篇写作作品的修改,一共有三个构成要素:修改控制结构、修改作品的基本过程和修改写作过程中的工作记忆和长时记忆。

(1)修改控制结构。在这个修改模型中,控制修改的活动是本次写作的任务图式,具体来说包括的内容有:第一,进行写作修改的目标在于提升文章的质量。第二,修改中要完成的一系列活动包括评价性阅读、问题解决和文章产生。第三,注意的目标分为两个,一是"应该留心文章的哪些地方需要修改",例如语言表达的修改、文章立意的修改、选材的修改等;二是"应该避免哪些错误",这是从反面对本次修改提出的要求。第四,写作质量的标准为对比用词的标准。第五,修改特定问题的策略,例如文章的主题、语言表达、标点符号等。

(2)修改作品的基本过程。写作的修改过程包括回忆与反思、文章加工与处理和形成并润色文章。其中回忆与反思包含各问题做出决定和解决的过程。文章加工与处理包含阅读评价的过程,即是文章的批判性阅读、反思性阅读、评价性阅读。形成并润色文章也就是修改的结果。

(3)修改写作过程中的工作记忆和长时记忆。对于工作记忆而言,在传统的写作修改的研究中,对人的大脑的关注较少,学生一直都未能成为修改过程的主体,从而导致学生实际上驱动相关工作记忆的时间和机会较少,更遑论工作记忆中信息加工的质量如何。因此教师应当考虑如何将修改的主动权交还给学生,让学生成为修改的主体。

对于长时记忆而言,是指作者储存在大脑长时记忆中的资源,包括"修改者储存于大脑长时记忆中有关任务的图式、词汇、语法、体裁、读者知识和写作修改实践等内容",这些都是储存在长时记忆中的能够用来修改的资源。

在具身认知视域下,学生被要求是参与的主体,其身体感知和身体与环境交互作用的经验与写作修改模型的理念都是不谋而合的。

4. 开展有效的写话评价,实现课堂增质

在写话教学的课堂中,进行教学评价时教师应树立"教—学—评一体化"的意识,秉持具身认知理念,科学选择在写话中的评价方式,合理使用评价的工具,妥善地运用评价的语言,注重鼓励学生,保护和支持学生的好奇心与求知欲,激发学生的写话积极性。在第一学段的写话教学中要特别注意保护学生对写话的学习兴趣。在写话教学中开展过程性评价有利于教师的教与学生的学进行及时改进,从学生的学习动机、学习过程以及学习效果三个方面进行一体的评价。

(1)在写话教学中构建多主体互动的评价模式。教学过程中,教师评判学生的言语表达,是教师对学生的评价;组织公开课后,是教研专家或其他教师对任课教师和听课学生的评价。不管是在哪种情况下,评价活动的主人翁都不是学生。即使开展了学生间的互评活动,该实践也脱离了当下的语言背景。因此,在教学过程中,主张不固定评价的主体和客体,师生之间可以互为主体和客体。

(2)在写话教学中构建多元化的评价模式。从具身认知的视角来看,学生的学习不仅仅是发生在头部以上,只有知识的建构,而是知、情、意、行的全面发展。因此,在进行写话评价时要将评价的内容从对写话的方法掌握、好词好句的积累等认知领域,扩展到学生是否有写话的动机、积极的态度,以及课堂当中的身体参与度等身心方面。以多元化、包容性的眼光看待学生在写话中解决问题的进步,以此提高学生对写话的兴趣。

(3)构建关注教学过程生成性的评价模式。生成性是具身教学的重要特征之一。美国教育家杜威在《民主主义与教育》中提及:教育最重要的是其生长、改善、进步的过程,而不是产生静止的成果和结局。生成性评价便正是生成性教学关照的结果,而协商式的评价是生成性教学得以实现的重要保障。生成性评价不仅关注学生的认知形成,还着眼于学生的情感、态度、体验等方面,让学生能清晰地了解自己的优势和不足,对学生的发展潜力给予了极大的期望。

# 第二节　语文核心素养视域下的小学习作教学设计

## 一、语文核心素养视域下小学习作教学的价值探析

### (一)语文核心素养的构成及特点

明确语文核心素养的构成要素,系统把握其内涵与特征,是将习作教学与语文核心素养建立联系的关键。在分析语文核心素养构成要素的基础上总结语文核心素养的特点,对于更好地定位小学习作教学目标有重要指导意义。

1.语文核心素养的构成分析

学界广泛认同的语文核心素养包括语言、思维、审美、文化四个层面,其

中"语言建构与运用是语文课程独有的能力要求"。语文教学要在提高学生语言文字运用能力的基础上推动学生思维水平的进阶,发展学生健康的审美取向和审美情趣,引导学生在接受语文教育的过程中用开放的思维了解文化的多元性,理解并自觉传播本民族的优秀文化。

(1)语言的建构与运用。语言的建构与运用是语文核心素养最关键的组成部分,也是带动其他三项语文核心素养发展的第一要义。提升学生的语言建构与运用能力是语文教育的本质追求。语言的建构是指主体为了表达自己的观点与思想而进行的建构话语的活动;语言的运用是指学生在接受语文教育的过程中积累一定的语言知识,形成正确的语感,并凭借语感逐步走向理性,在不同的语境中运用语言文字进行交流的过程。因此,建构是运用的前提,运用是建构的途径,二者是相互依存的关系。学生语言层面的素养需要在持续的语文实践活动中养成,基础的语文知识、熟练的语言技能是学生语文学习的直接对象,但教师在语文教学中,不仅要教授语文知识、文字运用技巧,还要关注语文的情境性,引导学生在真实的语言运用情境中理解汉语蕴含的感情色彩,激发学生对语言学习的兴趣,确保学生能够在不同的语言环境下灵活使用语言文字。在小学语文教学中,绘本、教科书、课外阅读资料等都含有丰富的语文资源,教师可灵活运用,以培养学生的语言建构与运用能力。

(2)思维的发展与提升。思维的发展与提升是学生语文核心素养形成和发展的重要标志之一,其内涵包括学生在阅读、鉴赏等语文实践中获得的对现实生活与文学现象的直觉与灵感、联想与想象、实证与推理、批判与发现。任何学科都需要培养思维品质,但学生思维能力的培养是以语言为载体的,语言是思维的工具。因此,语文教育是培养学生思维的根本途径之一,也是其他学科教学顺利开展的基础。学生在语文学习的问题情境中对某种事物进行认知,通过表达与交流活动有理有据地发表自己的认识和观点,并能够透过现象推测事物的内在逻辑,进行解决问题的实践活动,就是思维发展与提升的体现。学生在思维活动过程中产生思维体验,提高了思维的深刻性、灵活性与敏锐性,实现语文核心素养的发展。学生已有的思维方式会影响他们学习语言的方法,反过来,语言的学习也影响着学生的思维水平。例如,拥有良好阅读习惯的学生,习作质量也会较高。因为他通过语言的学习,积累了更多的语文知识,涉猎了更多的间接经验,潜移默化地习得了书面表达的技巧,能将优秀作品中的写作方法迁移到自己的习作中,写作思维更严谨,富有创造性。所以,学生语言和思维层面的语文核心素养是相辅相成、相互促进的。

(3)审美的发现与鉴赏。审美的发现与鉴赏是指语文教育的美育价值,学生通过语文学习,能获得发现与感受美的能力、理解与鉴赏美的能力和追求与创造美的能力,与艺术教育有异曲同工之处。语文教学对学生审美层面的价值包括两方面内容:一是语文教育能引导学生在掌握基础语文知识、运用语言文字时体会语文的丰富内涵,发现中华文字的魅力,培养学生的审美眼光。学生在识字、写字中发现汉字文化的美;在阅读中理解语言文字,感悟语言的整体美,感受真切情感表达的美;在习作中追求创作的美,并逐渐提高自己的审美水平,形成追求美的意识。二是学生在接受语文教育的过程中形成的审美眼光会延伸到生活中,能够提升学生对生活的感受力,丰富学生的情感体验,培养学生的感悟、欣赏与评价的能力,激发学生的表现与创新热情。所以说,语文教学要重视对学生的审美引领,培养学生体验美、评价美与追求美的动机与能力。学生审美能力的培养是在一系列连贯的语文教学活动中实现的,具有综合性的特征。

(4)文化的传承与理解。文化的传承与理解是指学生在长期接受语文教育的过程中,逐渐发展出来的文化意识、文化视野和文化态度,表现为学生的文化修养。语文教育不仅能加深学生对中华优秀传统文化的理解并促使他们积极继承与发扬中华优秀传统文化,还能使学生在接触不同文化的过程中形成对其他民族和地域文化的包容态度。语文核心素养中文化的传承与理解包括两方面的价值追求:一方面,学生在学习语文的过程中,通过品味语言文字、积累文学知识,体会中华民族精神,产生文化自豪感,从而认同并积极传承中华优秀传统文化;另一方面,学生通过学习优秀文学作品认识世界,尊重与理解不同国家和地区的优秀文化,并形成包容与开放的文化态度。开放的时代需要文化的百花齐放,教师应重视优秀文化在语文教学中的价值,捕捉教材中的文化知识,深入挖掘文化背景,通过多种形式的语文教学活动,扩充学生的认知,丰富学生的体验,在提高学生审美水平的基础上培养学生广阔的文化视野。

2. 语文核心素养的特点

准确把握语文核心素养的特性对于深入认识语文教学的本质追求具有重要意义。只有明晰语文核心素养的根本特点才能更好地指导语文教学,提高教师习作教学设计的水平,帮助教师定位基于语文核心素养的习作教学目标,使学生语文核心素养的发展在教学实践中得到落实。

(1)实践性。语文核心素养的培育和运用过程都具备实践性的特征。首先,学生语文核心素养的培育必须通过学科教育即语文学科教学实现,需要渗透在识字与写字教学、习作教学、阅读教学等多种语文领域的活动中。所以语文核心素养的培养过程是在教学实践中实现的,是可操作的、可教育的。其次,实践性还指语文核心素养具有使用价值,可作为个体交际的工具和媒介,强调学生的语文核心素养在学习与生活中的运用。学生通过语文学科教育,形成解决真实情境问题所需要的语文知识、语文能力及语文思维,最终转化为语文核心素养,帮助学生完成真实情境中的交际任务,这也是语文课程工具性价值的体现。小学教育阶段学生语文核心素养的实践性既表现为学生在运用语言文字的过程中提高学习能力,为其他学科的学习打下基础,又表现为在生活中运用祖国的语言文字进行师生、朋辈之间的人际交往,帮助学生解决真实情境中的问题。

(2)综合性。语文核心素养不仅包括学生在接受语文教育后所获得的语文基础知识与基本技能,还包括学生"人文底蕴"和"科学精神"方面的高阶素养,这正是语文学科工具性与人文性统一的价值体现。学生掌握语文知识与能力是对学生基本学力的要求,在长期接受语文教育后所形成的思维方法、情感态度与价值观是语文教学的深层追求。因此,语文核心素养指引下的小学习作教学,将具备超越习作教学本体功能的价值。语文核心素养虽然是学生在语文教育的过程中养成的,不能够被其他学科的学习所代替,但语文学科教学只是一个主渠道,学科之间的贯通、学科与活动的贯通也能对学生语文核心素养的发展起到不可小觑的作用。所以,语文核心素养理念引导下的小学语文教学,还应打破学科的界限,促进相邻学科知识、能力、思维、情感之间的化学反应,这与学生发展核心素养中跨学科素养内涵相吻合。

(3)发展性。发展性是指学生语文核心素养包含晶体智力的成分,学生语文核心素养的培育不是通过某节课或某学期的学习就能实现的,而是一个持续渐进、贯穿终身的过程。通过持续的学习活动,学生的语文知识不断丰富,语文思维不断开阔,学习能力也相应地不断提升,审美情趣不断提高。所以说,语文核心素养不是一成不变的,随着时代的进步,社会对人的素养的需求不断变化,人们要适应不断变化的环境,必须具备相应的能力素养,学校语文教学的目标、内容及方法都会有一定的调整。因此,语文教育所培养的人的语文核心素养是不断生长、不断完善的。基于语文核心素养的习作教学应考虑人类社会生活的大背景,合理定位教学目标,在教学内容上贴近生活,在教学方法上紧跟时代步伐,用发展的眼光进行教学设计,促进学生语文核心素养的动态发展。

**(二)小学习作教学的本体功能**

习作教学作为小学语文教育的五大领域之一,对学生综合素质的发展起到极其重要的作用。理想的小学语文习作教学对学生个体能力的培养价值主要表现在三个方面:发展学生良好的观察品质,培养学生的阅读与积累习惯,提高学生的语言文字运用能力。

1. 发展学生良好的观察品质

观察是知觉的高级形式,是人的一种有目的、有计划的知觉。良好的观察品质主要包括观察的目的性、精细性、敏锐性、客观性。由于小学习作教学的重要任务之一是培养学生认识事物的能力,所以在习作教学的过程中,会涉及大量的观察活动。习作教学中的观察活动是学生将直接经验内化于心并转化为习作素材的关键环节,也是学生情感表达的重要来源。

小学生由于发展水平有限,在观察事物时经常出现漫无目的、缺乏敏锐性的问题,而教师在习作教学过程中会根据特定主题给学生提出明确的观察对象和目的,教给他们合理的观察方法并引导学生制定观察计划,因此习作教学能够培养小学生观察的目的性、精细性等品质。新课标在小学阶段也提出了对学生观察力的要求,学生从第一学段的"写话"起,就应留心周围事物、观察大自然,并能用几句简短的话描述自己所观察到的内容。随着学段的升高,习作教学目标中对学生观察品质的要求进一步提升。第二学段的习作要求学生不仅有观察周围世界的表现,还要有对观察内容的感受,这就要求学生在日常学习和生活的过程中更主动、更细致、更深入地观察周围环境,在体验生活、走进自然的过程中积累习作素材。到第三学段,学生已基本养成细心观察周围事物的习惯,观察的精细性、敏锐性品质得到提升。可见学生的习作能力与观察品质是相辅相成的,学生在接受语文习作教育、进行实际写作练习的过程也是提高观察品质的过程。

2. 培养学生阅读与积累的习惯

作文教学理论认为,学生习作的过程涉及多种认知活动,习作能力的形成不仅以观察力、想象力、思维力为基础,还需要较强的阅读能力。因为从审题、选材到布局谋篇、用词造句,都主要是通过阅读获得的。习作是学生运用语言文字进行表达和交流的过程,语言文字的丰富性是影响学生作文质量的关键,而阅读正是学生获得丰富的语言文字材料的主要途径。理想的习作教学,不仅注重学生观察品质的培养,还关注学生语言文字的积累情况,重视学生阅读积累习惯的培养。阅读是学生将外界信息输入自己认知图式的过程,而习作是一个输出的过程,两者之间联系紧密。因此在小学习作教学过程中,教师为引导学生写出合适水平的作文,会特别注重学生阅读能力的培养与阅读材料的积累,久而久之,便使学生养成了阅读与积累的习惯。

建立丰富的资料库是小学习作教学的重要环节之一,学生只有具备一定的阅读基础,积累各种各样的习作素材,在下笔时才能行文流畅,言之有物。所以理想的习作教学中所渗透的阅读活动,可以使学生有书可读,在阅读的过程中积累素材,进一步促进学生有内容可写,最终在持续的习作活动中养成良好的阅读习惯。不同年龄段的学生有不同的学习重点,低年级的学生在阅读中丰富自己的词汇,并应用到自己的"写话"中;中年级的学生在阅读中积累课内外精彩句段等语言材料,写出优美的段落;高年级的学生则在阅读中积累优秀诗词文化,体悟作品的韵味,写出具有审美价值的篇章。

3. 提高学生的语言文字运用能力

学生的语言文字运用能力是语文课程工具性价值的体现,培养学生的语言文字运用能力是习作教学的本质追求。学生的语用能力是在积极的交际语境中成长起来的,小学习作教学富含听、说、写等交际语境,因此理想的习作教学能够提高学生的口语表达和书面表达水平,为培养学生的语言文字运用能力提供帮助。

首先,小学习作教学包含着指导学生口语表达的过程。习作与口语交际有紧密联系,学生在写作前要进行一定程度的口语表达练习,才能更顺畅地将内部语言外化为书面语言。教师在教学指导课中引导学生表达想法、交流意见,在评价课中鼓励学生分享展示、批判质疑等都是锻炼学生口语表达能力的方式。其次,小学习作教学是指导学生运用语言文字建构书面语言的过程。不论是低年级对学生写完整、连贯的句子的训练,中年级在照顾到"篇"的完整性的基础上对学生写条理清晰的片段的训练,还是高年级对整篇文章的思想内容表达的训练,都是学生运用语言文字的过程。小学阶段的习作还涉及创造性表达的要求,鼓励学生自由表达内心的想法,支持学生创造性地应用语言文字,这更是对学生语用能力的提升。

小学语文习作教学所培养的学生语言文字的运用能力,也能为其他领域的学习打好基础。高速发展的信息技术给人类的语言生活带来了巨大的变化,对语言文字运用的规范性要求越来越高。为传承与发扬中华民族优秀传统文化,提升民族自信,应格外重视学生的语言文字运用能力,培养更多的心态开放、视野开阔、有创新思维的高素质公民。

**(三)基于语文核心素养开展小学习作教学的价值**

语文核心素养理念下的习作教学强调"教"与"学"的双向互动,能够真正实现教师为理解而教、为思想而教、为学生未来发展而教,帮助学生建构对于学习与习作的新认知,彰显习作教学对学生语言、思维、文化和审美等方面所具有的方法提升、情感陶冶和行为养成等功能。

1. 发展学生的语言能力

语言能力是指学生在接受语文教育的过程中逐渐发展起来的语言的建构与运用能力,超越了单维地说与写的能力,体现了学生对语言的理解以及在真实情境中综合运用语言文字进行交际的水平。语言不仅是一种交际工具,还是发展人的思维的前提条件,在人的一生中占据重要地位。良好的语言能力是现代人才的必备素质之一,所以培养学生良好的语言能力是语文教育的直接目的。传统的习作教学以一种去情景化的方式展开,容易发生脱离情境谈知识、技能的现象,不利于学生在真实的情境中建构与运用语言文字,学生会生产出一批批流水线作品。而基于语文核心素养的小学习作教学实践更注重将学生与社会生活联系起来,重视在真实的情境中培养学生的能力,遵循人本性原则,在课堂交流、情景体验的过程中帮助学生更好地看清知识与现实世界的关联性,能有效提高学生的语言能力。

语文核心素养理念引导下的习作教学将为学生提供多种语言环境,学生能在语言实践中,积累丰富的语言知识、形成正确的语感,并主动梳理和整合,逐渐掌握语言文字的特点及运用规律,内化为个体经验,还能凭借语感在具体的语境中有效运用口头和书面语言完成习作任务。因此,基于语文核心素养的习作教学不仅能够提升学生的作文水平,发展学生的书面语言建构能力,还能反向促进学生其他语言能力的全面提高。通过习作教学促进学生识别与理解语言文字的能力;在习作教学中反向促进学生的阅读能力,使学生体验读写结合的乐趣;还能在练习写作的同时教会学生表达,提高学生善于倾听的品质与口语表达的能力,培养学生运用语言文字进行交际的能力。学生在丰富的学习活动中建构自己对于客观世界现象及问题的理解,在体验不同语言风格的基础上写出富含主体真实情感的作文,真正发挥习作提高学生语言能力的功能,实现语文课程工具性与人文性价值的统一。

### 2.提升学生的思维水平

基于语文核心素养的小学习作教学坚持以学生为主体的宗旨,指导学生运用语文思维认识真实世界,完成习作任务并解决真实问题。语文核心素养理念下的习作教学特别注重语文五大领域之间的连贯统整,是教师引导学生综合运用语文知识、灵活选择习作方法、恰当抒发情感态度的过程,这个过程也是学生思维提升的过程。作文是学生将内部语言外化为书面语言的过程,学生在建构书面语言时,需要比口语表达更强的思维能力,因为口头语言的表达是在直接的交际环境中开展的,主体与交谈对象面对面交流的过程中可以省略一部分语言要素。学生进行书面语言表达时交谈对象是不在场的,它需要写作主体具有一定读者意识才能将文章表达清楚,其情境性、词语的多样性、对客观事物的反映都需要经过复杂的转换过程才能实现由思维到书面语言的落实。

语文教师需要通过识字写字、阅读、口语交际等教学方式不断提升学生的理解能力,引导学生在学习过程中积极思考、主动交流。因此,习作教学在一定程度上是多种语文学习活动的综合体。学生在语文其他领域的学习中,会积累一定的基础知识、锻炼一定的习作技能,并学习作家的一些写作方法。学生将旧有知识经验综合运用到习作中,探索出自己的写作方法,这是学生思维向积极方向转化的过程。因此,基于语文核心素养的小学习作教学既能促进学生对语文习作的理解,提升小学生的写作水平,还能培育学生系统思考和解决问题的能力,训练学生表达的逻辑性与思维的缜密性,发展语文核心素养。

### 3. 提高学生的审美能力

审美能力是建立在观察能力基础上的高阶素养。中国的语言文字不仅仅是一个个符号,而是集思想、情感、文化、美感于一体的意义话语。所以基于语文核心素养的小学习作教学具有一定的美育功能,不仅能提高学生鉴赏语言文字、观察生活的能力,加深学生在语文习作学习的过程中对美的理解,感受不同语境中母语的美感,还能提高学生的习作兴趣与信心,激发学生追求美、创造美的意识。总之,语文核心素养理念指引下的小学习作教学能提高学生的审美能力,增强学生对美的感受性。

语文核心素养视域下的习作教学所具有的美育功能有内涵和外延之分。其内涵是指学生在参与习作活动中形成的对语言文字的鉴赏能力,习作教学能加深学生对于习作用语语言美、内容美、情感美的理解,并引导学生学会鉴赏什么样的作文才是美的作文,力求写出具有审美价值的作品。习作教学还可以通过生动的文字描述帮助学生在脑海中形成一定的情景,在发展学生想象能力的基础上提高学生的文本鉴赏水平。其外延是指学生在参与习作教学的过程中所获得的审美能力既能应用于其他学科的学习,还能指导学生的生活。学生在综合的学习活动中感受自然与人文的碰撞美,维持强烈的学习兴趣与动机;在参与生活的过程中丰富情感体验,陶冶情操,产生追求美、创造美的意识,进行正确的价值判断。所以基于语文核心素养的习作教学能在发展学生观察品质的基础上提高学生的审美能力,具有超越习作教学本体功能的价值。

4.深化学生的文化理解

语言文字既是文化的载体,又是文化的内容。语文课程作为小学阶段的主要学科,集合了众多优秀的中外文化。从识字、写字到阅读、写作,都有优秀文化的渗透。学生通过阅读了解优秀文化,通过习作表达对于文化的理解,并在学习活动中继承和发扬优秀传统文化。小学语文教学的一个重要目标就是让学生在教师的引导下体会中华优秀传统文化的魅力,感受文化的丰富性与多元性,并以此来深化他们的文化理解,培养爱国情感。除此之外,还要让学生在接触不同国家、地区文化的过程中,开阔文化视野,用开放与包容的气度对待多元文化。

语文核心素养理念引导下的小学习作教学,是包含了语言、思维、审美与文化教育的综合性活动。教师在习作教学过程中会关注学生文化层面的素养发展,有意识地将更多优秀文化渗透于教学之中,增加课堂教学中学生接触优秀文化的机会。教师在教学过程中提供的优质阅读素材,不仅能扩大学生的阅读视野,还能在读写结合中树立学生的文化意识与态度,促进学生在理解的基础上自觉继承与发扬中华优秀传统文化,激发学生有意识地关注并参与到文化活动中。学生在学习与运用语言文字进行习作的过程中可以体会中华优秀传统文化的源远流长、博大精深,在潜移默化中领略文化的精华,抒发对于文化的理解与态度。所以基于语文核心素养的小学习作教学不仅能丰富学生的阅历、提升文化修养与自信,还能深化学生对文化的理解,培养学生传承与发扬中华优秀传统文化的责任感。

## 二、基于语文核心素养的小学习作教学设计策略

教学有法,而教无定法,贵在得法。基于语文核心素养的小学习作教学对教师的要求很高,教师需要综合语文核心素养的内涵、课程标准、教材内容以及学情进行教学设计,并灵活应用于习作教学过程中,以提高学生的语

文素养。基于对小学习作教学中师生双方存在问题的分析,以语文核心素养理念为目标引领,结合习作教学与学生生活、阅读、体验的关系为教师的教学设计提出五条策略,旨在更新教师的教学观念,使习作教学突破技能技巧的束缚,更大程度发挥习作教学对学生语言、思维、审美、文化方面的发展价值。

**(一)习作目标,兼顾具体与整体要求**

目标既是贯穿习作教学的线索,也是教师评价学生发展的参照。教学目标必须与其上位的教育理念一致,并最终与教育目的联系起来,才不会失去整体性而流于琐碎。语文核心素养的综合性特征决定教师在习作教学设计时要从源头上找准方向,合理定位习作教学的目标,兼顾具体性与整体性要求。

1.具体性目标,落实习作基本任务

具体性的习作教学目标定位既有利于教师更好地落实教学任务,又有利于学生形成对习作的系统认识,解决传统的习作教学中师生分离的问题,将教师在习作教学过程中的引导功能发挥到最优。只有明确了具体的教学目标,才能将语文核心素养与习作的内容与特点建立紧密联系,实现语文核心素养的具体化。

首先,习作教学的目标定位要有对基本的语用要素的要求,将相应学段对学生书写、标点、字词等基本语言要素的要求体现在目标之中。教师做到这一点的前提是对《语文课程标准(2022年版)》有深刻理解和精准把握。一方面,要把握当前学段学生应掌握的基本知识与技能,对学生的汉字书写、语言流畅性做出一定的要求;另一方面,应该对小学习作主题、素材进行深入解读,从中挖掘新的语用训练点。

其次,习作教学的目标要有对习作内容与方法的关照,教师应有意识地把教师的习作教学与学生的习作练习看作一个整体的过程。习作目标的设计要具备可操作性,教师不仅要有对学生基本语用知识的目标定位,还要对学习情境的创设、指导学生习作的过程与方法以及学生情感表达的技巧有所计划,根据培养目标和学习内容本身的特点设计有针对性的习作教学活动,灵活使用教材以及课外资料,这样整个习作教学过程会更清晰流畅。

2. 整体性目标，指向语文核心素养

自上而下制定的整体性习作教学目标能起到导教、导学的作用。整体性的习作教学目标应体现出对学生语文核心素养的关照，实现教育目的与语文课程标准、教学目标之间的一致性。教师在定位习作教学的目标时，应顾全大局，在横向和纵向上关注学生整体语文素养的培育，尽量实现应然的教育目标与实然的教学效果之间的统一。

首先，教师应着眼于学生的整体发展，围绕语文核心素养的整体层面设计习作目标。学生除了要写清楚习作内容外，还应有一定程度的思维、审美能力的发展，所以教学目标的定向不能止步于培养的习作技能与技巧，还应增加对学生的联想与想象、体验与感悟、欣赏与评价、意识与态度等目标的关照。教学目标应以语言的输入和输出为起点，促进习作与语文学科内部其他领域之间的联系，从而丰富学生的语言积累，训练学生的思维。同时还应从审美和文化的角度出发，带领学生在习作中感悟文本、升华文本的价值。

其次，教师应着眼于习作教学的整体性与连贯性，整合习作教学目标，建立教学目标"坐标系"。指导课的目标与讲评课的目标应该是纵向衔接的，同一主题的习作内容在不同学段也需要发展学生不同层级的能力。因此教师要灵活定位目标，进行有梯度的训练，并根据教学实际及时调整教学目标。教师在设计目标时虽然是分条表述的，但是目标的实现过程是相互渗透的，所以教师应宏观把握教学过程，实现目标之间的环环相扣。整体性的习作教学目标定位，有利于教师开展系统、全面的教学活动，而且动态的、发展性的目标体现出对学生素养短板的关注，有助于引导学生从习作教学的窗口获得更多语文核心素养的发展。

**（二）内容选择，联系教材与学生生活**

语文核心素养视域下的习作教学，学生学习的内容不仅是单纯的课本知识，而是蕴含着真实意义的任务。语文核心素养的实践性特征要求教师设计小学习作教学内容时应兼顾教材知识与学生的实际生活，将教材内容转化为教学内容，对教材与生活经验进行教学化处理，促进学生对知识的理解，以解决现实中的问题，实现教学内容的"有用"，使知识有用武之地。

1. 立足教材，挖掘文本的语用价值

教材是教师进行教学设计的依据之一，教师选择教学内容时应在认真解读教材的基础上，挖掘更多有价值的习作教学资源。学生基本的语用知识掌握不牢，所以教师应为学生创造更多的练笔机会，引导学生在多次实践练习中巩固语文知识、掌握习作技能、学会正确表达、领悟习作的真谛，从而丰富教学设计的内容，促进学生语文核心素养的发展。

（1）巧用练笔，提高学生语用能力。巧妙安排练笔活动，是丰富习作教学内容、提高学生写作水平的重要途径。教师在进行教学设计时，应合理利用教材中的实用文，充分钻研其训练价值，发挥其对学生习作的辅助作用。教师可以设计仿写、续写、改写等练笔任务引导学生落实课内的语文知识与技能目标、学习文章中的表达方法，为学生的整篇写作打基础，促进学生语言能力的提高。

教师要重视教材中小练笔的训练价值，引导学生依靠小练笔，写好大文章。从小练笔到习作的过程是学生熟悉语用知识、积累语用知识、运用语用知识的过程，这是个系统的基于语文核心素养的教学活动，学生可以在理解的基础上提高语言的建构与运用能力，并得到思维的发展与提升。

（2）迁移训练，横向整合单元内容。指向语文核心素养的小学习作教学要求提升教师的教学设计站位，以单元整体为基础，将语文核心素养要求与知识点的目标相衔接。各个单元的习作内容与单元内部课文内容有着很高的相关度，所以教师在进行习作教学设计时要考虑单元整体内容，关注单元中与习作教学内容紧密相关的教学重点。在教学环节中为学生提供相互交流的平台，并有意识地提醒学生把本单元课文中学习过的写作方法与表达方法整理下来，运用迁移训练策略，促使学生将所学知识应用到自己的习作中。学生在这种迁移训练活动中练习写作，文章自然比较流畅。与此同时，迁移训练的过程对学生知识的理解、思维的提升起到反向促进作用。

2. 回归生活，培养学生的审美能力

生活是写作的灵感源泉，教育家叶圣陶先生曾说，一切写作"都是有所为的"，作文教学应该在一种真实或仿真情境中，引导学生运用语言文字把自己的所观、所想表达出来，这才是作文的本真状态。因此教师在基于语文核心素养选择习作教学内容时应突显教学内容与学生生活之间的联系,从生活入手,培养学生的观察水平和审美能力,引导学生在洞察周围世界的过程中捕捉有趣的事物和现象,在习作中体悟生活,发现美、做生活的有心人,欣赏美、做生活的鉴赏人,创造美、做生活的建构人。

(1)巧借生活,提高学生的观察力。基于语文核心素养的小学习作教学要求密切教学内容与学生生活的联系,注重在培养学生观察能力的基础上引导学生联想和想象,发展良好的观察品质。善于观察生活的学生,在习作时往往文思泉涌,作文内容有对细节、情感的关照。因此语文教师在进行小学习作教学设计时应巧借生活,指导学生有目的、有针对性地观察事物,让他们带着问题去观察生活细节,细化作文内容。教师不仅要为学生提出观察目标,还要提供一定的观察方法,引导学生按照一定的时间、空间顺序进行有逻辑的观察,这样学生的作文才会言之有序。

(2)激发兴趣,鼓励学生创造美。习作实际上是学生在体验生活的过程中理解知识与客观世界的联系,并产生表达的愿望,是学生用语言文字去记录生活、用语文知识去创造美,实现以知识为中介的人与生活的对话过程。因此,习作不仅是学生表达和鉴赏的工具,更是学生学习如何用文章去求知、思考和生活的媒介,是他们自我表达与创造的过程。基于语文核心素养的习作教学要求教师充分利用学生生活,调动学生的写作兴趣,激发学生主动表达、乐于表达、创造性表达的品质,让学生真正变为写作的主体,促进学生在与真实生活相互作用的过程中完成习作任务。

语文核心素养不是教师直接教出来的,而是学生自己在接受语文教育的过程中体悟、发展出来的,学生的体悟和反思行为是建立在生活的基础上,所以需要教师进行相关内容的设计。积极的体验能促进学生的学习行为,激发学生的创作欲望,那么教师在设计教学内容时应注意什么呢?首先,教师在选择教学内容时应贴近小学生心理,有意识地将生活要素融入教学过程,引发学生对生活中实际问题的观察与思考,将教学内容与生活建立深度联系;其次,教师要在引导学生鉴赏习作语言、内容和情感的基础上,鼓励学生用独特、新颖的视角关注生活,进行创造性表达,对习作要求也应有一定弹性,肯定学生在习作中表现出来的异质特征;最后,教师应引导学生走出课堂、亲近自然,发现生活中的美,促使学生在轻松愉悦的状态中完成创作过程。

### (三)活动安排,注重真实情境的创设

语文核心素养理念下的教学观主张学习对象由"抽象知识"转向"具体情境",注重学习情境的真实性。真实情境中的情感体验是学生写作内容求真、求实的前提条件,小学生认知水平有限,需要教师积极创设活动情境,从多个角度引导学生在亲身参与学习活动的过程中产生积极的情感体验。教师在设计小学习作教学活动时,可以给学生安排课内体验和课外实践两种活动类型,为学生营造更多真实的习作情境,提供更多直观刺激,调动学生在习作过程的主观能动性,丰富学生的情感体验,提高学生解决真实问题的能力。

1. 课内体验,丰富学生的直观感受

创设积极的教学情境是小学习作教学顺利开展的前提条件。语文核心素养的实践性特征要求学生具备解决真实情境中问题的能力,所以教师应尽力丰富学生的课内体验,采用多种教学方式为学生创设多样的教学情境,选择与现实情景相类似的学习任务,以刺激学生的直观感受。丰富的课内体验不仅能够加深学生对于文本的理解,使他们将注意力集中于习作活动中,还能激发学生的写作兴趣,提高自主学习能力,促进学生的思维向积极的方向转化。当学生具备一定的语文思维能力的时候,才能真正地写出逻辑思维清晰、结构良好的文章。

2. 课外实践,激发学生的情感体验

课外实践活动也是教师在设计小学习作教学活动时的有效选择,学生参与课外实践活动的过程更贴近现实的问题解决过程。课外实践不同于生活,它是教师围绕学生的学习与发展设计的有目的、可操作的活动,是教师为学生创设的与实际任务场景高度一致的情境。学生作品中表现出来的情感淡漠的问题很大一部分原因是缺少丰富的直接经验,直接经验不足,写作思路就会狭窄,但教师如何在习作教学中丰富学生的生活经验呢?即设计课外实践活动的方式,帮助学生建构真实的问题情境,带动学生思考,激发学生在参与活动过程中的情感体验。

基于语文核心素养的小学习作教学应考虑学生素养的发展需要,以真实情境为依托,指导学生在实践中积累经验、思考问题、表达情感,并将思维与情感外化到习作作品中。教师在设计课外实践活动时力求学习任务与实际场景的一致性,以语文知识和习作要求为出发点,设计各种促进学生学习的活动和资源,引导他们认真观察、积极思考,帮助学生有效地解决问题,从而促进学生整体素质的发展,使习作教学更好地为学生的发展服务。

教师可以根据习作教学的主题内容灵活设计活动方式,组织调查、访谈等课外实践活动,带领学生走出课堂。丰富的课外实践活动可以内化为学生的直接经验,不仅能帮助学生积累更多有效的素材,使学生言之有物,还能在体验生活的过程中欣赏美,激发学生的真实情感,促使学生在习作中真实表达。同时启发他们独立思考,在自主探究的过程中实现思维的积极转化。教师经常有目的地引导学生参与课外实践,丰富他们的直接经验,这样学生写出来的内容自然不会空洞乏味。

### (四)方法优选,促进学生的深度学习

灵活选择教学方法是实现教学过程最优化的核心,基于语文核心素养的小学习作教学在方法设计上应从教学目标、语文学科的特点、习作教学内容以及学生的年龄特征考虑,力图打通语文学科的内部结构,采用立体教学的方法培养学生的综合素质,促进学生的深度学习。学生的习作能力与个体的阅读及表达能力息息相关,因此教师在进行习作教学方法的设计时,应巧妙借助"读"与"说",将习作与阅读、口语交际建立紧密联系,推动学生在习作学习过程中的高认知与高投入。

#### 1.以读促写,增加学生的文学积淀

阅读是丰富个体精神世界的有效途径之一,也是实现个体从浅层学习向深层学习进阶的有效方法。学生通过阅读,不仅可以积累更多语言知识和丰富的习作素材,学会将内部语言转化为书面语言,还可以在感知、理解、鉴赏文本的过程中认识优秀文化,开阔文化视野,积淀一定的文学素养,在潜移默化的过程中形成对多元文化的正确认知。因此,应重视小学习作教学中的阅读渗透,引导学生把从阅读中学到的基本功应用到习作中,实现"以读促写",增加学生的文学积淀。

2. 说写结合,训练学生的逻辑思维

积极的交际语境能提升学生的语言建构能力,也是提高学生习作质量、训练学生逻辑思维的有效场所。因此,教师在进行小学习作教学设计时,应充分考虑语文核心素养的内容层次要求,合理利用口语交际的价值,采用"说写结合"的方法,促进口语表达与习作的有机结合,在关注学生表达能力的基础上促进学习的真实发生、情感的真实表达、思维的积极转化。

教师在进行习作教学设计时,应以学生为中心,尊重学生在课堂中的主人公地位,以交流为目的鼓励学生发声。首先,在写前指导环节,教师要为学生创设积极的课堂互动环境,引导学生围绕习作内容与要求发表自己的观点意见,在交流中开阔思路,使学生有话可说,进一步促进学生有内容可写;其次,在写中点拨环节,教师要规范学生的思路,在与学生交流的过程中,引导学生说正确的话、说严谨的话、说思路清晰的话,帮助学生及时修改,做到言之有序;再次,在作文展示环节,鼓励学生将完成的作品说给大家听,在分享的过程中,学生自己也能意识到作品中的不足,训练学生边说边反思的能力;最后,在积极的课堂互动中完成作品的评价,尤其是在小学中高年级,教师要有意识地设计同伴交流的环节,鼓励学生点评别人的作品,引导学生在交流中学会欣赏、在交流中勇敢质疑、在交流中发展思维。

## (五)科学评价,实现"教—学—评"的一体化

将特定阶段的学生在习作知识与技能、过程与方法、情感态度与价值观方面表现出来的实际发展情况与语文核心素养理念相结合,对小学习作教学进行评价,能发挥语文核心素养指导小学语文教师的习作教学实践、评价学生素养发展的双重功能。

评价作为教师的一种专业技能,是反映教师教学水平的重要标志。在基于语文核心素养进行小学习作教学评价设计时,应将教师的教学、学生的学习、对学生的评价贯穿为一体,设计"教—学—评"一体化的教学方案。教师在习作教学环节中除了要评价学生基本的学习习惯外,还应着重落实以下三方面的评价:第一,写前准备,评价学生对习作要求的理解能力;第二,写中点拨,评价学生习作语言的表现性与创造性,关注学生的情感状态;第三,写后修改,评价学生写作思维的逻辑性,把握学生的思维发展动态。

1. 写前准备环节,评价阅读理解力

习作中的阅读理解力表现为学生对习作要求的理解能力,"明确要求"作为习作的第一环节,应该在写前准备环节中得到落实。学生从习作导语中获取信息的能力是决定学生习作质量的最重要因素,因此,教师应该在写前准备环节,对学生的阅读理解力有一定的把握。通过科学评价,引导学生正确地解读习作要求,把握习作方向,以免学生出现偏题、跑题的现象。

小学阶段的习作要求是学生在教师的引导下提取、总结出来的,所以教师在评价学生的阅读理解力时主要评价学生对作文要求的解读情况,包括学生打算写什么主题的内容,运用什么写作方法,以及搜集什么样的写作材料、如何应用写作材料,着重考查学生是否具备写作的基本条件,这也是判断学生下一步的习作内容是否与习作要求吻合的方法。比如,教师在指导环节可以通过询问学生"是否明白本篇习作要写什么以及打算怎么写这篇作文"来把握学生的理解情况,如果学生对习作要求的定位准确便可以进行下一环节,若定位模糊,则应继续引导学生真正地理解习作主题与要求,梳理习作思路。

2. 写中点拨环节,评价语言表达力

习作中的语言表达力主要表现在习作用语的表现力与创造性上,这是决定学生习作质量的第二重要因素。有表现力的语言,通常是充满感染性、趣味性、情境性的,读者读完后能感受到作者的真情流露;有创造性的语言,则表现为用词新颖、语言不拘一格,能让读者感受到语言的精彩,是学生个性特征的体现。因此,教师在习作的第二环节中应关注学生的语言表达情况,做到写中点拨,及时将教学指导与评价联系起来,实现"教—学—评"的一体化,发挥评价促进学生语言表达能力发展的价值。

首先,教师在点拨时应关注学生文本中语言的表现性,尤其是字里行间流露出的真情实感。科学的评价能丰富学生的作文内容,提高习作质量,因此教师应通过形成性评价唤醒学生内心深处的情感,并指导学生运用合适的写作方法,正确地表达与抒发感情。其次,教师还应关注学生作文内容的创造性,尤其是语言的创新性、情节的起伏性以及观察视角的独特性。最后,对待学生作品中表现出来的生成性内容,教师应用激励性的评价方式鼓励学生大胆发挥想象,以提高学生的习作积极性与自信心,为学生写出引人入胜的作品助力。

3.写后修改环节,评价思维发展力

习作中的思维发展力主要表现为学生文本内容的整体结构与逻辑,逻辑性是决定小学生习作质量另一重要因素。思维是语文核心素养的重要组成部分,学生的思维不是物化的,教师要想评价学生的思维发展情况,必须借助一定的中介物。作文质量是学生思维发展情况的反映,学生最终的文本呈现以及学生修改作文的过程,都需要思维活动的参与。因此教师在习作指导的第三个环节中,应主要评价学生的思维发展情况,通过创设多种修改活动的情境,在活动中评价学生,在活动中指导学生,实现"教—学—评"的一体化。

教师在评价学生思维发展力时,可以从两方面着手:第一,从静态的文本中透视学生的思维水平。学生的作文文本是反映学生语文思维发展情况的重要凭借物,从文本中可以看到学生的写作思路是否清晰、段落之间的过渡与衔接是否良好以及整体内容结构的优劣,因此教师在写后修改环节一定以文本为主,把握学情,有针对性地分析学生的思维情况,促进学生思维向积极的方向转化。第二,从动态的修改活动中评价学生的思维发展动态。教师可以构建多重评价主体、采用多元评价方式,为学生创设小组合作学习的机会,教师相机指导,考查学生在自我修改和互相修改时的表现,从而评价学生自我反省与团体协作的能力。教师应将过程性评价纳入习作教学活动设计,让学生对自己的发展动态有较清晰的把握。

# 第三节　小学语文口语交际教学设计优化策略

## 一、小学语文口语交际教学设计的内涵

在小学语文口语交际中,口语交际以话题的形式出现在语文教材单元

复习的语文园地中,一般与习作相结合出现。小学语文中的口语交际话题内容的选择依据介绍类、独白类、交际类、表演类和讨论类等分类方式进行教学内容的选择。

小学语文口语交际教学设计是指小学语文教师进行口语交际课,将有关口语交际的教学思想和交际知识,在分析学情的前提下,根据一定的教学目标,结合相关的口语交际话题和口语交际内容,利用合适的口语交际教学方法,对口语交际课的整个程序和一个个具体的教学环节进行相关设计,并对整体的口语交际结果进行预期评价的有效的计划设计。

## 二、小学语文口语交际教学设计的特点

小学语文口语交际教学设计的一般性特点。

### (一)指导性设计随年级增高而弱化

在低年级的口语交际教学设计中,教师对于学生指导性和规范化的设计比重较大,而在中高年级的口语交际课中,教师将学生自身口语交际能力的锻炼作为主要内容,因此在教学设计中也逐渐突出学生口语交际能力和思维的发展。低年级时教师主要培养学生如何倾听、如何表达,掌握表达的方式和技巧,在进入中高年级时则在养成良好的口语交际方式后充分锻炼学生的口语交际能力。

### (二)教学设计中注重交际情境的创设

小学阶段口语交际话题的选取来源于学生生活的实际,因此在进行口语交际时,教师将教室设计为交际情境,通过情境的设计将学生引入到虚拟的环境中,让学生身处口语交际的情境,更加贴近学生的实际生活,从而提高学生口语交际的兴趣。交际情境的创设在小学语文口语交际教学设计中的比重较大,也是在口语交际课中最常见的教学方法。

### (三)教学评价的设计穿插于整体教学设计中

教学评价在口语交际教学中起着十分重要的作用,及时恰当的教学评价,不仅使学生在口语交际的过程中面对自己的不足进行自我修改,还能调动学生口语交际的热情。与其他课的教学评价设计不同,小学语文口语交

际教学设计对于教学评价的设计则不仅仅局限于教学设计的最后,而是将教学评价穿插于整个教学设计中。口语交际的评价不仅在课后,还应关注课前与课中,对学生的表现做出及时相应的评价。

# 三、小学语文口语交际教学设计的改进建议

## (一)转变传统教育观念提高重视程度

### 1.完善课程标准,加强理论建设

《语文课程标准(2022年版)》中对于口语交际分教学目标、实施建议以及评价建议三个方面进行了阐述。《语文课程标准(2022年版)》的制定为教师进行口语交际教学设计提供了依据和方向。在进行口语交际课的设计时,教育部门应引导教师结合自身的实际,进一步完善《语文课程标准(2022年版)》的要求,将其结合自身的教学实际进行具体化、实践性的改进。

### 2.优化口语交际的教材编制

教材是教师进行口语交际教学设计的凭借和载体。利用教材话题可以更好地进行口语交际活动。打破以往口语交际话题依附于单元语文园地的现状,将口语交际的内容以话题的形式鲜明地展现出来,科学选取口语交际的话题。

应将教材的编排更加科学化,按照学生口语交际水平由易到难、由简到繁进行编排,把握口语交际话题的渐进性和层次性。依据小学阶段低中高三个学段的划分,低学段的口语交际可以选用具备较强形式思维能力的话题,着重培养学生的情感和倾听的能力;对于中学段的学生来说,学生的抽象思维开始发展,口语交际话题的选取也应转向内心的感受和独立想法的表达,并注重学生体态语的教学。在对小学高学段的口语交际话题选取上,依据学生抽象思维能力的进一步增强,口语交际话题也应以演讲、辩论和讨论为主。

## (二)发挥学校对口语交际教学的监管作用

### 1.加强学校对口语交际教学的管理

在传统的学校常规检查机制中,由于口语交际不在考试的范围内,因此

它的地位与语文中的识字、阅读相比有很大差距。因此,小学语文口语交际教学设计的改进,需要学校加强监察力度。学校制定明确的口语交际监察标准,保证口语交际正常的课时,杜绝占用口语交际课的现象,对教师口语交际课的教学设计进行监察和评定,将口语交际教学设计的监察列入学校常规检查的范围内,对口语交际进行规范化的要求。学校领导要善于走进口语交际课堂,定期举行口语交际比赛观摩课,提升教师对口语交际的重视程度,对教师进行口语交际教学设计起到督促的作用。

学校在进行课程设置时,应将口语交际课从附属的位置中解放出来,从复习课或习作课中脱离出来,设置独立的口语交际课程。学校做好管理职能,将口语交际课程加入传统的语文课程中,注重语文教学各方面的协调发展。

2. 组织开展有关口语交际的教研活动

第一,学校在进行口语交际监察的同时,应加强有关口语交际方面的教研活动。例如,定期召开口语交际话题设计研讨会,加强教师之间的合作与交流,对一个交际话题该如何设计、怎样更好地达到教学目标进行讨论研究,从具体实例出发,避免大而空的讨论。

第二,学校可以以年级为单位成立口语交际课题小组,让新手教师与专家教师互帮互助。选取一定的课题进行研究,立足于日常教学的实际,积累有关口语交际教学设计的经验。

第三,采取集体备课的形式,以年级为单位进行集体备课,每位教师都对口语交际的话题进行分析设计,彼此阐述自身的设计思想,进行沟通和交流,找出自身不足,促使教师不断积累口语交际教学设计的经验。

第四,学校应开放口语交际的课堂,定期组织口语交际公开课的听课、评课活动,对各个年级的教师都采用听评课的形式,设立口语交际专项听评课记录本,定期进行交流和展示,使教师在听课评课中成长。引导教师对口语交际的教学设计进行共同反思,将听课评课作为口语交际课后的一个交流探讨平台。

### (三)多渠道完善口语交际考查机制

#### 1.评价主体由单一变多元

在口语交际教学评价中,教师是对学生进行评价的主要组织者和实施者,教师评价在口语交际的评价中占有非常重要的位置。教师在进行教学设计时,虽然将教学评价设计作为重要的组成部分,但也仅是关注教师自己如何对学生的表现做出评价,评价的语言也相对贫乏。教师由于将评价的主体局限于自身,授课、组织学生交流、点评学生回答,众多的工作集于教师一人,反而加重了教师自身的负担。

因此,教师在进行口语交际教学评价设计时,应引用多元评价,将学生自评、生生互评甚至是家长评价纳入到教学评价中。教师在进行生生评价设计的同时要加强对学生评价能力的培养,引导学生学会如何评价他人的口语交际能力,引导学生善于用鼓励和表扬的语言评价同伴的表现。口语交际的课堂不光局限于教室,将家长评价也纳入到多元评价中来,教师可以结合相应的口语交际话题,设计一定的家长评价表,加强与家长的沟通和反馈,使家校合一。

#### 2.重建口语交际评价的标准与体系

科学合理的评价标准对于教师的教和学生的学都具有引导和激励的作用。一方面能调动学生学习的积极性和主动性,另一方面好的评价体系可以使教学摆脱盲目性和随意性。因此,在教学设计时制定明确的评价标准和体系是口语交际教学质量的有效保障。

教师在设计教学评价时,不仅仅局限于一堂课的评价,还应拓展到一个学期,一个学段中,对学生的口语交际进行阶段性和总结性的评价。例如在学期末,教师可以按照各年级的具体要求制定评分标准,对学生的口语交际能力进行考查评价。设计符合各学段学生年龄特点的考题,从倾听、表达和交流等方面进行考查。在进行口语交际的教学评价设计时,口语交际的课堂要渗透"知识和能力""过程与方法""情感态度与价值观"三个维度的综合评价,评价的语言应具有针对性。

长期以来,小学语文的考查主要集中在读写笔试上,对于小学生口语交际的考查几乎没有。对于口语交际能力的评价也仅限于教师在教学过程中随意的没有系统性的评价。建立有效的评价标准和体系是进行科学的口语交际教学评价的前提,同样,如何设计评价的标准与体系也为每一位语文教师提出了艰难的考验。

3. 过程性评价与结果性评价相结合

在口语交际的课堂中,评价是依据学生的交际实际进行的。不仅要对学生的结果进行评价,还要把握好口语交际进行中的过程性评价。在评价学生口语交际能力时,坚持以激励为主,充分考虑学生的个体差异,关注学生的点滴进步,帮助学生认识自我,培养自信。因此,教师在进行口语交际教学评价的设计时,注重将过程性评价与结果性评价相结合。

在教学时应注意把评价引入课堂,融入教学过程之中,对学生口语交际学习的评价,既要关注学生知识和技能的理解和掌握,也要关注他们的情感和态度的形成和发展;既要关注学生口语交际学习的结果,也要关注他们在学习过程中的变化和发展。对学生学习过程的评价,应该考查学生是否积极主动地参与口语交际的学习活动,是否乐意与同伴进行交流和合作,是否具有学习的兴趣。教师还应该了解学生对于话题表达的思考过程,可以让学生在对话题表达之后,谈一谈自己的想法。将过程性评价与结果性评价相结合,既关注学生在口语交际过程中的表现,又关注学生最终学习结果,使过程与结果相结合,以便对学生的口语交际能力进行全面客观的评价。

**(四)提升教师自身口语交际教学设计的能力**

1. 制定明确全面的教学目标

(1)教学目标由笼统转为明确。《语文课程标准(2022年版)》在教学目标上对各个学段进行了相应的规定和表述,《语文课程标准(2022年版)》针对的是全国所有的小学生,因此教师在进行口语交际课的设计时,应该从自身的实际,特别是从本班学生的学情出发,进行教学目标的制定和设计,让学生成为口语交际课堂的主体。对于小学阶段的学生来说,每个学段学生的学习能力和要求是不同的,每个孩子的兴趣点也不会一致,因此教师在充分了解学情的基础上进行教学目标的制定才能做到因材施教、有的放矢。

教师在制定教学目标时,应以《语文课程标准(2022年版)》为指导,在分析学情的基础上,结合本单元的教学主题,通过对口语交际指导语的分析,结合学生生活的实际和教师自身的教学风格进行口语交际教学目标的设计。教学目标在设计时应将重点放在学生的口语交际能力具体能在哪些方面得到提高等方面,教学目标的表述应清晰明确,不应盲目抬高。

一个好的教学目标,在设计时就应该具有前瞻性,能够把握整体,在教学中能保证目标的操作性。同时,教学目标的设计也应按照一定的层次来设计,呈螺旋式上升的形式,教学目标应清晰明确、具体实用。明确的教学目标是教师顺利进行口语交际课的前提,在教学设计时,只有先将教学目标设计明确,才能设计出成功的口语交际课。

(2)"以点带面"抓训练重点。在一个口语交际的话题中可能包含众多的教学目标。但是在具体的教学中,对于每一个话题都要求学生在各个方面进行训练和掌握却是不实际的。因此,在进行口语交际教学目标的设计时,教师应结合话题的不同类型,采用"以点带面"的形式,敢于抓训练重点。在进行教学目标的设计时,也应"以点带面",抓住本次口语交际话题训练的重点,制定恰当的口语交际教学目标,而不是"眉毛胡子一把抓",呈现"均衡"的现象,反而无法实现教学目标。

2.灵活选取贴近生活的教学内容

(1)变"死教材"为"活话题"。教材是教师进行口语交际教学设计的凭借和载体。利用教材话题可以更好地进行口语交际活动。教师要加强对教材的研究,结合自身教学的实际,对教材的内容进行补充、调整,将学生的学情和教师自身的教情相结合,把固化的教材话题创新化,将"死教材"变成"活话题"。对于教材内容的开发研究和使用的出发点也是为了最大限度地服务于教学,促进学生的发展。

对于教材,不单单是阅读和作文,相对于灵活性更强的口语交际来说更是如此。教材作为教学的凭借和进行训练的工具,它的作用在于通过教材所给出的话题训练学生口语交际的能力。对于不切实际的交际话题,教师在进行口语交际设计时更应该学会变通,结合实际进行设计。

如对于以"春"为话题进行教学设计时,可以转换学生的地理方位,让学生将教室从东北或者南方转换成华北广袤的大地,在激发学生积极性的同时也巧妙地避开了教材设计的不足,变"死教材"为"活话题"。

(2)从学生身上找话题。作为口语交际来说,它作为人民日常生活中最基本最常见的交际手段,哪里有人的活动,哪里就有口语交际。语文口语交际的教学不能仅仅局限于教材、课程标准的规定,而是在此基础上将教材与生活相联系,从学生的身上找话题,多与学生的日常生活相沟通,让学生学到与自身有关的亲切实用的口语交际能力。

学生的生活是丰富多彩的,特别是当今的小学生,通过丰富的传媒设备,如电脑、电视、广播等,他们每天都能接收到众多的信息,其中必定有他们喜爱和关注的。因此教师在进行口语交际内容的设计时,可以用心捕捉学生生活中那些感兴趣的话题,例如某个知名的动画片,甚至是国内外发生的大事等。这些热门话题都能激发学生的学习兴趣。由于这些话题来源于学生自身,都是学生感兴趣的话题,与教材所规定的话题相比更有生活化的特点,因此可以更好地训练学生口语交际能力,也相应地提高了学生搜集信息、把握信息的能力。

3.提升教学方法设计的实用性

教育家陶行知认为最好的教师"不是教书,不是教学生,乃是教学生学。教学生学什么意思呢? 就是把教和学联系起来,一方面要先生负指导的责任,一方面要学生负学的责任"。口语交际的课堂,就是要把教师的教与学生的学联系起来。那么用什么联系起来呢? 陶行知先生认为是"孟子所说的自得,也就是现今教育家所主张的'自动'"。因此,教师在进行口语交际教学设计时,对于教学方法的设计也应努力提升其操作性和实用性,以便更好地促进学生口语交际能力的发展。

(1)情境设计体现真实性。在口语交际中,听说双方是互动的过程,口语交际的教学活动也应在具体的交际情境中进行。教学中的教学情境是课堂教学中的基本要素,创设有价值的教学情境对于教师的课堂教学十分重要。创设交际情境在口语交际教学中占有重要地位。

在进行口语交际教学方法的设计时,教师十分重视教学情境的设计,对于兴趣和注意力易转移的小学生来说,真实充满情趣的口语交际情境有利于提高学生参与的积极性。同时,在进行情境设计时,教师也不能一味追求情境的外在表现,更应该注重情境所体现的交际内容。教师在进行情境设计时,可以运用自身形象的教学语言,结合学生的合理想象,将学生带入交际的情境中;也可以在设计时将多媒体及图片等直观性的实物作为工具来强化口语交际的情境,充分利用小学生形象思维的特点,借助具体的图画来提高学生的积极性。

(2)打破固化格局构建新型交互小组。口语交际的课堂是一种双向互动的课堂,任何单向的行为都不能体现口语交际真正意义上的交流互动。口语交际的核心是"交际"。在进行口语交际教学设计时,在教学方法上应着重注意训练学生的交际能力。在口语交际的教学中,要想让学生积极参与,克服胆怯心理,保证口语交际的顺利进行,教师在设计时首先要努力营造民主、和谐互动的谈话氛围。

在以往的教学设计中,教师采用小组讨论的形式,也只是简单地以学生前后位作为一个小组进行口语交际的练习。这样的单一划分小组的形式是不合理的。每个学生的口语交际能力是不同的,他在所处的小组中应该具有属于自己位置,以便使自己的口语交际能力能得到最大限度地提升。教师进行口语交际教学方法的设计时,可以参照其他科目依据学生能力的不同划分小组的做法,按层次将能力不同的学生进行整合后分组,使得小组内形成互帮互助的良好氛围,帮助学生更好地适应口语交际的练习。

打破教室固化的格局,形成一个个互帮互助的小组,也使教师的交互练习得到最大优化。这样就能更好地保证教师在教学方法上充分利用小组交流的形式,将大课堂精细化,形成一个个充满活力、充满交际意识的口语交际小组。

(3)设计点燃课堂的"火药"。口语交际的课堂不是依照一个话题进行简单无味叙述的过程,更不是一个"寂静"的课堂。就如同文学作品中的冲突能更好地推进故事情节走向高潮一样,对于口语交际课来说,适当的冲突能将课堂的氛围推向高潮。有冲突就有矛盾,对于教师来说,为了提高学生参与的积极性,活跃学生的思维,打开思路,教师在进行教学设计时,应找到话题的矛盾点,敢于向教材提出挑战。在设计时,教师可以将学生分为矛盾的双方,让学生的思想在冲突中交锋,碰撞出交际的火花。

（4）设计多样训练手段。口语交际在倾听、表达和交流三方面对学生的口语交际提出了要求，同时，在各个学段也对学生提出了不同的要求。因此在进行教学设计时，需要加强对训练手段的设计。尽管口语交际的教学方法众多，口语交际课作为一种实用性很强的课程，教师在进行教学设计时应主动拓展口语交际的训练手段，不能局限在口语交际的范围内。口语交际能力应在语文的各个领域进行培养。教学的过程就是对话沟通和交流的过程，特别是在语文学习的各个方面，如识字写字、阅读、写作等都离不开师生之间的交流和互动。因此，在教学设计时，可以将其他方面如阅读的教学方法引用到口语交际中。比如，在阅读课中，教师在关注学生回答内容的准确性之外，还重视学生表达的流畅性、情感表达和思维的准确性上。

4. 提升教师口语交际的理论素养

教师作为口语交际课中的指导者，自身口语交际能力的高低也会影响着口语交际教学设计的好坏。教师要想设计出好的口语交际教学设计，需要先从自身着手，提高自身口语交际的能力。

（1）广泛涉猎提升文化修养。作为小学教师，特别是对语文教师来说需要"听、说、读、写、演"样样精通。教师要想培养学生的口语交际能力，自己首先要成为"说话高手""交际能手""语言大师"。虽然语文教师在语文学科方面已经具备了必要的工作能力和相应的教学能力，但是从具有较好的教学口语交际技能角度来讲，教师需要掌握各方面的知识和技能，广泛涉猎。例如文学、科学、历史、地理等；同时，还要尽量积累丰富的词汇，要懂得受众心理学和教育语言学。因为在小学口语交际话题中多为学生生活的各个方面，涉及的范围较广，在进行教学设计中也需要教师对话题进行全面分析和设计。所以教师要多读书、多思考，不断提高自身的文化修养，为教学设计提供深厚的文化修养基础。

（2）注重自身语言表达的准确性。教师在进行口语交际教学设计中，不仅要对口语交际的话题进行导入、讲解和评价，同时对于如何进行口语交际，如何引导学生正确恰当地进行口语交际训练也是教师进行教学设计的重要组成部分。因此，教师自身语言表达的准确性也是提高教师口语交际教学设计能力的一方面。在教学的过程中，在进行教学设计时，课堂是作为特定的交际环境,学生是交际的主体和对象,教材给出特定的话题内容,而教师则是特定的指导者。因此,作为教师,就必须运用有效的准确的口语交际来达成好的效果,准确是底线。在进行口语交际教学设计时也要注重自身语言表达的准确性。

（3）集思广益地发挥团队作用。教师不仅是一个单独的个体,更是一个团队。在进行教学设计时,一个年级组的教师能加强团队之间的合作,针对口语交际话题在设计之初教师们之间进行合理的讨论,集思广益,并结合自身教学经验与学生的特点后再进行口语交际的教学设计。充分的讨论和思维的碰撞可以找出自身的闪光点的同时尽量避免失误。团队之间的集思广益也能加强教师之间的有效合作。口语交际的教学设计,虽然给出的话题是既定的,但每个人对于话题的理解也是不同的。教师之间进行讨论与分析,总结对话题的不同理解,在教学设计时也能拓宽思维,在课堂中对学生进行思维的深度和宽度开发,在充满自由的氛围中锻炼学生的口语交际能力。

# 参考文献

[1]林志芳.当代小学语文教学设计发展研究[M].济南:齐鲁书社,2023.

[2]李翠霞.小学语文项目化学习探究与实践[M].合肥:安徽师范大学出版社,2023.

[3]周静.小学语文课程与教学[M].济南:山东人民出版社,2023.

[4]车其文.小学语文课程与教学艺术研究[M].北京:北京燕山出版社,2023.

[5]胡冰茹,周彩虹,郭丽梅.小学语文课程教学设计与技能提升[M].苏州:苏州大学出版社,2023.

[6]赵海红.小学语文课程与教材论[M].成都:四川大学出版社,2023.

[7]龙宝新.小学语文课程与教学论[M].西安:陕西师范大学出版总社,2023.

[8]魏玉梅.学语习文小学语文阅读教学设计指要[M].上海:上海教育出版社,2022.

[9]宋庆捷.小学语文单元整体教学设计与指导[M].北京:九州出版社,2022.

[10]吴亮奎,陈菲,孙玲玲.小学语文教学设计策略与策略教学[M].福州:福建教育出版社,2022.

[11]邱鑫.新课程下小学语文教学实践与研究[M].北京:中国文联出版社,2022.

[12]马英,盛银花.语文教学设计与实施[M].武汉:华中科技大学出版

社,2022.

[13]王林慧.指向深度学习的小学语文教学探索[M].杭州:浙江工商大学出版社,2022.

[14]何捷.语文"新课标"一线解读[M].上海:上海教育出版社,2022.

[15]申静.语文教学中的"三段式"[M].南昌:江西高校出版社,2022.

[16]屈小玲.为生长而教 信息化时代小学语文智慧课堂[M].长春:东北师范大学出版社,2022.

[17]周艳梅.小学语文有效教学艺术探究[M].长春:吉林人民出版社,2022.

[18]徐文.小学语文教育与文学素养研究[M].青岛:中国海洋大学出版社,2022.

[19]康海荣.小学语文课程教学设计多维研究[M].北京:北京工业大学出版社,2021.

[20]王崧舟.崧舟细讲文本 小学语文教材文本解读与教学设计[M].武汉:长江文艺出版社,2021.

[21]李竹平.从文本解读到课程设计[M].武汉:长江文艺出版社,2021.

[22]肖英,郭红霞,侯杰颖.小学语文实践活动设计与实施[M].北京:知识产权出版社,2021.

[23]周一贯.小学语文教育的文化观[M].南昌:江西教育出版社,2021.

[24]任真伟.小学语文课程与教学[M].成都:电子科技大学出版社,2020.

[25]任光霞.小学语文课程与教学研究[M].长春:吉林人民出版社,2020.

[26]胡冰茹,周彩虹.小学语文课程教学与设计[M].苏州:苏州大学出版社,2020.

[27]苗禾鸣,赵相甲.小学语文整本书阅读课程设计与整体性实施[M].北京:线装书局,2020.

[28]杨玉如,肖琼,杨丽萍.小学语文课程与教学[M].长沙:湖南师范大学出版社,2020.

[29]张廷鑫.小学语文课程与教学[M].长沙:湖南大学出版社,2020.

[30]蒯秀丽.小学语文课程标准与教学设计[M].北京:新华出版社,2020.

[31]雷实.语文课程设计的文化传承与创新[M].广州:广东高等教育出版社,2020.